图书在版编目（CIP）数据

镜头下的职务犯罪侦查讯问研究／任惠华，杨炯主编 . —北京：中国检察出版社，2016. 10
ISBN 978 - 7 - 5102 - 1748 - 7

Ⅰ. ①镜…　Ⅱ. ①任…②杨…　Ⅲ. ①职务犯罪 - 刑事侦查 - 研究 - 中国
Ⅳ. ①D924. 393. 4

中国版本图书馆 CIP 数据核字（2016）第 238916 号

镜头下的职务犯罪侦查讯问研究

任惠华　杨　炯　主编

出版发行：中国检察出版社
社　　址：北京市石景山区香山南路 111 号　（100144）
网　　址：中国检察出版社（www. zgjccbs. com）
编辑电话：（010）88953709
发行电话：（010）88954291　88953175　68686531
　　　　　（010）68650015　68650016
经　　销：新华书店
印　　刷：河北省三河市燕山印刷有限公司
开　　本：710 mm×960 mm　16 开
印　　张：17
字　　数：307 千字
版　　次：2016 年 10 月第一版　2016 年 10 月第一次印刷
书　　号：ISBN 978 - 7 - 5102 - 1748 - 7
定　　价：48. 00 元

作者名单

主　　编： 任惠华　杨　炯

副 主 编： 倪春乐　吴素莹

参编人员：（以编写章节先后为序）

任惠华　杨　炯　梁　坤　何光忠

艾　明　万　婷　李国正　罗永红

谢海燕　向　静　陈如超　王　荣

王小海　吴素莹　倪春乐

得检察机关在侦查讯问中开展同步录音录像工作面临新的要求和发展机遇。

迄今为止，尽管我国检察机关职务犯罪侦查中实行讯问同步录音录像制度已走过了十年时间，但不可否认，在司法实务中，我们面对审讯空间中作为技术支撑条件之一的"镜头"还存在较多困境。一方面，讯问中的同步录音录像能进一步规范审讯程序和审讯行为，防止违法取证和刑讯逼供的发生。但另一方面，"镜头下的讯问"消解了一些审讯策略运用的必要条件，使供述的形成机理发生了质的变化。从各地调研的情况来看，干警们普遍反映，讯问同步录音录像在一定程度上束缚了手脚，影响了通过审讯打开案件缺口甚至突破案件的效果。诚然，诉讼文明化是一种必然趋势，职务犯罪侦查也是如此。相关的立法和操作规范的设定，其目的绝不是要阻碍侦查活动的开展。那么，我们如何通过对讯问同步录音录像规则本身的研究，从合法性的视角明确讯问行为的边界和底线，从而使审讯活动更有可操作性、实效性呢？我们如何从"镜头下的讯问"给对话双方带来的心理影响出发，研究供述机制生成的一般规律，进而提高真实供述的获取概率？我们如何从语言学、形体语言变化、讯问空间内的环境设计以及法律限度内科技手段的运用等角度入手，发掘"镜头下的讯问"的正向要素，进而形成研判审讯对话的外部条件和内在依据？上述问题，不仅是"镜头下"开展职务犯罪侦查讯问有必要进行研讨的问题，同时也是进一步拓展审讯实效首先需要解决的问题。

正是出于探讨和解决上述问题的目的，也为了进一步落实西南政法大学与广东省佛山市顺德区人民检察院签署的院地合作协议，2014 年，西南政法大学刑事侦查学院、西南政法大学职务犯罪侦防研究中心和广东省佛山市顺德区人民检察院共同设立专项课题进行研究。课题组由广东省佛山市顺德区人民检察院检察长杨炯和西南政法大学刑事侦查学院院长任惠华担任组长，并挑选两家单位具有深厚理论研究功底和实务探索能力的精兵强将形成联合课题攻关力量。课题研究从 2014 年底开始，历时一年的广泛调研、资料梳理、初步成果论证及修改，于 2015 年底完成最终的研究成果。

本课题的研究具有以下几个方面的特色和价值：

（一）立足基层和实务，凸显问题意识和目标导向

本课题的研究在坚持理论联系实际的基础上，更加突出基层一线实务工作的客观反馈，通过近半年的调研初步掌握当前职务犯罪案件侦查讯问同步录音录像中的现实状况、正反效果和主要困境，并以此为目标展开多

层面研究，以期能对实务中存在的诸多问题提供有针对性的回应。

（二）多学科交叉融合，夯实研究底蕴和结论支撑

本课题的研究不仅获取了我国多年来职务犯罪侦查开展镜头下讯问的第一手资料，更是从法学、语言学、心理学、空间环境学、刑事科学技术等学科领域汲取必要的原理、研究方法和理念，对"镜头下的讯问"展开深度解剖。通过跨学科、多视角的分析，客观评估同步录音录像对讯问对话双方的生理机能、心理状态、语言应用等的影响和效果，进而为侦查实务提供科学合理的应对之策。

（三）撷取各家之长，以比较优势寻求解决之道

本研究立足当前我国职务犯罪侦查讯问同步录音录像的普遍性问题，一方面以各省市检察机关的地方经验为参照，力争将其有益探索进一步提升凝练；另一方面引入域外司法实务作为必要补充，力争避免重复性错误和失误。尽管本课题的研究结论仍具有一定程度的探讨性，但相信会对职务犯罪侦查中"镜头下的讯问"的开展有所裨益。

广东省是中国改革开放的前沿，也是中国社会治理创新和法治创新的排头兵。自最高人民检察院开始推行职务犯罪侦查讯问同步录音录像制度以来，广东省各级检察机关严格贯彻落实。同时，对于实践中遇到的理论和实务问题也积极会同全国法学院校的专家学者开展诊断式研究。以佛山市顺德区人民检察院为代表的一线检察机关专门组织研究团队，对"镜头下的讯问"开展正反经验总结和前沿理论探索。在检校两家的精诚合作下，课题组用一年多的时间实地调研，梳理第一手资料，在充分论证的基础上几易书稿，最终形成本书。

本书由广东省佛山市顺德区人民检察院检察长杨炯和西南政法大学刑事侦查学院院长任惠华教授担任主编，具体写作分工如下：

第一章：任惠华（西南政法大学刑事侦查学院院长，中国人民大学反腐败法治研究中心兼职高级研究员，国家检察官学院职务犯罪研究所兼职研究员，教授，博士），杨炯（广东省佛山市顺德区人民检察院检察长）。

第二章：梁坤（西南政法大学刑事侦查学院副教授，博士后），何光忠（广东省佛山市顺德区人民检察院）。

第三章：一、二、三部分艾明（西南政法大学刑事侦查学院教授，博士）；四、五、六部分万婷（西南政法大学刑事侦查学院讲师，硕士），李国正（广东省佛山市顺德区人民检察院）。

第一章　镜头下的职务犯罪侦查讯问的一般原理

一、镜头下的职务犯罪侦查讯问的界定

镜头下的职务犯罪侦查讯问发展至今，学界不乏有关职务犯罪侦查全程录音录像的研究，但多侧重对全程录音录像技巧的具体把握与方法经验的总结，而缺乏相对抽象的概括，尤其是从镜头下的职务犯罪侦查的概念、性质角度对镜头下的职务犯罪侦查讯问进行界定。

（一）镜头下的职务犯罪侦查讯问的概念

镜头下的职务犯罪侦查讯问，一般理解为讯问职务犯罪嫌疑人时实行全程同步录音录像。有研究者认为讯问职务犯罪嫌疑人实行全程同步录音录像是指人民检察院办理职务犯罪案件讯问犯罪嫌疑人时，应当对讯问全过程实施不间断的录音录像。[①] 能否按照三段论推理，结合上述定义，将镜头下的职务犯罪侦查讯问定义为人民检察院办理职务犯罪案件讯问犯罪嫌疑人时，对讯问全过程实施不间断的录音录像，尚有待商榷。尽管这两者在实践中基本上可以作为同义词理解，但两者之间仍存在细微差异。

按照现代汉语词典的定义，"审"有详细、周密、审查、知道、的确、果然、审讯的含义。"讯"指询问、审问、消息。所谓"审讯"，为动词，是指公安机关、检察机关或法院向犯罪嫌疑人或刑事案件中的被告人查问有关案件的事实。[②] "讯问"也为动词，具有"问"与"审问"的含义。在侦查实践中，按照刑事诉讼法的规定，"讯问"对象一般是犯罪嫌疑人。在本课题研究中，将侦查语境下的"讯问"和"审讯"视为同一意义。

（二）镜头下的职务犯罪侦查讯问定义及其解析

所谓定义，是对于一种事物的本质特征或一个概念的内涵和外延的确切而

---

① 张红梅：《检察机关讯问同步录音录像改革的回顾与展望》，载《国家检察官学院学报》2012年第5期，第35页。

② 中国社会科学院语言研究所词典编辑室编：《现代汉语词典》，商务印书馆2010年版，第1215页。

2. "侦查技术或手段"观点评析

如前所述,镜头下的职务犯罪侦查讯问的确可以看作一种侦查技术或侦查手段,但侦查行为直接指向的是查明事实,搜集犯罪证据,确定犯罪嫌疑人。但与此同时,全程录音录像也保障犯罪嫌疑人的权利,对侦查权的运行进行约束和监督。

3. "新兴检察业务"观点评析

镜头下的职务犯罪侦查讯问由检察机关职务犯罪侦查人员进行,将镜头下的职务犯罪侦查讯问界定为一项"新兴检察业务"并无不妥。因为镜头下的职务犯罪侦查讯问直接的法律依据便是检察机关的规定。但"新兴检察业务"只是对审讯录音录像表象的描述,而并非对其本质的揭示。并且,认为镜头下的职务犯罪侦查讯问是一项"新兴检察业务"仅是对实然状态下的职务犯罪录音录像审讯的描述,而非对探究职务犯罪应然状态下的概括。

4. "侦查现代化"观点评析

"侦查现代化"与"新兴检察业务"有相似的倾向,即二者都表现出一种现代化的发展倾向。与"新兴检察业务"相比,"侦查现代化"更具有动态的含义,范围比"新兴检察业务"更为宽泛。因为将镜头下的职务犯罪侦查讯问定性为侦查现代化,不仅意味着这是一种新兴的侦查方式,同时也意味着制度和思想等的现代化。同时,"侦查现代化"的中心词是"侦查",比"新兴检察业务"更能准确概括该审讯活动的特征。顾名思义,"侦查现代化"带有明显的侦查色彩,其本质实际上仍是将镜头下的职务犯罪侦查讯问定义为一种侦查活动,尽管其与镜头下的职务犯罪侦查讯问本质十分接近,因此将镜头下的职务犯罪侦查本质界定为"侦查现代化"仍稍欠斟酌。

(二)镜头下的职务犯罪侦查讯问性质分析

性质是一种事物区别于其他事物的根本属性①,所谓属性是事物所具有的特点②。所谓根本是事物的根源或最重要的部分③。因此,镜头下的职务犯罪侦查讯问的性质应当是其所具有代表其根源的或者是最重要的特性或者特点。对镜头下的职务犯罪侦查讯问的性质可以从以下几个角度进行把握。

首先,从法理角度来看。纵观侦查讯问录音录像的发展历程不难发现,保

---

① 中国社会科学院语言研究所词典编辑室编:《现代汉语词典》,商务印书馆 2010 年版,第1528 页。

② 中国社会科学院语言研究所词典编辑室编:《现代汉语词典》,商务印书馆 2010 年版,第1267 页。

③ 中国社会科学院语言研究所词典编辑室编:《现代汉语词典》,商务印书馆 2010 年版,第464 页。

障人权和侦查权力监督制衡是其主要特征。最早设立讯问同步录音录像制度的英国，设立的直接原因正是缓解警察权滥用错用而导致的警民矛盾激化。因此，镜头下的职务犯罪侦查讯问具有监督的特性。这也是不少学者认为职务犯罪侦查讯问全程录音录像是一种监督手段的原因。监督所侧重的是"察看并督促"的含义，强调第三方主动的监督和关注，实施主体具有被动性。但职务犯罪侦查讯问录音录像要求的是侦查人员主动实施录音录像的行为，具有主动性，因此，与其说录音录像是一种察看并督促，不如说是一种行为规范更为适宜。

其次，从规定文本角度来讲。第一，从文本的法律地位来看。讯问过程录音录像由刑事诉讼法规制，职务犯罪侦查讯问录音录像由最高人民检察院下发的内部规范性文件，以刑事诉讼法的规定为依据。而刑事诉讼法是程序法，是为了保证实体法所规定的权利和义务的实现而制定的法律。从这个角度出发，职务犯罪侦查讯问也偏重于行为规范的色彩。第二，从文本的内容来看。"人民检察院讯问职务犯罪嫌疑人实行全程同步录音录像，是指人民检察院办理直接受理侦查的职务犯罪案件，讯问犯罪嫌疑人时，应当对每一次讯问的全过程实施不间断的录音录像。讯问录音录像是人民检察院在直接受理侦查职务犯罪案件工作中规范讯问行为、保证讯问活动合法性的重要手段。"① 《人民检察院讯问职务犯罪嫌疑人实行同步录音录像的规定》（以下简称《规定》）第一条也有"为了进一步规范执法行为……"的表述。其中"规范讯问行为、保证讯问活动合法性的重要手段"再次明确职务犯罪侦查讯问录音录像的"行为规范"的特性。尽管《规定》第一条中有"……依法惩治犯罪，保障人权，提高执法水平和办案质量……"的规定，但这一表述应当视为职务犯罪侦查讯问录音录像的目的。任何一项规范或者规定都具有某种目的，但目的和性质并不能混为一谈。目的可以揭示性质，但目的并不是性质本身。

具体来说，镜头下的职务犯罪侦查讯问的确具有"依法惩治犯罪""提高执法水平和办案质量"的目的，尽管镜头下的职务犯罪侦查讯问本身也是一种侦查行为，但很明显《规定》文本中强调的是对行为的限定，而非行为本身。"保障人权"也应视为镜头下的职务犯罪侦查讯问的目的，与"侦查行为"同理。

最后，从实践运用角度来说。之所以会存在对镜头下的职务犯罪侦查讯问的误解，在于侦查实践偏离了《规定》的初衷，即实践中，实务部门多强调把录音录像看作固定证据、提高侦查效率的手段。研究者在此基础上，以实然

---

① 参见《人民检察院讯问职务犯罪嫌疑人实行全程同步录音录像的规定》。

代替了应然，把职务犯罪侦查讯问录音录像看作"侦查现代化"。不可否认，审讯录音录像体现了"侦查现代化"的趋势，但这只是对镜头下的职务犯罪侦查讯问的一种误解。

（三）检察机关讯问职务犯罪嫌疑人同步录音录像的性质争议与解读

1. 检察机关讯问职务犯罪嫌疑人同步录音录像的性质争议

虽然检察机关、"两高三部委"先后出台了《规定》、两个《证据规定》，在 2012 年修订的《刑事诉讼法》当中也以法律的形式对其予以确认，但是同步录音录像资料作为证据的法律性质和地位尚不明确，甚至是否可以作为证据使用也存在很大分歧。

目前，在理论界和实务界主要存在以下三种不同意见。第一种意见认为，"同步录音录像资料是以其记录的内容来证明案件事实的，从属性上来看，它与审讯笔录的效果是一样的，故它属于言词证据"。第二种意见认为，"同步录音录像兼具物证与言词证据的双重特征，因此属于视听资料"。第三种意见认为，"讯问录音录像并不属于证据，不具有证据特征，只能够辅助证明案件，主要目的是监督制约侦查讯问活动，本质上就是一种监督手段"。

2. 检察机关讯问职务犯罪嫌疑人同步录音录像的性质解读

以上几种观点都有一定道理，为我们正确认识同步录音录像的法律属性提供了有益借鉴，但几种观点均不够全面。第一种观点只是从录音录像资料所记载的内容来看的，并未结合相关制度与实践操作来予以考察。首先，从相关规则制度来看，在检察机关发布的《规定》与"两高三部委"联合颁布的两个《证据规定》中均明确"审讯过程的同步录音录像是证明取得口供的合法性问题"，同时也不会像审讯笔录一样随案移送人民法院，因为侦查讯问的过程有部分内容是不能够公开的。其次，从实践操作层面来看，讯问录音录像虽然具有真实性、客观性、全面性等优点，但它也有易被篡改的弊端，而且讯问后犯罪嫌疑人只能对录音录像资料进行程序上的确认，不能回放观看，更无法确认其后期的保管情况，而讯问笔录是必须由犯罪嫌疑人仔细阅读后签字确认的，对于有改动的地方，犯罪嫌疑人也要对其捺手印。第二种观点误解了录音录像资料的证明对象，录音录像资料证明的是侦查讯问的过程，而不是以声像资料证明案件事实，视听资料往往是记录犯罪真实过程，重现案件原始情况的声像资料，比如宾馆监控探头记录的某官员收受钱财的视频。第三种观点否认了同步录音录像能够作为一种证据使用，但是从录音录像资料本身来分析，其具有客观性、合法性、关联性三大基本特征，它的客观性甚至比讯问笔录还要准确，而且从属性上来讲，如果存在讯问笔录与录音录像在同一时间发生冲突及内容不一致的情况，还是应该以同步录音录像记录的内容为主。因此讯问同步录音录像可以作为证据使用，而不仅仅只是一种监督手段。

结合上面几种观点，录音录像资料的证据类型具有动态性，要结合案件实际情况具体分析，它会根据取证目的的不同而不同。

第一，讯问录音录像资料是言词证据。通常情况下，它是口供的固定方式。当采用录音录像的方式对讯问犯罪嫌疑人的全过程进行记录的时候，它的主要功能是固定犯罪嫌疑人的供述和辩解，此时与讯问笔录的性质没有太大区别，只是记录的载体有所不同。同时，它也可以是证人证言。在讯问的过程中，侦查人员力求深挖犯罪，同时部分犯罪嫌疑人为了从轻、减轻、免除处罚而争取立功，经常检举揭发他人罪行，如果检举揭发的内容属实，能够证明他人犯罪，则同步录音录像的内容是证人证言。

第二，讯问录音录像资料是视听资料。当犯罪嫌疑人及其辩护人对讯问笔录合法性提出质疑，认为存在威逼利诱、刑讯逼供的可能性时，同步录音录像作为记录讯问过程的资料，其证明的内容是审讯过程中是否存在刑讯逼供等以非法手段获取证据的情形。录音录像资料能够动态记录讯问全过程，完整、真实地反映讯问是否存在违法行为，在此情况下，它属于视听资料。

第三，讯问录音录像资料是物证。当有人为了帮助掩盖、毁灭犯罪事实而试图销毁记录审讯过程的同步录音录像资料时，如果该行为可能构成帮助毁灭证据罪，则该记录讯问过程的同步录音录像资料则属于物证。

3. 同步录音录像材料与笔录内容冲突后的证明力问题

讯问职务犯罪嫌疑人全程同步录音录像作为固定讯问结果的一种方式，它与传统的笔录固定方式存在极大的差异。这种记录方式的差异性容易产生两份内容不一致的"犯罪嫌疑人供述和辩解"，对于这样基于同一次讯问的不同记录应该进行怎样的司法认定，目前实践部门还存有较大的争议。以下论及某检察院办理的一起贪污、受贿案，其全程录音录像材料与笔录内容不符，二者存有的差异及关涉的问题就较有代表性。

犯罪嫌疑人苗某，男，44岁，原系某市经济与信息化委员会办公室副主任。一审判决认定苗某以虚增会务用车费用的方法，伙同他人贪污12万余元；在工程发包过程中，单独或共同受贿人民币51万余元、美元3万元。一审法院以贪污罪、受贿罪判处苗某有期徒刑14年。本案中，一审判决引述了2009年7月4日的讯问笔录作为认定苗某贪污罪的关键证据之一，而辩方律师辩称此份讯问笔录与全程同步录音录像内容不一致，并以此质疑该份笔录的真实性，该案也因此被发回重审。经过仔细比对7月24日全程同步录音录像与讯问笔录之后发现，7月4日讯问笔录记录的环节是：车费结算审批前，苗某与下属瞿某合谋冒高车费，瞿某操作车费冒高，苗某审批同意；而7月24日讯问录像反映的环节是车费结算审批时，苗某得知费用被冒高却仍然审批同意。通过比对全程同步录音录像与讯问笔录发现两者之间确实存在差异：全程同步录音录像反映的是事中共同故意，而讯问笔录记录的却是事前共同故意。之后原一审法院在重新审理此案后对于苗某贪污部分没有认定。

上述案例中，讯问犯罪嫌疑人同步录音录像材料记录的内容与笔录记录的内容不完全一致，本案在处理过程中由于一些其他因素的干扰，最终法院对笔录内容没有予以认定。这个案件反映出来的问题一方面给检察机关敲响了警钟，即要在讯问过程中避免行为与用语不规范等情况出现，要大力提高侦查人员素质等；另一方面也反映出令实践人员困惑、在理论上也存有争议的一系列问题，即一旦同步录音录像材料记录的内容与笔录的内容相冲突，二者应如何认定，谁的证明力更强，是否同步录音录像材料的证明效力一定强于笔录，是否应当进行非法证据的排除以及怎样进行排除，等等。

（四）镜头下的职务犯罪侦查讯问意义

1. 规范讯问手段，保障犯罪嫌疑人的权利

镜头下的职务犯罪侦查讯问是"对侦查讯问过程进行不间断的全程同步录音录像"，它能够真实、全面、完整地记录和重现审讯过程，相对于只记录犯罪嫌疑人供述与辩解的传统讯问方式而言，该制度在规范取证方式和讯问手段方面发挥了重要作用。当讯问过程暴露在"镜头"之下时，侦查人员办案过程中不规范、不合理、不合法的地方必然显现出来，这促使侦查人员加强自律，在办案过程中规范、文明执法的理念得到强化。法律规定讯问录音录像资料可以直接作为证明取证合法性的证据，一旦讯问过程存在刑讯逼供的情况，法官可以把录音录像资料作为非法取证的关键证据，进而排除其他证据，追究相关侦查人员的行政甚至是刑事责任。侦查人员实施刑讯逼供所付出的代价是巨大的，因此在承受牢狱之灾和追求破案率之间，侦查人员一般都会做出正确的权衡，从而很好地规范讯问全过程。其次，在镜头下的职务犯罪侦查讯问条件下，侦查人员必须遵守程序，履行对犯罪嫌疑人的告知义务，告知犯罪嫌疑人的权利与义务，比如有权聘请律师，如实供述可以减轻刑罚，检举揭发他人犯罪事实从而立功等，这些告知有利于保障犯罪嫌疑人的权益，监督讯问人员的行为，将讯问过程公开化，最大限度地遏制刑讯逼供的可能性。

2. 固定和保全诉讼证据，防止和抑制犯罪嫌疑人翻供及诬告

职务犯罪案件的嫌疑人、被告人，尤其是涉及大案、要案的犯罪嫌疑人在法庭上翻供的现象比较明显。在侦查人员的思想教育和法律政策引导之下，大部分的职务犯罪嫌疑人一开始还能够交代犯罪事实，但经过一段时间的衡量思考，想到一旦交代犯罪事实，自己所拥有的权力、钱财将不复存在，牢狱之灾

也将不可避免，罪行严重的还有可能失去生命；而要是咬紧牙关拒不交代，抓住最后一根救命稻草，自己可能还有翻身的机会；加上在看守所羁押期间可能受到外部人员的教唆，一些职务犯罪嫌疑人往往在法庭上翻供，理由无非是笔录记录不属实，自己是在侦查人员刑讯逼供下才交代的，或者笔录根本没有经过本人核对，强迫自己签了字。在此情况下，法庭不得不对口供的真实合法性进行审查，但事实上口供对职务犯罪案件来说是重大突破口，特别对于"一对一"的贿赂案件，由于贿赂案件发生的隐蔽性，所以很难直接获取其他证明犯罪的证据。但因为侦查讯问的场所通常比较封闭隐秘，讯问的过程也仅仅只有侦查人员和犯罪嫌疑人，是否存在威逼利诱甚至刑讯逼供等情况，也只有侦查人员和犯罪嫌疑人才知道，如果没有其他证据证明，双方又坚持自己的观点，各执一词，此时法官是不易判断当时的真实情况的。而同步录音录像运用现代科学技术，清晰完整地反映审讯全过程，记录犯罪嫌疑人的身体状况和精神面貌，使侦查讯问变得公开、透明，当犯罪嫌疑人想诬陷侦查人员对其刑讯逼供时，检察机关可以要求调阅同步录音录像资料，再现讯问过程，还原事实真相，从而保护侦查人员免受污蔑和陷害。据统计，从在全国范围内开始实行职务犯罪全程同步录音录像制度以来，各地区各级检察机关为证明所获取口供的合法性，而向法官出示同步录音录像资料共计 4802 次，绝大多数同步录音录像资料被法官采纳，证明了取证的真实合法性，否认了被告的翻供理由。由此可见，同步录音录像制度具有保障犯罪嫌疑人合法权益和保护侦查人员不受无辜陷害的双重功能。

3. 转变了办案理念，提高了办案效率

从古至今，侦查机关固定犯罪嫌疑人供述与辩解等内容的方式都是依靠人工记录，即侦查机关采用问答的形式将犯罪嫌疑人的供述与辩解记录在纸质材料上。但受侦查人员主观因素（如情感倾向、理解能力、书写速度等）的影响，讯问笔录不可能一字不漏地记录讯问全过程，它的精确性甚至真实性很难得到保障；而且通常情况下，记录速度是无法与问答速度同步的，为了保持记录完整，不得不反复讯问某一犯罪事实，拖延了讯问时间，降低了诉讼效率。以同步录音录像固定犯罪嫌疑人的供述和辩解的形式与记录在纸质材料上的讯问笔录相比之下，其具有绝对的优势。第一，录制内容不受记录人员书写速度的影响，可以一字不漏地客观记录讯问过程的全部内容。第二，讯问人员也不必反复提到同一犯罪事实，从而提高了讯问效率，避免了诉讼拖延。

镜头下的职务犯罪侦查讯问制度的实行并不仅仅只给讯问过程带来了改变，同时也转变了侦查理念，改进了侦查手段。以前办案依靠的是"一张嘴、一张纸、一支笔、两条腿、一辆车"，现在讲究的是方式方法，具体来说，体现在以下三个方面：第一，强化了初查意识。初查是职务犯罪案件侦查的一个重要环节，尤其是在新《刑事诉讼法》颁布之后，律师介入侦查的时间提前，律师权利进一步拓展，侦查人员将以前的工作重心由立案之后转入立案之前的初查工作中来，通过采取一系列不强制犯罪嫌疑人人身和财产的措施，收集有关案件成立的事实材料和线索，主动把握案件的进展。第二，将科技手段融入侦查。随着科学技术和互联网的发展，现代社会获取信息的途径越来越多，人们在进行网上购物、银行转账、网吧上网、宾馆开房、手机通讯等都会留下一定的痕迹。一方面，侦查机关可以通过相关信息来收集证据，证明犯罪；另一方面，也可以适时向犯罪嫌疑人出示所获取的技术信息，进而突破他的心理防线。第三，强化上下级联动，加强同级交流配合。上级检察机关发挥指导协调的作用，对辖区内的案件线索实现统一管理，加强异地交叉办案的能力，同级检察机关协作侦办案件，提高了诉讼效率。

4. 有利于突破案件，提高审讯针对性

职务犯罪案件中的犯罪嫌疑人与普通刑事案件中的犯罪嫌疑人有所不同，他们往往职位高、智商情商高、知识水平高，尤其是在"一对一"贿赂案件中的职务犯罪嫌疑人，犯罪手段的隐蔽性也很高。从某种层面来讲，职务犯罪侦查的讯问过程也是侦查人员与职务犯罪嫌疑人之间展开的一场博弈。如何抓住犯罪嫌疑人的微表情，从表情变化来剖析犯罪嫌疑人的心理变化，利用心理攻势来切入案件，也是讯问工作的另一个重点。检察机关办理职务犯罪案件的讯问全程实行同步录音录像，一方面，可以利用高科技设备对犯罪嫌疑人进行监控，与现场工作协调配合，同侦查人员协同作战，充分发挥其指挥功能，指挥与现场的完美配合也为及时切入案件提供了重要契机，有利于迅速突破口供，增强办案效果；另一方面，如果由于时间紧迫，来不及在讯问过程中观察、分析犯罪嫌疑人的一举一动，实行同步录音录像就可以在讯问之后调取录制资料，对其内容、细节进行分析研究，寻找关键点，从而顺利突破案件。此种将科学技术运用于侦查讯问中的办案模式既提高了办案人员的办案水平，也提高了讯问工作中的针对性，缩短了办案时间，避免了诉讼拖延。

5. 丰富了干警的培训素材，同时也为侦查的研究提供了资料

储存于媒介中的同步录音录像信息资料与以纸质形式再现讯问内容的笔录相比，同步录音录像具有直观性、动态性，它可以随时形象地再现讯问当时的全部过程，集声、形、画于一体，将所有内容通过影、音、字完整地记录下来。如果把同步录音录像资料制作成干警业务培训的视频，其具有图文并茂的特点，能够作为培训的绝好教材。在"视频教材"中，我们可以学习到诸如讯问技巧如何准确使用，出示证据的最佳时机，什么样的肢体语言会引起讯问

对象的反感，如何表现更为恰当；当然，最重要的是要抓住讯问对象表情的细微差别，动作的微小变化，分析判断犯罪嫌疑人此时的心理状态，哪些动作可能意味着他在撒谎，哪些口吻是试探侦查人员掌握证据情况，哪些动作是犯罪嫌疑人反复动摇或者对抗相持的表现，哪些情绪显示出讯问对象可能处于崩溃边缘，等等。这样的教育对于侦查人员特别是刚参加工作的年轻干警具有重要的教育启迪意义。此外，侦查讯问同步录音录像资料，特别是典型案件的录音录像资料还可以作为廉政教育的参考资料或者作为侦查史料保存下来，用以总结经验，吸取教训，提高办案人员的办案能力。

三、镜头下的职务犯罪侦查讯问的特点

（一）客观真实性和同步性

同步录音录像具有客观性和真实性的特点。客观性与主观性相对，是指一个事物不受主观思想影响而独立存在的性质。同步录音录像利用现代高科技设备，通过物理机械运动，对讯问的全过程进行客观真实的记录，其记录的内容与讯问的场景完全一致，没有任何出入。同时，由于整个录制过程是采用机器设备记录，无任何人工主观因素介入，其所反映的内容都是客观真实的，能够直接反映出讯问参与人各方面的肢体动作和表情，从而具有客观真实的效果。与书面讯问笔录相比，同步录音录像的客观真实性更加明显，书面讯问笔录虽然要求尽可能地把犯罪嫌疑人所讲的记录下来，但不可否认的是，由于人工记录，多多少少要受主观因素的影响，所反映的内容有限。主要表现在以下两点：第一，记录人员作为惩罚犯罪的司法工作人员，极其容易受到所处诉讼位置的影响，所赋有的职务感和任务感会影响记录人员的行动，这会使得记录人员不由自主地多记有罪的事实，少记或者不记无罪的事实；第二，受记录人员理解能力和记录速度的影响，记录人员不可能原原本本地将讯问全过程反映出来，可能会出现漏记、错记的情况，在记录人员与检察人员所要的不一致的情形下，检察人员还要修改一遍，反复确认以保证意思尽量一致。而同步录音录像可以准确提取讯问过程的各种信息，是录音录像设备装置自动对讯问过程进行同步记录，记录的内容更加客观、真实，除非被人为篡改、出差错或者故障影响，否则一旦录制形成，便自始至终保持原有状态，因而录音录像资料的可信度极高，作为证据的证明能力也极强。

同步录音录像最直接的特点就是具有同步录制性，同步性体现在讯问过程中所出现的每一步骤必须翔实地记录在音像资料中。根据最高人民检察院的规定，检察机关讯问职务犯罪嫌疑人时应当对每一次讯问的全过程不间断地录音

录像，且若在讯问期间遇更换录像带、刻录光盘或因其他客观原因需要停止讯问时，讯问人员都要录制停止讯问的原因和时间，重新录制时还要宣布起始时间使中断画面合理衔接。在讯问过程中，就算是犯罪嫌疑人在沉默、在接受侦查人员法律教育或者思想教育，没有实质性的谈话，录音录像设备也真实地记录所发生的一切，这一过程将持续到犯罪嫌疑人核对完讯问笔录、签字捺手印时才结束。这不仅使记录速度得到保障，而且记录的准确性也非常高。而传统的书面讯问笔录很少有人这么做，这也很难做到，有时候就算你真实记录所发生的一切，但由于讯问是一个充满矛盾、碰撞的过程，这个记录也是杂乱无章的，不是自己亲身经历审讯的人员很难从笔录中看出记录的真实意思。这样的笔录在庭审时会增加法官和相关人员阅读和审查案卷的难度。因此传统讯问笔录在同步性上远不如录音录像。

（二）反复再现性和高度一致性

讯问犯罪嫌疑人是一个动态的、连续的过程，而传统的书面笔录则将其转换为了一个静态的文字符号；同时记忆也存在失忆和失真的可能性，刑事诉讼过程中，犯罪嫌疑人可能对自己说过或者做过的事情忘记了。从而在不同的诉讼过程中不断反复，甚至在庭审阶段翻供。而利用同步录音录像记录讯问过程，可以说是科技发展的成果，对于讯问过程的情景，可以通过一定的技术设备（如录音机、视频输出装置、电脑等）对录音录像资料反复播放。正是因为录音录像反复再现性的特点，我们就可以抑制被告在法庭上翻供现象的产生，"讯问全过程、讯问室周边环境以及讯问内容都能够通过录音录像资料以原始声音和面貌客观真实地反映出来"。通过同步录音录像资料的再现功能，一方面，可以防止被告在法庭上翻供，污蔑侦查人员对其进行刑讯逼供或变相刑讯逼供，另一方面，如果侦查人员确实存在刑讯逼供等非法行为，也会通过多媒体示证设备暴露出来，并且不会因为时间的推移而消失。录音录像使得整个讯问过程可以永无止境地反复查看，再现当时情景，而传统的讯问笔录却做不到这一点。

在讯问笔录形成之后，因诉讼过程需要，有时要将笔录复制多份。但由于技术限制，复印件可能比原件模糊；如果拿复印件再次进行复印，再次复印的复印件可能比首次复印件更加模糊；就算是拿原件进行多次复印，也可能导致复印件之间存在不同。因此，讯问笔录的缺点之一就是原件和复印件之间可能存在差别，复印次数越多，复印件的失真性越大，复印件和原件之间的差别也就越大，如果以复印件作为依据就会影响对案件的准确判断。但是同步录音录像则不会存在这种情况。同步录音录像利用现代高科技，以录音带、录像带、DVD 光盘，甚至直接以数码录音录像为载体，而这些载体有一个共同特点就是无论把它们复制多少遍（尤其是 DVD 光盘以及数码录音录像），复制件和原件之间不仅内容相同，而且录制效果是一样的，两者没有任何差别，不会出现复制件比原件模糊等情况。录音录像的复制件和原件之间的高度一致性是纸质讯问笔录无法比拟的。

（三）直观完整性和高效性

传统的讯问方式以笔录为记载事件的工具。而这种以文字记载的方式也往往无法完全表达当事人的意思，甚至会出现错误表达的情形，其自身有着不可避免的局限性。同时，在以笔录形式记载的口供中，也往往会被一些侦查人员所利用，可能只记录下犯罪嫌疑人有罪的供述，而对于犯罪嫌疑人无罪的辩解或陈述的减轻处罚的情节并不进行记录，笔录所反映的都是对犯罪嫌疑人的定罪或者加重处罚内容，而很少有对犯罪嫌疑人有利的内容，笔录反映内容的不全面，很容易引起查阅人的误会。同步录音录像则不同，在讯问的过程中，由于不间断地全程录制，录音录像不会区分哪些对犯罪嫌疑人有利，哪些对犯罪嫌疑人不利，只是对犯罪嫌疑人的回答全部如实记录。同时，录音录像不仅可以把犯罪嫌疑人供述和辩解的内容一一记录下来，还可以记录犯罪嫌疑人陈述时的语气、音调、神态、精神状况、动作等，侦查人员发问时的语气、神态、动作以及讯问场所周围的环境等，相当于再现了讯问当时的情景。按照最高人民检察院的要求，固定的讯问室正面需要安装显示日期、时间、室内温度、湿度的设备，而且要求主镜头把这些信息都记录进去，副镜头把办案人员的信息记录进去，而且要确保能看到两个办案人员。在临时讯问场所也要一个镜头正面记录着犯罪嫌疑人，另一个镜头记录着办案人员，确保讯问场所能在同步录音录像的监控之下。而书面的笔录只能反映讯问的流程和问答的内容，是静止抽象的，而录音录像能反映讯问时的整体环境和情形，更加生动和直观。"若在法庭上播放录音带，比仅仅读一份书面供词，更能使审判法官对供认的前后情况有一个更全面的了解。"此时法官所获得的讯问信息和自己亲身经历一样，其内容丰富全面，收到"亲眼所见""眼见为实"的效果。

相比传统的讯问笔录，同步录音录像的效率更高。首先，录制光盘体积小、质量轻，便于保存，也便于携带，只要有播放设备，可以带到任何地方，使用起来相当灵活，其更加符合刑事诉讼过程中传递证据的需要。其次，它的容量很大，对犯罪嫌疑人的讯问不是几分钟、几十分钟，复杂案情对犯罪嫌疑人的讯问可能是几个小时，甚至是十多个小时，这时需要内存较大的载体才能满足需要，而一张光盘可以录制长达几个小时，一次讯问过程也只需要 1~2 张光盘。而传统纸质讯问笔录不具有上述特点，如果讯问时间长，内容多，讯问笔录的纸张数量将变得庞大，既不利于保存，也不利于携带，在传递的过程中还有可能缺失数页甚至丢失全部。同时，随着时间的推移，讯问笔录的纸张会变硬、发黄，多年之后笔记会褪色甚至完全模糊，这不利于日后的查阅。可见，讯问同步录音录像不仅相当便利而且效率很高，同时还有利于日后保存，不愧为高科技的产物。

（四）表现形式多样性和对技术的依赖性

讯问笔录通过纸质媒介把讯问内容表现出来，形式一元化，只靠文字的叙述使得笔录内容更加难以理解，中国语言文化博大精深，同一句话甚至同一个字在不同的语境中表达的意思是不一样的，而这种语境很难只靠文字就能完全表达，如果借助声音、语调、动作等细节更能让我们了解犯罪嫌疑人的心理状况和所说内容表达的意思；而同步录音录像的表现形式呈现多样化的特点，录音录像除了把侦查人员和被讯问人之间的问答内容真实完整地记录之外，更重要的是录音录像是通过声音、图像把讯问当时的情景呈现在审阅者面前，审阅者仿佛置身其中，参与了整个讯问过程，更加有利于审阅者了解当时的情况，辅助裁判者判断案件事实真相。这样直观、清晰、生动、完整地反映整个讯问过程，因此其形式更加多元化、多样化。

讯问同步录音录像是现代高科技的产物，其声音、图像等是以声、光、磁以及其他粒子等特殊形式存在的，其制作、收集、审查与运用无法单凭自己的眼睛、耳朵等感官去直接感知这些信息，都需要依赖于科学技术设备进行一定的量转化，使这些无形物质固定、储存在有行物质之中。如果没有相关技术硬软件的支持，同步录音录像资料便无法实现制作、保存、传递和呈现：一方面，同步录音录像资料的形成必须依靠特殊的设备，记录、反映讯问场景的动作、声音并不能单独存在，必须以光盘等电磁介质为依托，才能掌控可供人们视听的信息资料；另一方面，同步录音录像资料的传递与呈现，也需要现代化的软硬件设备才能实现，否则，无论多么真实可靠的内容也只能停留在光盘等储存器内，无法作为证据使用。

（五）精确性和不稳定性

全程同步录音录像系统可由模拟和数字混合或者全数字视频监控系统构成。系统一般由前端、传输、控制和记录显示四部分构成。鉴于这个要求，讯问全程同步录音录像具有较高精确性的同时也存在不稳定性。精确性相较于其他任何证据形式来说都是无可比拟的，与传统讯问笔录相比，同步录音录像资料不会像物证那样因周围环境的改变而改变自身的属性，不会像书证一样容易损毁和出现笔误，也不会像言词证据一样误传、误导、误记或带有主观性。而不稳定性表现在：讯问全程同步录音录像经常是用数据的方式表示，以数字信号的方式存在，容易被人故意或因为差错对电子证据进行复制、伪造、删剪。相比较而言，以纸张为载体的书面讯问笔录，由于上面有笔录制作人、犯罪嫌疑人笔迹、指纹等各种特征，一旦被添加、删改，很容易在笔录上留下痕迹，通过司法鉴定等手段可以识别；而同步录音录像一旦通过电脑技术被修改，制作出仿真品、合成品，不易识破，真假难辨；而原始的录音录像资料被灭失，比如录音带、录像带被清洗、消磁，电脑资料被病毒入侵或系统遭到破坏，就无法显示出相应的内容，无法进行恢复，因此必须做好录音录像的复制和保存工作，防止资料灭失。

（六）知情性与配合性

在实践中，综合考察广东省顺德区检察院的若干案例，职务犯罪侦查人员在对审讯过程开始之前，首先告知犯罪嫌疑人"……并对此次调查过程进行全程同步录音录像，请你如实回答，如果你隐瞒事实或做虚假陈述，将要负相应的法律责任，你是否清楚？"尽管是否录音录像并不取决于犯罪嫌疑人的选择，但侦查人员的告知行为，具有保障犯罪嫌疑人的知情权的性质。因此可以说镜头下的职务犯罪侦查讯问具有保障知情权的性质。与此同时，正因为对审讯过程同步录音录像需要告知犯罪嫌疑人，审讯过程同步录音录像就需要犯罪嫌疑人的配合。如犯罪嫌疑人需要对职务犯罪侦查人员将全程录音录像这一情况表示知情。又如在实践中，侦查人员出示《同步录音录像告知书》这一环节也需要犯罪嫌疑人的配合。"现向你出示《同步录音录像告知书》，你仔细阅读。"而犯罪嫌疑人需要对侦查人员这一告知做出回应，并记录在案。如犯罪嫌疑人一般回答："我已经阅读完毕并了解其中内容。"这是录音录像活动能够开展的一个重要基础与前提，不可或缺。因此镜头下的职务犯罪侦查讯问具有需要配合性。

四、镜头下的职务犯罪侦查讯问的要求

（一）重视镜头下审讯的准备工作

1. 强化初查工作

经初查获取的初步证据能够证明被查对象有犯罪事实需要追究刑事责任的，提请批准立案侦查。可见，初查是侦查的基础和起始阶段，侦查是初查的深化和延续，其重要性不言而喻。初查一般秘密进行，不接触被查对象，不采取强制措施。虽然初查不能对犯罪嫌疑人采取强制措施，但由于过程的秘密性，对全面收集犯罪信息提供了保障。

若能在此阶段知己知彼，掌握诉讼活动的主动权，可为突破审讯打下良好

根基。侦查人员通过强化初查，在查明犯罪嫌疑人基本情况的同时，一并查明其性格特点、职权特点、社会背景等详细情况，不仅可以为侦查人员预测其犯罪方式和节点提供参考，还可以为审讯预案的制定提供有价值的借鉴。侦查人员在收集和固定犯罪证据阶段应当严格遵守法律规定，依法进行，确保审讯阶段的出示证据顺利进行并使审讯从容进行。

2. 细化审讯预案

第一次审讯成功与否，是该案能否办成的关键。若第一次审讯效果不好，会成为侦查工作正常开展的阻碍，很可能导致审讯工作陷入僵局，从而影响整个刑事诉讼活动。审讯之前预案准备的必要性和重要性就十分突出。侦查人员在接触犯罪嫌疑人前，要精心制订尽可能详细的审讯预案，为审讯工作的进一步开展保驾护航。

预案中要包含审讯时可能发生的尽可能多的情况以及应对措施，即使不能完全归纳，但相对来说预案的精心与否，直接关系到侦查人员在审讯时是否能更好地掌控局面及保证审讯工作顺利进行，同时一份预案的精细制订也可为其他职务犯罪案件预案制订提供一定参考，减轻侦查人员侦办案件的压力。特别需要指出的是，预案中应当包含风险评估，评估尽可能多的突发或意外情况，例如针对犯罪嫌疑人身体不适的应对措施和解决方案等。侦查人员熟练把握各种预料和突发情况是接下来审讯工作的关键，精细的预案也可为其他职务犯罪案件的审讯提供保障。

（二）保证镜头下对硬件设备的配置

1. 同步录音录像设备的与时俱进性

同步录音录像效果的好坏直接影响其本身的价值，随着科学技术的日新月异，同步录音录像设备的配置应按照"高点定位、适度超前、整体配套"的思路，加快同步录音录像设备的更新力度，适应新形势的要求，配备时保证同步录音录像设备质量的同时还应当与时俱进，同步录音录像工作要体现时代性，把握规律性，富于创造性，跟上现代化建设的步伐，从而促进检察工作的开展。

只有坚持同步录音录像设备的与时俱进性，检察机关侦查工作才能跟上飞速发展的时代变化，才能适应愈发隐蔽的犯罪手段方法，把握犯罪脉搏。因此，在经费允许范围内应尽可能加大投资力度，加强同步录音录像硬件的建设，不仅能大大提高同步录音录像本身的价值，还能为镜头下审讯工作的开展奠定良好基础。移动式全程同录设备的配置也有一定的必要性，此类设备携带方便，可保证在外开展职务犯罪侦查工作全程同步录音录像的要求。

2015 年底，广东省佛山市顺德区检察院配置了 4 台便携式的录音录像设备，为办案人员外出办案提供了方便。但是从目前的侦查实践中不难看出，4台设备难以满足实际工作需求。诉讼监督局或者其他检察室出于案件办理的需要，同样需要使用该设备，这必然会造成实际工作中的一些不便。购置、有效管理并合理配置，可以大大迎合办案工作的实际需要，提高办案效率。因此，完善便携式同步录音录像设备配置就有一定必要性。

2. 同步录音录像设备的匹配性

同步录音录像设备匹配性的强弱直接影响到录音录像的效果。实践中，有的基层检察院受经费、场地等因素的影响，录音录像设备匹配性不强直接导致录音录像效果不理想，从而大大影响录音录像本身应当发挥的作用。若讯问室没有经过吸音处理将导致声音不清晰，讯问室灯光不佳将导致画面不清晰。若同步录音录像在接下来的刑事诉讼活动中将作为证明相关案件事实证据时，效果好坏将直接影响证据的证明力，因此同步录音录像设备的匹配性就显得尤为关键。

为顺应同步录音录像匹配性的要求，在审讯室内安装高清晰的摄像头是毋庸置疑的。2015年底，广东省佛山市顺德区检察院办案区内已配置19个摄像头，其中8个设置在4间讯（询）问室内，摄像头与值勤室的视频监控装置连接，保证了办案区内各房间及走道的不间断监控。

但是摄像头配备的前提下，配备高强度的拾音器也有利于工作开展。如此一来传输的声音和画面不仅清晰，而且不失稳定。安装同步电子时钟和温湿度感应器，可以客观再现审讯环境和审讯时限的遵守，可以大大提高全程同步录音录像的质量。同时，检察机关亦应加强办案工作区的建设，办案技术大楼建设应当科学规划、精心设计，建成系统配套、设施一流的办案工作区，促进同步录音录像工作的发展，进一步加强同步录音录像设备的匹配性。在建设阶段，上级检察院应当加强指导，基层检察院应当加强向先进建设单位的学习。这样既能够有效防止因建设不匹配而导致的重复建设和资源浪费，也有利保证同步录音录像的工作质量。

（三）确保镜头下审讯的行为规范

1. 一般规范

侦查人员在审讯时必须遵守法律相关规定，保证程序正义。《刑事诉讼法》和《人民检察院刑事诉讼规则（试行）》都规定了讯问的组织规范，讯问人数不得少于2人；修改后的《刑事诉讼法》对办案时限也进行了严格规范，侦查人员必须严格遵守；犯罪嫌疑人被送交看守所羁押以后，侦查人员对其进行讯问，应当在看守所内进行；对不需要逮捕、拘留的犯罪嫌疑人，可以传唤到犯罪嫌疑人所在市、县内的指定地点或者到他的住处进行讯问，但是应当出示人民检察院的证明文件；镜头下的场所要肃静整洁，办案人员要着装庄重、规范，要着检察制服，佩戴检徽；传唤、拘传、提审犯罪嫌疑人的时候，要制作、填写好各种法律文书，制作、填写法律文书要做到形式规范，内容合法，还要注意及时，切忌事后补做招惹异议。

2. 特别规范

侦查人员在讯问开始时，应当将同步录音录像的情况告知犯罪嫌疑人，同时告知其起始时间、中止时间、中止原因、结束时间以及结束原因等相关情况，告知的内容要清晰具体。虽然同步录音录像在一定程度上对口供的获取造成了一些不便，不能因担心告知影响审讯效果而不告知。笔录内容应当与同步录音录像保持一致性，不能超出同步录音录像的内容，更不能相互矛盾。

镜头下的审讯过程是严肃的，对侦查人员而言亦是有压力的，因此讯问语言要严谨规范，符合检察机关文明用语规则的要求。由于职务犯罪的特殊性，侦查破案相对于一般刑事案件在一定程度上更依赖犯罪嫌疑人的口供，而犯罪嫌疑人的言词证据相对来说具有较强的易变性。如果在审讯时出现不规范行为，易变性会大大提高。所以，在镜头下侦查人员要格外注意自己的行为举止，避免肢体接触的小动作，不能给犯罪嫌疑人留下刑讯和暴力威胁的任何口实。

（四）强化镜头下审讯谋略的运用

1. 锁定犯罪嫌疑人心理活动规律

审讯是一场心理战，职务犯罪嫌疑人与一般刑事案件的犯罪嫌疑人相比，不论是智商还是情商都是人群中的佼佼者，再加上同步录音录像的规定，审讯更要注重对犯罪嫌疑人心理的把握，巧妙地捕捉犯罪嫌疑人的心理变化特点，因人施策，突破其心理防线。总的来说，镜头下侦查人员锁定犯罪嫌疑人心理活动规律时要灵活运用心理误区法、心理限制法和心理置换法这三种心理方法。

心理误区法指的是侦查人员根据犯罪嫌疑人在审讯活动中隐瞒犯罪事实所产生的心理误区的特点，通过向犯罪嫌疑人施加信息的影响，促使犯罪嫌疑人如实供述自己的犯罪事实。侦查人员在审讯时可以有意识地设置犯罪嫌疑人对犯罪事实的认识误区，利用其侥幸心理使犯罪嫌疑人处于被动地位，对其施加心理压力促使其如实供述。如果是共同犯罪，离间各个犯罪嫌疑人之间的关系，打破其在犯罪前、犯罪时或犯罪后建立的攻守同盟关系，加大犯罪嫌疑人心理状态的反向动力，促使其如实供述。

心理限制法指的是通过控制犯罪嫌疑人的心理思维的活动量，不让犯罪嫌疑人通过联想来解脱困境，使其调节控制系统失调，达到如实供述犯罪事实的目的。侦查人员在审讯时可以反复询问细节问题，从细节中找出犯罪嫌疑人供述的矛盾之处，同时施加心理压力，促使其如实供述。根据具体案件，侦查人员可以允许犯罪嫌疑人撒谎，甚至侦查人员主动帮助嫌疑人编造谎言。由于谎言的编造需要严密的逻辑思维，即使是智商、情商都显著突出的犯罪嫌疑人在面对审讯时依然无法做到逻辑完全清楚、天衣无缝。在无法自圆其说时，侦查人员最后予以揭露，突破其心理防线。

心理置换法指的是在审讯过程中，侦查人员利用人性趋利避害的特点，用犯罪嫌疑人认为比如实供述更重要的东西与之交换，让犯罪嫌疑人认为交换后能获取最大利益，从而如实供述。在实践中，亲情置换法是使用最多也是效果最好的置换方式，为了避免对亲人造成伤害，犯罪嫌疑人会选择放弃对抗，如实供述。针对涉案金额大、情节严重的犯罪嫌疑人，侦查人员应该配合使用求生置换法，侦查人员通过向犯罪嫌疑人分析顽固抵抗与如实供述的利弊，给犯罪嫌疑人提供一个从轻处罚的机会，让其自由选择，促使其如实供述。

2. 善用犯罪嫌疑人意识经验规律

根据马克思主义辩证唯物主义理论，意识是对物质的反映。由于其反映性，当意识经验积累到一定程度，其便会形成认识习惯，即有了经验反映规律，人的这种意识经验规律如果经过刺激，可以通过潜意识的渠道表露出来，能够为侦查人员审讯犯罪嫌疑人提供可靠的利用条件。

由于人思维习惯的连续惯性，有时语言是在意识状态下形成的，而有时是在无意识的状态下形成的，最显著的表现形式即"口误"。在审讯中"口误"是侦查人员攻击的目标。侦查人员应当注意设定连续惯性的条件，其可引发事件语言的内在联系，"口误"出现的概率和频率也会大大增加。针对涉案金额大、情节严重的犯罪嫌疑人，侦查人员还可以配合使用分解法，即将一件完整的案子分解成若干部分，然后逐个击破的审讯方法。对于重大案件，若一并审问，会对犯罪嫌疑人的心理造成较大冲击，出于畏罪心理，犯罪嫌疑人往往选择一概否认，不利于审讯，而使用该方法旨在减轻犯罪嫌疑人的供述压力，不易刺激犯罪嫌疑人的对立心理，促使其如实供述。

3. 把握犯罪嫌疑人人格倾向规律

人格是人的性格特征，具有稳定性和特定性，从而形成人格差异。在审讯的活动中，不同人格的犯罪嫌疑人亦有其特点，形成人格差异的具体表现。心理学研究上研究人格特质的理论有很多，20世纪80年代以来，人格研究者们在人格描述模式上达成了共识，提出了人格五因素模式。这五种人格特质是：外倾性、神经质或情绪稳定性、开放性、宜人性和尽责性。"犯罪嫌疑人的人格道德系数越大，供述动机的形成也越快。"这就决定了对不同人格特质差异的犯罪嫌疑人应该有不同的审讯方法。

有的人谨小慎微，侦查人员在审讯初始就应该对其表现出威慑力，在无形中给其施加心理压力；有的人脾气直，使用激将法较为适合；有的人狡猾多疑，就适合故布疑阵。总之，根据犯罪嫌疑人的对抗动力心理结构倾向，通过摸清其心理支撑点，逐个逐条地突破其内心防线，最后再一举击破。对于女性犯罪嫌疑人，感性成分占据较多，联想丰富，容易接受暗示。审讯经过一段时间后容易疲惫，其意志和情感脆弱等特点就会尤为突出，这时容易趋利避害，容易受儿女情长的影响，这个时机就是审讯的突破口。

（五）注重镜头下侦查讯问队伍的打造

1. 强化素质教育，提高对同步录音录像的认识

同步录音录像作为一种保全固定讯问结果的有效方式，其可以规范审讯过程，体现程序正当；固定讯问内容，提高诉讼效率；对侦查人员讯问手段的规范性加以证明，防止被诬告；促进侦查人员提高办案能力，增强文明执法。只有强化侦查人员的素质教育，才能让其深刻认识到在实行全程同步录音录像的新形势下查办职务犯罪工作的可行性和必要性，才能在实践中切实规范做好同步录音录像工作。

要提高侦查人员的素质，首先需要提高的是其职业道德。检察人员职业道德有助于培养高素质的检察队伍。检察人员职业道德是指检察人员在依法履行职务活动中所遵循的道德原则和道德规范。鲜明的阶级性、广泛的人民性和行为的表率性，是检察人员职业道德三个最显著的特点。提高检察人员的职业道德，就能使其从内心认同同步录音录像的意义和作用并践行，不会出现抵触心理、不规范操作、投机取巧等不良方式，转变执法观念，严格按照规定执法，进一步推进同步录音录像制度。

2. 加强审讯培训，提高应对同步录音录像的能力

通过对广东省佛山市顺德区人民检察院的实践总结发现，侦查人员驾驭讯问能力尚未能完全适应同步录音录像工作的需要。同步录音录像要求将整个讯问过程公开透明并接受法官和律师的审查，因此一些有效但不规范的讯问容易引起辩方的诘问，而这必将给讯问人员的实际操作带来困难，讯问人员在言行有所顾忌的情况下，驾驭讯问局面的能力受到影响，对一些可能出现的情况，如犯罪嫌疑人突然否定此前交代的犯罪事实、拒绝供述、在关键问题上胡搅蛮缠、诈称有病、自残伤害等情况的应对策略还不充分。因此，组织并加强与审讯相关的培训就显得尤为必要。

针对以上问题开展相应的培训工作，针对同步录音录像工作的需要，组织讯问方面的专家、学者对办案人员进行集中培训，并在实战运用的广度深度上

下足功夫，在效果上做足文章，不断提高侦查人员的适应能力，提高其驾驭讯问的智慧和实际操作水平，使每次讯问都能够符合同步录音录像的标准。对干警记录速度进行培训，提高记录速度，使得记录过程中客观、全面、真实地体现讯问的内容，包括犯罪嫌疑人的有罪供述和无罪辩解。邀请审讯经验丰富的侦查人员给其他侦查人员培训，交流讯问技巧和能力，转变侦查人员的讯问理念，提升镜头下审讯突破的能力。特别是针对新进人员，要重点培养其审讯能力，打造审讯梯队，适应在镜头下开展讯问工作，保证职务犯罪侦查讯问工作的可持续发展。

五、镜头下的职务犯罪侦查讯问的源流

"镜头下的职务犯罪侦查讯问"，即在检察机关职务犯罪侦查讯问工作中采用"同步录音录像"的方法记录和固定犯罪嫌疑人的供述和辩解。我国虽然在 2012 年修订的《刑事诉讼法》中确立了该项制度，但世界上其他诸如英国、美国、韩国等国家在这一制度的发展上却已经走在了我国之前。因此，我们不仅要从我国自身的发展出发去研究镜头下的职务犯罪侦查讯问的源流，还要运用开放的、全局的、发展的眼光去考察分析。

（一）我国近代以前的"镜头下的职务犯罪侦查讯问"

追寻镜头下的职务犯罪侦查讯问的初衷，我们不难发现其在很大程度上是为了避免冤假错案的发生。而在我国古代和近代的侦查讯问当中，为了达到同样的目的，先辈们睿智地创设了公开审讯等一系列的制度方法，这与我们当前所追求的"同步录音录像制度"不谋而合。所以，从某个意义上来说，探究我国镜头下的职务犯罪侦查讯问的源流，还必须从我国古代和近代的公开审讯阶段起步。

1. 中国古代审讯中的制度创新

奴隶社会时期总的来说在审讯方面带有民主议事性质和浓厚的宗教色彩。《礼记·王制》记载夏朝时有"疑狱则泛与众共之，从疑赦之"的做法，即疑案则要广泛地向大众征求意见共同解决，如果还有疑问无法裁决，就赦免他。商朝实行"集体裁判制"，《尚书·洪范》记载："立时人作卜筮，三人占，则从二人之言"，意思是在辨别案情、定罪量刑的时候采取少数服从多数的原则。同样在《尚书·洪范》中有"汝则有大疑，谋及乃心，谋及卿士，谋及庶人，谋及卜筮"的记载，意思是在重大的疑难案件中，要集聚国王、官吏、平民和占卜的人共同审议。西周有"众官合议制"。《周礼》中有"恐专有滥，故众狱官共听之"的记载，当时为了避免冤假错案的发生，对于少数重大疑

难案件，统治者会组织多名狱官共同断案。此外，西周还有"三刺"制度，《周礼·司寇》中提及"以三刺断庶民狱讼之中，一曰讯群臣，二曰讯群吏，三曰讯万民"。由此可知三刺的主体是从群臣到万民，具有公开审讯的特点。

封建社会时期大体上继承了奴隶社会的制度，但是随着生产力和社会的发展，各个朝代都有自己的独特之处。在秦朝时期，《治狱》"凡讯狱，必先听其言而书之，各展其辞"，在案件的审讯工作中，要全面听取被审讯者的供述和辩解并且做好记录，让其全面陈述。这充分体现了审讯中对犯罪嫌疑人自由陈述的保障。汉朝时期统治者创设了"虑录制度"，《汉书·百官志》记载："常以八月巡行所部郡国，录囚徒。"皇帝与官吏定期或不定期地到监狱巡视，核实在押犯人的案情、讯问在押犯人。这样的做法在一定程度上能够减少冤假错案的数量。唐宋时期采用"二步讯问法"。《唐律疏议·断狱》中有"诸应讯囚者，必先以情，审察辞理，反覆参验，犹未能决，事须讯问者，立案同判，然后拷讯"的记载。事实上，"二步讯问法"的第一步继承了传统的"五听"的制度，其创新之处在于将"情审"和"刑审"分段，但两者却又密切联系，这在很大程度上降低了错案发生的概率。明朝的秋审制度、朝审制度、热审制度、大审制度等几项制度都由多个部门对某一案件进行审理，在很大程度上保障了审讯的公正性。

2. 中国近代审讯中的制度创新

为了应对高发的冤假错案，我国近代的统治者也创设了一系列的制度用以降低错案率。1912年3月12日，中华民国成立之初，孙中山发表了《关于禁止刑讯致内务司法两部令》，他提到"不论行政司法官署及何种案件，一概不准刑讯"。随后，他又发布《令内务、司法两部通饬所属禁止体罚文》重申了刑讯禁令。这表明近代统治者开始反思刑讯逼供的弊端，并且试图废除这一陋习。这在很大程度上保障了犯罪嫌疑人的权益，降低了冤假错案发生的概率。

（二）域外镜头下的职务犯罪侦查讯问的产生与发展

目前，全球许多国家和地区侦查讯问中的录音录像制度有了不同程度的发展，其中比较典型的有英国、美国、韩国、德国、日本和我国台湾地区等。针对我国镜头下的职务犯罪侦查讯问的源流的研究，我们将首先从这些国家和地区的"同步录音录像制度"出发进行考察。

1. 在英美法系国家的产生与发展

（1）英国。英国是同步录音录像制度的发源地，是世界上最早设立该制度的国家。英国对同步录音录像制度的发展经历了先"同步录音"，后"同步录像"两个阶段。早在20世纪60年代中叶，英国就有人提出对讯问犯罪嫌疑人的过程进行录音，但是由于以警察为主的反对势力的强烈反对，该制度一直未能施行。直到 20 世纪 70 年代，由于英国对警察权力的设置和实施规定不明确，使得警察执法权被滥用与错用，导致了一系列冤假错案的产生，警民矛盾激化，各地民愤难平。在此背景下，为了缓解警民矛盾，"讯问录音制度"作为一项重点改革措施被提出并试行。并于 1975 年由内政部牵头成立了专门的委员会——海德委员会（Hyde Committee）负责该项工作。经过该委员会、皇家刑事程序委员会与立法机构等组织十多年的不断实验及研究，"讯问录音制度"的可行性与必要性得到了多方的认可，其地位最终在 1984 年颁布的《警察与刑事证据法》中得到确立。此后，又于 1988 年颁布了《警察与刑事证据法警察工作守则 E》，即《会见犯罪嫌疑人的录音带操作守则》，对讯问中的录音制度做出了进一步的规定。

"讯问录音制度"确立三年之后，同样在皇家刑事程序委员会的带领下，英国又开始了尝试在讯问场所安装监控设备，并开始了关于"讯问录像制度"的新一轮的实验。经过 10 年的努力，2001 年英国颁布了《刑事司法与警察法》，将"讯问录像制度"引入实践当中。2002 年推出了《警察与刑事证据法警察工作守则 F》（以下简称《守则 F》），正式确立了"同步录像制度"的法律地位。两年之后，立法机构又对《守则 F》进行了修订，进一步完善了讯问中的录像制度

至此，自 20 世纪 60 年代开始，经过近半个世纪的努力，"同步录音录像制度"在英国得到确立。

（2）美国。在美国的司法审判中，存在很多冤假错案。就已被发现的案件来看，有数据显示，1973 年以来，美国共有来自 26 个州 138 名死刑罪犯因为新证据而被无罪释放。此外，在 1989 ～ 2003 年的 15 年间，美国共有 340 名罪犯因判决错误被免除刑事责任。而导致美国错案高发的原因，在讯问中犯罪嫌疑人做有罪的虚假供述是重要诱因之一。对犯罪嫌疑人的有罪推定、警察的胁迫手段和虚构的事实这三个连续的错误又催生了讯问中虚假情况的发生。

随着虚假有罪供述和案件错误判决的情况的不断出现，美国警察的执法公信力受到了严峻的挑战。为了应对这个窘境，美国的同步录音录像制度应运而生。

因美国为联邦的政治体制，各州都有自己的立法权。因此在"同步录音录像"制度方面美国联邦法院未制定全国统一的制度规范，各州都有自己的规定，但总的来说主要存在三种情况。

首先是通过成文的法律文件确立该制度。这一情况主要包括了十个州，其中伊利诺伊州最早设立法律规范，于 2003 年通过立法要求警方对所有谋杀案

件进行录音录像，哥伦比亚特区要求警察对一切羁押型讯问进行录音录像，缅因州强制要求对严重案件进行录音录像。此外，还有北卡罗来纳州、马里兰州、得克萨斯州、威斯康星州、蒙大拿州、俄勒冈州和印第安纳州等做出了相应的立法规定。

其次是通过州最高法院判例确立该制度。这一情况主要有六个州，分别是阿拉斯加州、衣阿华州、马萨诸塞州、明尼苏达州、新泽西州、威斯康星州。其中，明尼苏达州在 1984 年通过 Minnesotav. Scales，518 N. W 2d 一案要求在讯问中有条件时必须进行电子记录。该州也是美国最早通过判例确立同步录音录像制度的州。

最后是通过警察部门的规定确立该制度。除了通过前述两种方式确立录音录像制度的州之外，美国剩余的州都通过警察部门的内部规定来推动在讯问中采用同步录音录像制度。而且，有数据显示，当前已有超过81%的受访警察表示在讯问中应当采用同步的录音录像。

2. 在大陆法系国家的产生与发展

与英美法系国家不同，大陆法系国家对同步录音录像制度的规定有起步晚、发展慢、内容不健全的特点，但是这并不意味着大陆法系国家没有对讯问中的录音录像制度加以规定，相反这一制度在诸如韩国、德国、日本等国家都已逐渐形成。

（1）韩国。同其他大陆法系国家一样，韩国对同步录音录像制度的规范起步较晚。2004 年，韩国监察厅在全国范围内指定了 10 个示范实施的部门。自 2006 年起韩国警察机构开始在首尔警察厅的讯问工作中示范性实施同步录音录像制度。

通过试点，韩国在其刑事诉讼法修正案中的第二百四十四条之二规定了讯问犯罪嫌疑人时的录像制度。此外，其刑事诉讼法修正案还在第三百一十二条和第三百一十八条规定了讯问中录音录像的功能，规定：讯问中获得的录音录像在法庭上将被用作证明犯罪嫌疑人供述和辩解的真实性、合法性的证据，或者在法庭供述中用于提示犯罪嫌疑人之前做的供述。

经过发展，当前韩国的侦查机关已经拥有专业的录音录像设备和专门的讯问室。在韩国的侦查讯问中一般会有两台摄像机分别用于记录犯罪嫌疑人的供述和讯问过程。

（2）德国。德国并没有在其刑事诉讼法中对讯问中的录音录像制度作出专门的规定，其对讯问记录的要求仅仅停留在文字笔录层面上。而且，在讯问过程中，犯罪嫌疑人有权利保持沉默，并在其认为能依靠对其有利的条件时再做供述，这就决定了犯罪嫌疑人有机会获得讯问中的录音录像机会。

此外，德国还通过增加刑事诉讼法内容的方式在司法程序中引入了录音录像的设备。《德国刑事诉讼法典》第五十八条a就做出了利用录音录像设备询问证人的规定。

（3）日本。近年来，日本许多专家学者和单位针对刑事诉讼法提出了一系列的改革意见，其中对要求改变传统的"讯问犯罪嫌疑人为主"的侦查方法的改革广受欢迎。从而把对讯问犯罪嫌疑人的过程进行全程同步录音录像作为一个强有力的方法推出。但是，由于日本侦查机关担心该制度对侦查工作带来的压力，以及其潜在削弱侦查职能的负面影响，使得该制度在日本依然未能确立。

3. 我国台湾地区录音录像制度的产生与发展

我国台湾地区对录音录像制度的规定坚持"录音为主，录像为辅"的原则。从1995年开始，立法部门就开始针对录音录像提出立法动议。立法之初，提议者拟在讯问中设立"全程录音并录影"的规定。该议案被"立法院司法委员会"以不现实的理由驳回。经过各方讨论，1997年台湾最终在其最新修订的"刑事诉讼法"第四十四条做出了"侦查机关在讯问犯罪嫌疑人时，一般应全程录音，在必要时应全程连续录影"的规定。

2003年，台湾还将其"刑事诉讼法"第四十一条之一拆分成了第四十一条和第四十二条，将录音录像制度引入到了司法警察、司法警察官、检察事务官进行的搜索、扣押、审判和询问工作中。

（三）当代中国镜头下的职务犯罪侦查讯问的产生与发展

要研究我国镜头下职务犯罪侦查讯问产生的源流，我们就必须从其产生时所处的时代背景出发，从当时的犯罪、侦查、诉讼的角度去考虑其产生的原因和具体的社会环境，这样才能更深入、更全面、更准确地掌握其从萌芽到产生、发展的过程。

1. 镜头下的职务犯罪侦查讯问产生的原因

促使我国镜头下职务犯罪侦查讯问产生的因素有很多，既有国际环境的影响，又有内部诱因的推动，下面笔者将从外部原因和内部原因两个角度出发进行论述。

第一，外部原因。随着我国改革开放的不断深入，我国与世界接触越来越频繁，到20世纪末我们国家已经成为了国际舞台上不可或缺的角色。同样地，在镜头下的职务犯罪侦查讯问领域我们国家也受到了世界的影响。首先是国际人权运动的推动。"二战"以后，国际人权运动如火如荼地发展。1998年，我国政府顺应时代潮流，签署了《公民权利和政治权利国际公约》。随后，在2004年的宪法修正案中，我国将"国家尊重和保障人权"写入了宪法。人权保障的不断进步，同样要求合理地保障犯罪嫌疑人的权利，这也就对职务犯罪侦查讯问提出了更高的要求。所以，把职务犯罪侦查讯问放置在公正的镜头之下也成为了我们顺应时代潮流的必然选择。其次是他国成功经验的影响。目前，包括英国、美国、韩国、我国台湾地区等国家和地区在内的越来越多的国家和地区通过立法或者判例的形式从法律层面上确立了"同步录音"或"同步录像"制度的法律地位。而且实践经验表明，这些国家或地区在采用了这一制度之后，都在保障人权、实现公平正义、防止冤假错案等许多方面取得了很大的进步。与其他国家或地区相同，我国也面临着许多类似的情况，为了解决这些问题，我国也可以采取相同或相似的方法，而这些国家或地区的成功经验无疑为我国的改革进程增添了信心。

第二，内部原因。虽然我国在职务犯罪侦查讯问方面的变革受到了国际环境的影响，但是促使将职务犯罪侦查讯问暴露在镜头下的决定性原因还是内部原因。首先是直接原因。"刑讯逼供在刑事诉讼中是一种违背程序正义，侵犯基本人权的行为，这一不人道的行为在我国刑事诉讼中还较为广泛的存在。"我国传统的职务犯罪侦查往往采用"由供到证"的侦查模式。在这样的侦查模式中，侦查人员对犯罪嫌疑人的口供依赖性强，这就容易导致侦查人员为获得口供而使用威胁、引诱、欺骗的方法，有时甚至会采用"肉刑"或"变相肉刑"。刑讯逼供的存在固然有诸多原因，但是缺乏对职务犯罪侦查讯问的合理监督和侦查讯问的封闭性是主要原因。由此，我国亟须确立同步音录像制度，将职务犯罪侦查讯问暴露在镜头之下。其次是间接原因。实行"同步录音录像制度"不仅能够促使职务犯罪侦查讯问摆脱刑讯逼供的顽疾，同时在庭审阶段，讯问中获得的录音录像可以作为"视听资料"这一法定证据进入法庭。而这一直观的证据的使用，可以在很大程度上保障公平、公正的诉讼价值得到实现。一方面，可以更好地实现控辩双方的"平等对抗"，良好安全的讯问环境有利于犯罪嫌疑人的准备交代，这也就增强了其在庭审中的防御能力。另一方面，同步录音录像可以更好地帮助法官了解讯问过程，与以往纯粹地宣读书面供述相比，在庭审中播放录音录像能够更加直观地展现讯问中各个方面，这样更有利于帮助法官贯彻"自由心证"原则，保障庭审的公平公正。

2. 镜头下的职务犯罪侦查讯问产生的背景

我国镜头下的职务犯罪侦查讯问的发展必然脱离不了我国的具体国情。

第一，我国依法治国进程快速推进。20 世纪末，我国先后加入了《联合国反酷刑公约》和《公民权利和政治权利国际公约》。1997 年党的十五大确立了依法治国的基本方略。2004 年我国将"国家尊重和保障人权"写入宪法。2014 年 10 月十八届四中全会首次专题讨论依法治国问题，并发布了《中共中央关于全面推进依法治国若干重大问题的决定》。这一系列的重大举措都记录了我国依法治国的重要进程。这表明把我国建设成一个社会主义法治国家已经成为了一个不可逆转的时代趋势。依法治国体现在司法领域就要求司法机关要公正司法、严格执法，切实做到有法必依、执法必严、违法必究。为了切实贯彻依法治国的基本方略，检察机关的侦查讯问也需要作出相应的调整，改变长期以来"重打击，轻保护"的观念，切实保障犯罪嫌疑人的应有权利，如此，检察机关的侦查讯问工作面临了新的挑战。

第二，我国司法改革如火如荼地开展。我国司法改革以 1999 年的人民法院第一个五年改革纲要为开端，至今经历十几年的发展，现已进行到了第三轮的改革。2002 年党的十六大明确提出了司法改革的任务。2013 年十八届三中全会提出，建设法治中国，必须深化司法体制改革。加强对司法权的监督作为司法改革的重要内容也一直备受关注。检察机关的侦查权作为司法监督的重要组成部分，同样需要面临司法改革的挑战。虽然最高人民检察院已经施行了人民监督员制度等许多改革举措，但面临时代的新要求，为了更好地规范行使职务犯罪侦查权，将职务犯罪侦查权暴露在镜头之下，推动我国职务犯罪"同步录音录像制度"的发展也势在必行。

第三，职务犯罪侦查模式转变迫在眉睫。我国职务犯罪一直采取的是传统的"由供到证"的侦查模式，此种侦查模式中，侦查人员往往对犯罪嫌疑人的口供过度依赖。这就使得侦查人员在很多时候为了获得口供而采取刑讯逼供手段。在我国刑事诉讼法经过 1997 年和 2012 年两次修改之后，同时在我国法治化进程进一步深化的背景下，这种"由供到证"的侦查模式已经不能适应时代的要求。检察机关针对职务犯罪的侦查模式逐渐在向"由证到供"的方向转变。另外，2012 年修改后的《刑事诉讼法》第一百二十一条又对侦查人员的讯问工作提出了"同步录音录像"的要求。职务犯罪侦查实践中对新侦查模式的需求和新刑法提出的新要求极大地推动了检察机关将职务犯罪侦查讯问推向镜头之下。

第四，翻供与诬陷等反侦查手段愈演愈烈。由于职务犯罪主体多为国家工作人员或准国家工作人员，他们对国家的政策、规章、制度、法律、法规较为了解，具备较高的法律素养和反侦查能力。因此，在职务犯罪的侦查实践中，侦查人员、侦查机关与犯罪嫌疑人的侦查与反侦查斗争尤为激烈。很多情况下，犯罪嫌疑人会在法庭上否认检察机关在侦查阶段获得的犯罪嫌疑人供述和辩解，或者诬陷侦查人员实施刑讯逼供。这种情况大大降低了司法效率，阻碍了正义的伸张。为了提高诉讼效率、保障职务犯罪嫌疑人能够得到法律的公正裁判，司法实践亟须能够充分固定犯罪嫌疑人供述和辩解的方式，在此背景下

"同步录音录像制度"则呼之欲出。

3. 早期我国的地方自发探索阶段

在我国法律正式确立同步录音录像制度之前,学界和实务部门就已经开始了对该制度的探索。这些探索或多或少地从理论或实务方面积累了开展同步录音录像工作的经验,为日后这一制度的建立奠定了坚实的基础。

第一,学界为主的探索。

与其他法治国家在同步录音录像领域取得的成功经验一样,我国本土的理论探索也对我国同步录音录像制度的建立有很大的推动作用。为了把职务犯罪侦查讯问尽早地放置到镜头之下,我国学界早在 2002 年就开始了相应的研究与探索。以樊崇义教授为主的中国政法大学诉讼法学研究中心在 2002 年就开始试验讯问阶段律师在场制度,在此基础上,2005 年在联合国开发署的资助下又开始了对同步录音录像制度的试验。

该项目从全国不同发展水平的地区分别筛选了北京市海淀区公安分局、河南省焦作市公安局解放分局和甘肃省白银市公安局白银分局三个基层的公安机关作为试验单位,并分两个阶段开始了试验工作。2002 年至 2004 年为第一阶段,主要开展引入律师在场制度的试验;2005 年为第二阶段,主要开展同步录音录像制度的试验。

通过本次试验,项目组获得了大量的一手数据,这为我国"同步录音录像制度"的建立打下坚实的理论基础。此外,本次试验虽然在公安系统内进行,但是其试验结果却引起检察系统更大的重视。这也为职务犯罪侦查讯问中引入该制度做出了铺垫。

第二,实践部门的探索。

1997 年我国对 1979 年的刑事诉讼法做出了第一次修改。此次修改在原有的证据种类之中增加了"视听资料"一类。这一改变逐渐唤醒了侦查机关和检察机关新的侦查意识,更新了侦查人员的侦查观念,打开了侦查部门的侦查手段。在此背景下,1999 年浙江省检察院首次在职务犯罪侦查讯问中引入录音录像的手段方法。这也开启了我国实务部门自发探索在职务犯罪侦查讯问中引入同步录音录像方法的大门。

2003 年,浙江省检察院在试验论证的基础上又将在讯问中录音录像的做法推广到全省的职务犯罪侦查讯问工作中。随后,四川省和北京市的地方检察院也加入了实务探索之中。2002 年四川省地方检察院首次探索出了利用录音录像设备固定视听证据的方法。2004 年北京市地方检察院也围绕职务犯罪侦查讯问的全程录音录像工作自主研制出一套包括办案、监控、指挥在内的侦查指挥系统。

有数据显示，2004年7月至2005年6月，浙江省检察系统共查处1252件贪污贿赂犯罪案件，其中有1180件案件在第一次讯问中使用了录音录像系统，占全部案件的94%。此外还有525起案件实行了全程同步录音录像，占总量的42%。2005年4月至2006年1月，北京市朝阳区检察院共实施了41次同步录音录像侦查讯问。山东省检察院自2006年3月1日颁布使用录音录像的决定以来，短时间内青岛市检察院就有40余名犯罪嫌疑人在讯问时接受了同步录音录像，占同类案件人数的93%。以上数据表明，在检察系统自发地组织探索之后，实践中越来越多的检察部门开始接受同步录音录像制度并主动地将侦查讯问工作放置在镜头之下进行。

4. 新时期我国的全方位推进阶段

经历了古代和近代的朦胧的公开制度和早期的自发试验和探索阶段之后，我国职务犯罪侦查讯问的录音录像制度最终得到了确立。但是其法律地位的确立并不是一步到位的，而是经历了从部门法到全国性法律的过程。

第一，通过部门规范确立地位。在我国浙江、四川、北京等地方检察机关自发的试验和探索的基础之上，我国最高人民检察院于2005年11月1日在第十届检察委员会第四十三次会议上审议通过了《人民检察院讯问职务犯罪嫌疑人实行全程录音录像的规定（试行）》。这一规定的出台，标志着我国职务犯罪侦查讯问中的同步录音录像的方法作为一项制度被确立了下来。同年12月28日，我国最高人民检察院还印发了《人民检察院讯问职务犯罪嫌疑人实行全程录音录像的技术规范（试行）》和《检察技术部门贯彻〈人民检察院讯问职务犯罪嫌疑人实行全程录音录像的规定（试行）〉的意见》两份文件，进一步巩固了同步录音录像制度。

2006年1月19日，为了进一步规范全国检察系统落实同步录音录像的工作，高检院在浙江省宁波市召开了"全国检察机关推行讯问职务犯罪嫌疑人全程同步录音录像工作会议"。本次会议科学地避免了"全国统一步伐"的错误做法，确定采用"三步走"的战略部署，实行区别对待、逐层推进的方法。截至2007年10月1日，全国检察机关已经实现了办理所有职务犯罪案件全部实行同步录音录像的目标。

为了配合"三步走"战略部署的实行，高检院办公厅在2006年12月发布了《人民检察院讯问职务犯罪嫌疑人实行全程同步录音录像技术工作流程（试行）》和《人民检察院讯问职务犯罪嫌疑人实行全程同步录音录像系统建设规范（试行）》这两份纲领性文件。从技术层面和配套设施方面对我国各地检察机关在落实同步录音录像制度工作中提出了具体的要求。至此，我国职务犯罪侦查讯问中的"同步录音录像制度"在部门规范中的发展暂时告一段落。

第二，通过全国性的法律规范确立地位。2012年3月14日十一届全国人大五次会议审议通过了《〈中华人民共和国刑事诉讼法〉修正案》。此次修正后的《刑事诉讼法》在第一百二十一条中规定："侦查人员在讯问犯罪嫌疑人的时候，可以对讯问过程进行录音或者录像；对于可能判处无期徒刑或者死刑的案件或者其他重大犯罪案件，应当对讯问过程进行录音或者录像。录音或者录像应当全程进行，保持完整性。"这标志着我国的"同步录音录像制度"经过十多年的发展，最终以法律的形式得以确立。我国检察机关及其工作人员必须履行在职务犯罪侦查讯问中实施同步录音录像的义务。

同年10月8日，为了加强公安机关与人民检察院的协作配合，保证人民检察院在直接立案侦查的案件中讯问在押职务犯罪嫌疑人实行同步录音录像工作，最高人民检察院和公安部联合下发《最高人民检察院、公安部关于在看守所设置同步录音录像讯问室的通知》（以下简称《通知》）。《通知》对各级看守所设立同步录音录像的工作提出了具体的要求。

2014年3月17日最高人民检察院第十二届检察委员会第十八次会议审议通过了《人民检察院讯问职务犯罪嫌疑人实行全程同步录音录像的规定》（以下简称《规定》），并于5月26日下发全国各级检察院。至此，我国检察系统的"同步录音录像制度"的法律地位得到了确立和巩固。

六、镜头下的职务犯罪侦查讯问的现实困境

虽然自改革办案模式、推行职务犯罪同步录音录像制度以来，它给人们带来了预期的好处，改革成果也在2012年修改后的刑事诉讼法中得以体现，但修改后的《刑事诉讼法》第一百二十一条对于同步录音录像制度的规定过于笼统，不易操作；与此同时，此项制度在司法实践中也遭遇了一定困难，甚至带来了一些弊端，尚存在许多问题值得探讨。

（一）适用范围存在缺陷

就"所有职务犯罪案件都必须实施同步录音录像制度"的规定而言，太过于僵化，不符合办案实际。最高人民检察院这样规定的初衷是为了保障犯罪嫌疑人的合法权益，让程序正义原则在办案过程中得到充分体现。但在实践中，部分犯罪嫌疑人出于害怕自己的供述或者揭发的内容被设备记录下来而引来他人报复的心理，不愿意在镜头下交代犯罪事实或者揭露他人罪行。但如果侦查人员违反规定关掉同步录音录像设备，又会产生犯罪嫌疑人翻供甚至污蔑侦查人员对其刑讯逼供，却又不能提供同步录音录像资料予以证明的情形，所

以侦查人员经常陷入两难境地，不知如何是好；另外，对于有些案情简单、办理难度较低的职务犯罪案件而言，其犯罪事实清楚，证据确实充分，犯罪嫌疑人认罪态度良好，对其实施同步录音录像的实际意义并不大。

（二）　缺少专业技术人才和必要的物质保障

1. 专业人员匮乏

检察机关实行同步录音录像必须遵循录审分离的原则，即讯问人员与进行同步录音录像的人员必须由不同的人员来担任，而检察机关技术部门人员往往配备不足，特别是在案件比较多的基层检察院，仅有一名技术人员的情况不少。但现实情况是，检察机关办理每件职务犯罪案件要求都必须实行讯问的全程同步录音录像，发案少的时候技术人员尚能应付，如果案件数量增多，技术人员的任务就比较繁重，也可能出现侦查人员同时担任技术人员的情形，违背了录审分离原则。同时，职务犯罪案件办理的周期较长，尤其是大案、要案，这就可能要求技术人员实行同步录音录像的次数增多，甚至出现同时对多人进行连日连夜的录音录像，或者本地异地都需要同步录音录像的情况，这时技术人员的分配就变得特别紧张。另外，在办案期间，侦查讯问人员可以轮流休息，但技术人员因人手不够，休息时间没办法保证，在人困马乏的情况下必然对录制、讯问工作产生不良影响。

2. 经费难以得到保障

经济基础决定上层建筑，实行同步录音录像需要经济支撑，根据我国现行的公共经费保障体制，各级检察机关的经费是由当地政府提供的，而广大西部地区的区县级政府很难拿出多余资金来支持基层检察院实行同步录音录像制度，即使已经建设完成同步录音录像系统，高额的设备维修维护费用也是许多西部地区基层检察院面临的一个难题。事实上，经费问题不止是我国推行此项制度才会面临的困境，对于诸如加拿大、英国等发达国家来说，他们在推广同步录音录像制度时也曾面临同样的问题。

3. 适用范围比较僵化

由于经济发展水平不一致，同步录音录像设备的数量、质量、种类等各地参差不齐，部分检察院由于设备陈旧，加之受光线的影响，导致录像清晰度不够，对犯罪嫌疑人的影像难以辨别；录音辨识因音效不佳而无法采集。尤其是在需要通过分析录音录像的细节内容（如犯罪嫌疑人的细微表情变化、语气变化等）从而分析犯罪嫌疑人心理状态时，录音录像模糊不清给案件侦破带来了很大的阻碍。

（三）实践操作与法律规范要求存在差距

1. 同步录音录像过程操作不规范

虽然《规定》对同步录音录像的操作过程、具体规则做过详细的规定，但仍有一些地方需要完善改进。在司法实践中，有的侦查人员没有对同步录音录像引起重视，仅仅把它当作一种固定口供的手段，导致出现了许多不规范的行为。

首先，录制准备工作不到位。根据录审分离的原则，录制工作必须由检察机关技术工作人员负责，但如今要求侦查部门实行传统办案与网上办案并行的模式，一般在传统办案结束之后进行网上录入工作，在录入工作结束之后才通知技术部门实行同步录音录像。技术部门在接到通知后往往时间有限，技术人员常常来不及对录制设备进行故障检查和调试，导致一旦在录制过程中出现问题，只能暂停录制，影响了讯问工作。其次，侦查讯问在录制影像期间不够严肃。侦查人员穿着花哨随意，抽烟喝茶，随便进出讯问室，频繁接听电话；在讯问过程中，侦查人员使用语言不规范，有的口音过重，导致犯罪嫌疑人无法理解其所问问题；遇到新问题时侦查人员又需要及时向领导汇报请示，致使讯问中断。最后，录制工作执行不够严格。在司法实践中，部分检察院施行同步录音录像制度流于形式，主要表现在：一是同步录音录像通常没有从讯问一开始就使用，而是在突破犯罪嫌疑人的心理防线之后才启动，而此时文字笔录已经做好，进行同步录音录像只需要对笔录的内容复述一遍即可。二是侦查人员对口供内容选择性地录音录像，可能只对有罪供述或者证明有罪的关键事实进行录制，对于无罪辩解或者证明减轻刑事处罚的事实就不进行录音录像。[①] 这样一来，在录音录像之前，极易发生威逼利诱、刑讯逼供的情形。三是存在只有一人进行讯问，这种情况致使讯问过程得不到监督制约，违背了法律规定的在讯问犯罪嫌疑人时至少应该有两名讯问人员在场的情形。

2. 在录制过程中易忽略细节问题

在办案过程中侦查人员往往忽略一些细节问题，比如办案人员在讯问前没有了解犯罪嫌疑人是否患有疾病，当被讯问人因心脏病、高血压等病症突然发作时，侦查人员也没有通过其面色、身体表现等察觉，如果此种情况发生，轻者延误患者病情，重者造成办案安全事故；又如，在录制画面中没有出现犯罪嫌疑人的正脸，导致之后回放时无法观察到被讯问人的微表情、小动作，使得侦查人员无法从犯罪嫌疑人的表现分析问题，影响案件突破口的确定。

---

① 段明学：《侦查讯问录音录像制度探析》，载《国家检察官学院学报》2007 年第 5 期。

3. 温湿度显示器存在问题

按照相关规则的要求，讯问室内必须安装温湿度显示器，但由于条件限制，部分基层检察院并没有配置温湿度显示器。有的检察院虽然安装了普通版型的温湿度显示器，但由于此种显示器在工作过程中一直闪烁，致使数据的清晰度、辨识度不强；若另行安装外在的温湿度采集器，又容易造成两设备之间的误差。

（四）部分侦查人员对讯问过程的驾驭能力不足

1. 部分侦查人员在镜头下存在心理障碍

不少侦查人员已经习惯了原来的讯问模式，突然之间把自己暴露在镜头之下，同时还可能随时接受法官和律师的审查，他们不免感到有些不适应，导致内心忐忑、情绪紧张，甚至产生心理障碍。在讯问中主要表现为：语无伦次，讯问没有条理，思路不清晰，致使讯问陷入僵局。

2. 部分侦查人员观念未转变，缺乏主观能动性

一些侦查人员仍然认为口供是"证据之王"，突破口供就等于侦破案件，所以侦查需要利用威逼利诱、刑讯逼供等非法手段获取案件线索、证据的想法仍未根除。尤其是在基层人民检察院，一些侦查人员甚至认为只要犯罪嫌疑人没被打伤、打残，在犯罪嫌疑人身上找不到"犯罪证据"，骂两句、打两下是必需的侦查手段，没有太大问题。但在同步录音录像环境下，势必会束缚手脚，从而引起侦查人员的抵触情绪。

在同步录音录像环境下，由于缺乏非法证据排除中关于审讯时的冻饿晒烤、疲劳、诱供等认定细则，同步录音录像取证工作指引等操作规范，部分侦查人员缺乏主观能动性，在重重压力下，不能根据法律规定的精神和讯问的具体情势进行正确的抉择。

（五）审判阶段相关示证运作规则与机制的缺失

1. 公诉方出示同步录音录像资料不符合规定，缺乏细节操作规定

就公诉方而言，其在法庭上出示同步录音录像视频具有被动性，即只有当法庭、辩方对讯问行为的合法性产生疑虑时，公诉人申请向法庭展示同步录音录像资料，经许可后才能提供审讯录制视频。[①] 然而，在庭审过程中，部分公诉人员为了达到其所谓的"庭审效果"，在法庭或辩方没有对口供合法性提出质疑的情形下，主动展示有关犯罪嫌疑人有罪供述部分的片段，将录制资料当作言词证据来使用，这种"主动示证"的方式有悖于同步录音录像制度的原

---

① 司钦山：《论控辩交易与刑讯逼供》，载《福建公安高等专科学校学报》2002 年第 6 期。

意。就审判方而言，目前对于人民法院依职权主动对证据进行调查核实的权力得到了进一步增强，原来的司法解释只规定了人民法院可以在法庭上对证据进行调查核实，修改后的刑事诉讼法则增加规定了人民法院也可以在庭外核实证据的条款。但法律和相关司法解释并没有规定庭外核实证据应当遵从的程序，也没有规定同步录音录像的示证方式是否与其他证据存在区别，这些问题同样影响了同步录音录像工作的推进。

2. 庭审中录音录像的播放范围和展示方式无统一规定

就庭审中录音录像的播放范围和展示方式而言，实践中的做法不一，争议很大。法律或相关规定没有对讯问同步录音录像的观看人员设定限制，庭审在场的所有人员包括旁听群众在内都可以观看。这种做法看似做到了公开公正，实则不然。因为侦查机关在实施讯问的过程中，必然使用大量的侦查讯问技巧与谋略，这个过程可能暴露通过特殊手段获取的线索、证据等相关信息，甚至可能涉及商业机密或国家安全情报等，有些内容一旦泄露，不仅会增加以后办案的难度，更可能造成无法挽回的损失，所以部分信息资料的情况都应该控制在一定的知晓范围内，同步录音录像的公开范围的问题亟待解决。

（六）缺乏监督机制和后续保存工作不到位

1. 缺乏监督主体，监管不力

不可否认，同步录音录像制度的实行对司法机关办理案件起到了积极的作用，但任何制度在实施的过程中都不能没有监督制约，确立监督主体显得尤为重要。但事实上，相关法律和司法解释并没有提到对该制度的监督机制，实践中主要靠侦查机关的自行监督，但这种监督形式缺乏客观性与公信力，一定程度上削弱了录音录像资料的证明力。

2. 保管不当，存在泄密风险

录音录像资料的优点很多，用途广泛，但凡事都有两面性，录制的视频资料存在一个致命的缺点，即天然易被篡改。因相关程序的要求，同步录音录像资料必须要在刑事诉讼的各个环节传递，此时能够接触视频资料的人员众多，其被消磁伪造的机会不少，但实务部门并未采取防范措施。当审讯录制完毕后，本应当立即对录制资料进行刻录、封存、备份，并按照规定进行装订、编号，最后妥善保管在防尘、防潮的档案柜中，但由于保管主体不明确，致使各部门之间存在"踢皮球"的现象，有的录音录像资料甚至散落在侦查部门或公诉部门，安全隐患令人担忧；同时，法律与《规定》并未对录音录像资料的内容设立密级，对于同步录音录像储存载体的制作、使用、保管也没有规定严格的保密措施。

七、同步录音录像资料的审查与运用

(一) 同步录音录像资料的审查范围

如前所述，同步录音录像资料能够客观地再现侦查活动，能有力说明被告人是否有犯罪行为、证人是否提供了证言、被告人及证人在庭前及庭审中提供的言词证据孰真孰假、侦查活动是否合法等问题[1]，有助于侦查人员据此做出正确判断。因此，在办案过程中应该积极审查并合理运用同步录音录像资料。

对同步录音录像资料的审查应包括两种审查方式，即形式审查和实质审查。形式审查是指审查同步录音录像资料的形式要件是否规范：首先，审查同步录音录像是否有委托同步录音录像的单位、委托的时间、录制人员的姓名、录制的起止时间、地点及过程等内容的附随说明材料。其次，要将同步录音录像资料及其附随材料相结合，进行录制程序、录制主体等审查，主要审查的内容包括审、录人员是否分离，录音录像是否有时间、温度、湿度的显示，录制开始、结束的时间是否恰当，录制前是否履行告知程序，录制过程是否符合法律规定等。最后，要在技术部门的协助下对同步录音录像载体进行审查，审查其是否经过拼接、剪辑及被伪造，是否采用规定的存储介质等。

实质审查是指对同步录音录像资料本身意图反映的内容及附带所反映其他信息的审查，一是要审查同步录音录像资料的内容与其所反映证据材料的内容有无出入，包括讯 (询) 问笔录有无加入录音录像中犯罪嫌疑人、证人等未曾反映的内容；二是要审查是否存在 "先导后演" "先审后录"、选择性录像等情形[2]，要根据嫌疑人回答问题时的神态、表情等判断有无对嫌疑人进行提示或指供、诱供、刑讯逼供而导致供述、辨认不实等情况；三是要审查是否反映了证据材料中未记载的有关犯罪嫌疑人定罪量刑的重要信息，如犯罪嫌疑人对自身行为性质的辩解及可能被认定为立功 (检举揭发)、表明认罪、悔罪主观态度等内容是否写入笔录。

(二) 同步录音录像资料与讯问笔录不一致时的审查

由于侦查人员主观认识的不同以及同步录音录像资料与讯问笔录的记录固定方式存在差异等原因，导致同步录音录像资料中犯罪嫌疑人的口供与书面笔

---

[1]　参见邵宁：《论同步录音录像的审查与运用》，载《中国检察官》2013 年第 12 期。

[2]　参见徐超：《四个方面强化同步录音录像资料证明力》，载《人民检察》2013 年 4 月 (下半月)。

录记载的内容可能出现不一致的情形①。对于同步录音录像资料和讯问笔录不一致时应如何处理的问题，我国司法实务界和理论界发出各种不同的声音。第一种观点认为，同步录音录像资料与讯问笔录内容不符部分不得作为证据使用；第二种观点认为，当侦查讯问同步录音录像资料与讯问笔录内容不一致时，应当采信讯问笔录；第三种观点认为，当侦查讯问同步录音录像资料与讯问笔录出现内容不一致时，只要我们能够证实讯问同步录音录像资料本身具有可靠真实性和关联性，并且相应地排除了其存在被虚假伪造或者被人剪辑篡改的可能性，也就是说，此时我们证明了同步录音录像资料的可靠真实性和关联性，那么此时我们就不能随便排除同步录音录像资料的使用，就能够对同步录音录像资料予以采信，而对讯问笔录予以排除②。

我们赞同第三种观点，理由如下：首先，根据《刑事诉讼法》第一百二十一条和《公安机关办理刑事案件程序规定》第二百零三条的规定，侦查讯问笔录并非固定犯罪嫌疑人口供的唯一法定形式，同步录音录像资料和讯问笔录都是固定犯罪嫌疑人口供的一种法定表现方式。当两者出现不一致时，我们要综合审查两者的证明能力，我们不能把讯问笔录当成口供的唯一表现形式，从而排除同步录音录像资料的证据资格和证明能力。其次，相比讯问笔录而言，同步录音录像资料作为一种可靠的信息载体，它能同步、客观、完整、全面、直观地反映整个讯问过程，公诉人、法官通过观看同步录音录像资料对于犯罪嫌疑人的供述有更直观清晰的认识，不同程度地认可同步录音录像资料的证据作用并且加以核对和采用，如简某容留他人吸毒案③，广东省佛山市顺德区人民检察院经过审查，发现简某有罪供述的纸质讯问笔录上记载的内容与同步录音录像不一致，据此，公诉人依法采纳了同步录音录像记录的内容，而将讯问笔录作为非法证据予以排除。

可见，具有可靠真实性的同步录音录像资料的证明力应当更强。但是，不可否认，同步录音录像资料具有前述优势的同时，我们也要认识到它本身具有

---

① 参见韩东成：《论讯问职务犯罪嫌疑人全程同步录音录像与讯问笔录不一致》，载《中国检察官》2010 年第 12 期。

② 参见邱宝宏：《台湾刑事诉讼法修正对警讯笔录证据能力之影响》，载何家弘主编：《证据学论坛》（第 8 卷），中国检察出版社 2004 年版，第 159 页。

③ 案件介绍：简某容留他人吸毒案，犯罪嫌疑人在公安机关侦查阶段做了一份讯问笔录，并进行了同步录音录像。从讯问笔录来看，犯罪嫌疑人简某供认自己曾经在自己家中容留伍某吸食冰毒四次；但是，经审查讯问笔录的同步录音录像，发现公安机关的讯问笔录未完全如实记录犯罪嫌疑人简某的供述和辩解，犯罪嫌疑人简某只承认在自己家中容留伍某吸毒两次，另外两次吸毒是在伍某家中的；但侦查人员还是将笔录记为简某在其家中容留伍某吸毒四次。据此，检察人员依法采纳了同步录音录像记录的内容，而将讯问笔录作为非法证据予以排除。

高度的技术依赖性、易被人剪辑修改及普通大众对此有时还很难发现等缺点。因此，当讯问同步录音录像资料和讯问笔录出现不一致时，我们要综合审查同步录音录像资料和讯问笔录的证明能力，我们在结合全案证据进行综合审查的同时，要着重对同步录音录像资料的真实可靠性进行查实。我们只有在查明讯问同步录音录像资料是严格依照法定程序制作完成的，并且排除其存在修改、篡改、伪造等非法取证行为时，才能认为它具有比讯问笔录更强的证明力而应当采信。但是，如果讯问笔录与其他证据能相互印证，而同步录音录像与其他证据难以融合，此时应当否定同步录音录像的证明能力而肯定讯问笔录的证明能力。[①]

（三）被告人翻供时对同步录音录像资料的审查判断

由于犯罪嫌疑人、被告人口供具有不稳定性和经常反复性等特点，所以，当庭翻供在我国刑事司法实践中是一个相当普遍的现象，也由此引发出了一个颇具争议的问题：被告人在法庭审判时当庭做出的供述和辩解与侦查讯问同步录音录像资料的证明力，究竟孰强孰弱？通常而言，不管是大陆法系国家中所贯彻的直接言词原则还是英美法系国家所坚持的传闻证据排除规则，都要求那些向法庭提供言词证据的人当庭进行陈述，这样既能使法官或者陪审员能够观察到陈述者的陈述举止及面部表情，还可以使法庭中交叉询问这一法律装置能够真正发挥发现事实真相的应有功能。从这个意义上讲，庭审供述的证明力应优于庭外的供述，法官或者陪审人员更愿意相信被告人在法庭上作出的陈述[②]。但是，也并不是说被告人当庭供述和辩解的证明力就强于讯问笔录和同步录音录像资料。我们认为，在出现被告人庭审中对庭前供述和辩解翻供的现象时，不能机械地就规定讯问录音录像资料具有更强的证明力，而是要结合全案证据事实来进行审查和判断。我们一方面要审查犯罪嫌疑人的翻供理由，如果没有说明正当的翻供理由，并且他所说的翻供理由明显与其他证据不相符合，那么，另一方面我们也要进一步审查同步录音录像资料，如同步录音录像资料经查证核实是真实合法的，并且经过当庭质证、与同案其他证据相互印证，那么这时的同步录音录像资料就具有更强的证明力，法庭就可以依法采纳讯问录音录像资料所记载的犯罪嫌疑人、被告人庭前所做的有罪供述。也就是说，只要庭前同步录音录像资料记载的犯罪嫌疑人、被告人口供能与同案其他证据相互印证，并且经查证核实是通过合法取证方式获取的，那么就可以作为认定案件事实的证据，由此来否定被告人当庭翻供。

---

① 参见李领臣：《同步录音录像制度实施中的若干问题》，载《人民检察》2013 年第 20 期。

② 参见雷建昌：《口供研究》，四川大学 2004 年博士学位论文，第 151 页。

第二章　镜头下的职务犯罪侦查讯问的合法性研究

　　检察机关在职务犯罪侦查的过程中开展镜头下讯问，由于将讯问过程通过影音方式全部记录下来以供备查，犯罪嫌疑人、被告人供述和辩解这种证据形式的合法性问题在实践中就较为突出，具体则表现在程序合法性与非法言词证据这两个重点问题上。

　　就镜头下讯问而言，现行刑事诉讼法、《人民检察院刑事诉讼规则》和《人民检察院讯问职务犯罪嫌疑人实行全程同步录音录像的规定》已经进行了较为完备的规范，因此从广义上讲，只要法律、司法解释等对相关程序有规定，而司法实践一旦违反了这些规定，都会构成程序性违法。但法律后果并不相同：其一，违反法定程序的程度较轻，抑或只属于并不严重的"程序瑕疵"，这对通过因镜头下讯问所获取的证据的证据能力一般不会产生实质性的影响，但有可能会影响到这种证据的证明力；其二，如果违反法定程序的程度较重，抑或法律有明确规定时，违反镜头下讯问相关规定会直接导致犯罪嫌疑人、被告人供述和辩解这种证据因不具有合法性而丧失证据能力。因此，实践中应当注意涉及镜头下讯问的瑕疵证据与严重违反法定程序从而会导致直接排除的证据之间的区分。

　　就非法言词证据而言，主要涉及现行《刑事诉讼法》第五十条和第五十四条的规定的理解与适用。虽然"非法言词证据"也是因违反取证程序的相关规定而出现的，但是由于这两个条文在实践中存在的问题较为突出，因此在镜头下工作中更需特别慎重。非法言词证据涉及两个方面的内容。一是通过刑讯逼供等非法方法获取的证据。尽管镜头下讯问工作有利于遏制刑讯，却并不具备完全杜绝侦查程序中刑讯逼供的功能。这种情况的出现导致立法对职务犯罪侦讯工作的规制流于形式，进而导致刑讯逼供在审讯室镜头未能顾及的阴暗面继续以隐秘的方式存在，因此还需要相关制度的进一步完善。二是镜头下通过威胁、引诱、欺骗以及其他非法方法获取的证据。理论和实务都对其所涉及的证据合法性问题存在较大争议。因此在实践中需要注意三个标准的把握，首先，不应违背社会公序良俗和伦理道德底线；其次，不应违背被讯问人员答问的意志自由性；最后，不应虚假承诺或开"空头支票"。

一、镜头下的职务犯罪侦查讯问合法性的突出问题

2003 年 10 月 10 日，最高人民检察院出台了《人民检察院讯问室的设置和使用管理办法》。该办法第八条规定："有条件的人民检察院还应当在讯问过程中同步制作两套录音录像资料"，对镜头下的讯问工作进行了初步探索。2005 年 12 月，最高人民检察院印发《人民检察院讯问职务犯罪嫌疑人实行全程同步录音录像的规定（试行）》，要求从 2006 年 3 月 1 日开始，全国检察机关开展职务犯罪侦查讯问全程同步录音录像①工作。2006 年初，最高人民检察院在浙江宁波召开了全国检察机关推行讯问职务犯罪嫌疑人全程同步录音录像工作现场会，对检察机关讯问全程同步录音录像工作作了全面的部署。为进一步保障此项工作的规范运行，2006 年 12 月 4 日，最高人民检察院又颁布了《人民检察院讯问全程同步录音录像技术工作流程（试行）》和《人民检察院讯问全程同步录音录像系统建设规范（试行）》，形成了一整套相对完备的制度体系。2013 年，修改后的刑事诉讼法正式实施，该法第一百二十一条规定："侦查人员在讯问犯罪嫌疑人的时候，可以对讯问过程进行录音或者录像；对于可能判处无期徒刑、死刑的案件或者其他重大犯罪案件，应当对讯问过程进行录音或者录像。录音或者录像应当全程进行，保持完整性。"该规定首次将我国的讯问全程同步录音录像上升至法律层面，是该项制度发展史上的重要里程碑。同时，这一规定更加明确地肯定了讯问时同步录音录像制度，并对制度实施设置了更为严谨周密的程序。2014 年，最高人民检察院在上述 2005 年版本的基础上，又印发了《人民检察院讯问职务犯罪嫌疑人实行全程同步录音录像的规定》的通知，对镜头下讯问工作作了更为全面和细致的规范。

从 2010 年以来实践的情况看，职务犯罪侦查讯问时开展同步录音录像，一方面，确实为促进侦查干警转变执法观念和办案方式、强化对讯问活动的监督和犯罪嫌疑人的人权保障、有效固定讯问证据并遏制犯罪嫌疑人翻供、保护办案干警不受诬告陷害、节约司法资源的同时提高诉讼效率起到了积极作用；② 另一方面，这无疑也对侦查人员的讯问能力提出了新的挑战。各地检察机关在制度运行过程中均不同程度地出现了一些问题。例如，直到现在，有些侦查人员仍然不适应在镜头下进行讯问，畏手畏脚，语无伦次甚至面红耳赤，

---

① 为论述方便，"职务犯罪侦查讯问全程全程同步录音录像"在下文有时会直接采用"镜头下讯问"的简洁表述。

② 赵东平：《论检察机关讯问全程同步录音录像制度实施中的问题及改进建议》，载《河南社会科学》2014 年第 3 期。

无法自如地表达，或担忧有领导或同事会实时观察审讯过程。这会导致他们注意力分散，过分注重自己的仪表和语言表达，担心审讯录音录像将来会被审查，从而有可能忽略了对嫌疑人的细致观察，实质上影响了讯问效果的实现。除了存在这些具体的问题之外，作为本书所关注的问题，检察机关在职务犯罪侦查的过程中开展镜头下讯问，由于将讯问过程全部记录下来以供备查，[①] 犯罪嫌疑人、被告人供述和辩解这种证据形式的合法性问题在实践中较为突出地表现出来，亟待从理论的角度梳理和总结。

二、镜头下的职务犯罪侦查讯问的程序合法性

（一）相关程序规定

检察机关立案侦查的案件实行镜头下讯问，自上而下，是由《人民检察院刑事诉讼规则》（以下简称《规则》）及相关配套规定加以具体规范的。《规则》第二百零一条规定：

人民检察院立案侦查职务犯罪案件，在每次讯问犯罪嫌疑人的时候，应当对讯问过程实行全程录音、录像，并在讯问笔录中注明。录音、录像应当由检察技术人员负责。特殊情况下，经检察长批准也可以由讯问人员以外的其他检察人员负责。

不过，作为司法解释的《规则》并没有对镜头下讯问所涉及的更为具体的操作规程作出详细的规定。从现行的规则体系来看，2014 年施行的《人民检察院讯问职务犯罪嫌疑人实行全程同步录音录像的规定》对此问题所作的规定最为详细，是检察机关实行镜头下讯问最为重要也是最为具体的规定。

该规定共二十二条，其中第二条至第十二条比较详细地规定了镜头下讯问从开始到结束的整个程序，为便于后文分析的方便，此处列出这些具体的条文并用括号注释的形式对各条文主旨进行简要说明：

第二条【全程的含义及要求】　人民检察院讯问职务犯罪嫌疑人实行全程同步录音、录像，是指人民检察院办理直接受理侦查的职务犯罪案件，讯问犯罪嫌疑人时，应当对每一次讯问的全过程实施不间断的录音、录像。

讯问录音、录像是人民检察院在直接受理侦查职务犯罪案件工作中规范讯

[①]　最高人民法院刑事审判第二庭《关于辩护律师能否复制侦查机关讯问录像问题的批复》[（2013）刑他字第 239 号] 指出，侦查机关对被告人的讯问录音录像已经作为证据材料向人民法院移送并已在庭审中播放，不属于依法不能公开的材料，在辩护律师提出要求复制有关录音录像的情况下，应当准许。在这种情况下，由于辩护律师有权查阅作为证据材料使用的讯问录音录像，这使得检察机关的讯问工作受到进一步的外部监督。

问行为、保证讯问活动合法性的重要手段。讯问录音、录像应当保持完整，不得选择性录制，不得剪接、删改。

讯问录音、录像资料是检察机关讯问职务犯罪嫌疑人的工作资料，实行有条件调取查看或者法庭播放。

第三条【录审分离】　讯问录音、录像，实行讯问人员和录制人员相分离的原则。讯问由检察人员负责，不得少于二人；录音、录像应当由检察技术人员负责。特别情况下，经检察长批准，也可以指定其他检察人员负责。刑事诉讼法有关回避的规定适用于录制人员。

第四条【同录手续】　讯问录音、录像的，应当由检察人员填写《录音录像通知单》，写明讯问开始的时间、地点等情况送检察技术部门或者通知其他检察人员。检察技术部门接到《录音录像通知单》后，应当指派检察技术人员实施。其他检察人员接到通知后，应当按照本规定进行录制。

第五条【同录地点及时段】　讯问在押犯罪嫌疑人，应当在看守所进行。讯问未羁押的犯罪嫌疑人，除客观原因或者法律另有规定外，应当在人民检察院讯问室进行。

在看守所、人民检察院的讯问室或者犯罪嫌疑人的住处等地点讯问的，讯问录音、录像应当从犯罪嫌疑人进入讯问室或者讯问人员进入其住处时开始录制，至犯罪嫌疑人在讯问笔录上签字、捺指印，离开讯问室或者讯问人员离开犯罪嫌疑人的住处等地点时结束。

第六条【同录告知】　讯问开始时，应当告知犯罪嫌疑人将对讯问进行全程同步录音、录像，告知情况应在录音、录像和笔录中予以反映。

犯罪嫌疑人不同意录音、录像的，讯问人员应当进行解释，但不影响录音、录像进行。

第七条【同录环境】　全程同步录像，录制的图像应当反映犯罪嫌疑人、检察人员、翻译人员及讯问场景等情况，犯罪嫌疑人应当在图像中全程反映，并显示与讯问同步的时间数码。在人民检察院讯问室讯问的，应当显示温度和湿度。

第八条【讯问人员注意事项】　讯问犯罪嫌疑人时，除特殊情况外，检察人员应当着检察服，做到仪表整洁，举止严肃、端庄，用语文明、规范。严禁刑讯逼供或者使用威胁、引诱、欺骗等非法方法进行讯问。

第九条【证据出示及核实】　讯问过程中，需要出示、核实或者辨认书证、物证等证据的，应当当场出示，让犯罪嫌疑人核实或者辨认，并对核实、辨认的全过程进行录音、录像。

第十条【技术故障】　讯问过程中，因技术故障等客观情况无法录音、录像的，一般应当停止讯问，待故障排除后再行讯问。讯问停止的原因、时间和再行讯问开始的时间等情况，应当在笔录和录音、录像中予以反映。

无法录音、录像的客观情况一时难以消除又必须继续讯问的，讯问人员可以继续进行讯问，但应当告知犯罪嫌疑人，同时报告检察长并获得批准。未录音、录像的情况及告知、报告情况应当在笔录中予以说明，由犯罪嫌疑人签字确认。待条件具备时，应当对未录的内容及时进行补录。

第十一条【同录结束的要求】 讯问结束后，录制人员应当立即将讯问录音、录像资料原件交给讯问人员，经讯问人员和犯罪嫌疑人签字确认后当场封存，交由检察技术部门保存。同时，复制讯问录音、录像资料存入讯问录音、录像数据管理系统，按照授权供审查决定逮捕、审查起诉以及法庭审理时审查之用。没有建立讯问录音、录像数据管理系统的，应当制作讯问录音、录像资料复制件，交办案人员保管，按照人民检察院刑事诉讼规则的有关规定移送。

讯问结束后，录制人员应当及时制作讯问录音、录像的相关说明，经讯问人员和犯罪嫌疑人签字确认后，交由检察技术部门立卷保管。

讯问录音、录像制作说明应当反映讯问的具体起止时间，参与讯问的检察人员、翻译人员及录制人员等姓名、职务、职称，犯罪嫌疑人姓名及案由，讯问地点等情况。讯问在押犯罪嫌疑人的，讯问人员应当在说明中注明提押和还押时间，由监管人员和犯罪嫌疑人签字确认。对犯罪嫌疑人拒绝签字的，应当在说明中注明。

第十二条【笔录一致性】 讯问笔录应当与讯问录音、录像内容一致或者意思相符。禁止记录人员原封不动复制此前笔录中的讯问内容，作为本次讯问记录。

上述十一个条文作为检察机关当前办理自侦案件开展镜头下讯问的最主要的操作规则，将作为下文探讨具体的合法性问题的主要依据。

（二）违反程序规定的具体合法性问题

从广义上讲，只要法律、司法解释等对相关程序有规定，而司法实践一旦违反了这些规定，都会构成程序性违法。就镜头下讯问而言，程序违法具体而言就是讯问程序违法。通常，讯问程序违法可能会带来两种法律后果：

其一，违反法定程序的程度较轻，抑或可以说只属于并不严重的"程序瑕疵"，这对通过因镜头下讯问所获取的犯罪嫌疑人、被告人供述和辩解这种证据的证据能力不会产生实质性的影响，但有可能会影响到这种证据的证明力。当然在实践中，通过对"程序瑕疵"补正或作出了合理解释的①，讯问笔录的证据能力不仅不会受到否定性评价，甚至证明力也不会减损。当然，如果未经补正或未作合理解释的，瑕疵讯问笔录仍有可能遭到排除。其二，如果违反法定程序的程度较重，抑或法律有明确规定时，违反镜头下讯问相关规定会直接导致犯罪嫌疑人、被告人供述和辩解这种证据因不具有合法性而导致证据能力丧失。

这里需要说明的是，犯罪嫌疑人、被告人供述和辩解作为一种法定的证据形式，在讯问程序违法而导致这种证据形式失去合法性时，从本质上讲也属于本章第三部分将展开探讨的"镜头下讯问的证据合法性"相关的问题。但是由于本章第三部分的论述基本上将围绕《刑事诉讼法》第五十条和第五十四条展开，因此本部分仅探讨因违反讯问程序的其他内容而可能导致证据不合法的情形。

1. 程序瑕疵

如前所述，从严格意义上讲，程序瑕疵实际上已经违反了法律、司法解释等规定，但由于这种瑕疵的出现通常并非侦查人员故意为之，而往往是因其办案过程疏忽所致，违法的严重性并不大。如果一味要求将据此获得的证据作为非法证据加以处理的话，既不利于诉讼效率的提升，也不利于实体正义的实现，因此立法给了侦查人员一个机会进行补正或作出合理解释。具体而言，当镜头下讯问出现了程序瑕疵时，如果侦查人员进行了补正或作出了合理解释的，讯问笔录仍然可以作为定案的根据。

根据司法解释，有两个条文对与镜头下讯问相关的程序瑕疵问题作出了明确的规范：

其一，《最高人民法院关于适用〈中华人民共和国刑事诉讼法〉的解释》第八十二条：讯问笔录有下列瑕疵，经补正或者作出合理解释的，可以采用；不能补正或作出合理解释的，不得作为定案的根据：

（一）讯问笔录填写的讯问时间、讯问人、记录人、法定代理人等有误或者存在矛盾的；

（二）讯问人没有签名的；

（三）首次讯问笔录没有记录告知被讯问人相关权利和法律规定的。

其二，《人民检察院刑事诉讼规则》第三百一十一条：经审查讯问犯罪嫌疑人录音、录像，发现侦查机关讯问不规范，讯问过程存在违法行为，录音、

---

① 根据《人民检察院刑事诉讼规则》第六十六条的规定，补正是指对取证程序上的非实质性瑕疵进行补救；合理解释是指对取证程序的瑕疵作出符合常理及逻辑的解释。

录像内容与讯问笔录不一致等情形的，应当逐一列明并向侦查机关书面提出，要求侦查机关予以纠正、补正或者书面作出合理解释。发现讯问笔录与讯问犯罪嫌疑人录音、录像内容有重大实质性差异的，或者侦查机关不能补正或者作出合理解释的，该讯问笔录不能作为批准逮捕或者决定逮捕的依据。

根据最高人民法院和最高人民检察院的司法解释，程序性违法符合上述条文规定的具体情况的，则适用瑕疵证据的补正及合理解释规则，讯问笔录仍然可以作为定案根据，不会据此丧失合法性而被排除。

但问题之一在于，当程序性违法并不属于这两个司法解释条文所规范的范围，而又确实属于性质可能并不太严重的情况之时，到底是参照瑕疵证据的补正及合理解释规则进行处理，抑或按其他方式处理，在现行法律体系框架下其实并不太明确。例如，《人民检察院讯问职务犯罪嫌疑人实行全程同步录音录像的规定》第七条规定："在人民检察院讯问室讯问的，应当显示温度和湿度。"那么，如果实际的讯问环境没有显示温度、温度，抑或温度和湿度偏离正常值达到一定的程度，在这种环境中获得的讯问笔录到底是作为瑕疵证据来加以处理还是作为非法证据加以排除呢？至少从现行规则框架来看，答案并不明确。毕竟，在规则没有明确温度和湿度的范围或标明正常值的时候，期望检察机关或审判机关在办案过程中将没有达到一定程度温度和湿度的环境中获取的讯问笔录加以排除，在实践中并不易实现，实际上也很难具体把握。

问题之二在于，经补正但被排除的情况在实践中极少出现，导致立法及司法解释的初衷无法实现。例如，据《规定》第十二条，"讯问笔录应当与讯问录音、录像内容一致或者意思相符"。那么，根据《人民检察院刑事诉讼规则》第三百一十一条，当存在"录音、录像内容与讯问笔录不一致等情形的"，首先按照瑕疵证据加以处理，当"侦查机关不能补正或者作出合理解释的"之时，讯问笔录便将遭到排除。但是在实践中，"内容可能并不一致或者意思可能并不相符"的情况比比皆是，但最终真正被排除的其实十分罕见。具体而言，根据研究显示，录音录像的同步性不足具体可以体现为：①

（1）讯问笔录时长与全程录音录像时长不一致。讯问笔录与录音录像的同步性是指讯问笔录中反映的情况和内容应当与录音录像所记载情况和犯罪嫌疑人供述的内容保持一致性。少数侦查人员为了省力，习惯将之前制作的笔录内容大篇幅复制粘贴到本次讯问笔录中，以致发生同步录音录像时长明显少于完成讯问笔录必要时间的不合常理现象。

---

① 参见黄平亮：《同步录音录像在职务犯罪侦查中的问题及对策》，载 http：//www. jcrb. com/procuratorate/procuratorforum/201211/t20121119_ 989197. html，最后访问日期：2015 年 9 月 23 日。

（2）讯问笔录的内容与全程录音录像所记载的内容不一致。如讯问人员在审讯前没有制定讯问提纲，或者没有与记录人员明确具体的审讯意图和目的，造成讯问人员对整个审讯局面把握不够，审讯条理不清晰、重点不突出；记录人员对案情不了解，记录速度跟不上，要点归纳不准，从而发生"你审你的，我记我的"现象。

（3）讯问笔录不能客观、完整、准确反映犯罪嫌疑人的供述。侦查人员停留在有罪推定的思维定式上，讯问中只记录犯罪嫌疑人的有罪供述，不记录犯罪嫌疑人无罪或罪轻的辩解，或回避或绕开记录无罪或罪轻的辩解，以致错过了最佳取证时机，给犯罪嫌疑人及辩护律师对供词证据留下了质疑的机会。

又如，根据《规定》第二条，人民检察院讯问职务犯罪嫌疑人实行"全程"同步录音录像。而且《人民检察院讯问职务犯罪嫌疑人实行全程同步录音录像的规定》也要求，"讯问录音、录像应当从犯罪嫌疑人进入讯问室或者讯问人员进入其住处时开始录制，至犯罪嫌疑人在讯问笔录上签字、捺指印，离开讯问室或者讯问人员离开犯罪嫌疑人的住处等地点时结束"。但在实践中，由于对镜头下讯问的"全程"的理解仍有差异，由于实际把握尺度不一等各种原因而导致未严格实现"全程"同步录音录像的情况比比皆是。有研究者便总结出了同步录音录像的"全程性"存在瑕疵的各种实践方式：[1]

（1）同步录音录像没有从犯罪嫌疑人进入讯问场所开始。同步录音录像的全程性是指同步录音录像的起止时间从被讯问人进入讯问场所开始，至被讯问人核对讯问笔录、签字按手印结束，这段时间的录制内容要保证其完整性和连贯性。讯问人员与技术人员缺乏事先沟通与协调，往往录音录像设备尚未开始运行，犯罪嫌疑人就已经被带入审讯室，录音录像无法反映犯罪嫌疑人进入讯问场所到开始录像期间的情况。

（2）犯罪嫌疑人亲笔书写供词的过程没有进行全程同步录音录像。讯问人员对同步录音录像的形式要件缺乏正确理解和把握，认为高检院没有明确规定对犯罪嫌疑人写亲笔书写供词要进行同步录音录像，有些讯问人员习惯于打擦边球，甚至于为达到完善犯罪嫌疑人供词的目的，往往指导犯罪嫌疑人写亲笔供词。

（3）犯罪嫌疑人入厕需暂时离开讯问场所未在录音录像或笔录中同步反映。讯问人员对全程性的理解不深，缺乏执法保护意识，认为犯罪嫌疑人临时上厕所等情况纯属正常，忽视在同步录音录像或讯问笔录中予以客观反映，且

---

① 参见黄平亮：《同步录音录像在职务犯罪侦查中的问题及对策》，载 http://www.jcrb.com/procuratorate/procuratorforum/201211/t20121119_989197.html，最后访问日期：2015 年 9 月 23 日。

在犯罪嫌疑人上厕所期间习惯于一名侦查人员陪同，犯罪嫌疑人上厕所的原因和时间无任何记录予以证明。

（4）犯罪嫌疑人对全程同步录音录像的资料密封签字确认过程无录音录像记载。全程同步录音录像结束后，需要对录制光盘退盘封存，并由侦查讯问人员、技术录制人员、犯罪嫌疑人三方签字确认，这是保证录音录像资料合法性的重要环节，由于此时录制设备已停止工作，故此过程无录音录像予以记载。

（5）全程同步录音录像设备发生故障缺乏应急措施。全程录音录像设备遇到故障且短时间内无法排除，失去了连贯性，但是需要继续录制时，该如何应急处置或采取什么措施，该如何在录音录像中反映讯问人员对录制中断的补证，现无具体明确规定，也没有具体的操作标准和依据。

在出现上述各种情况的程序瑕疵之后，一般而言侦查机关都会尽力进行所谓的"纠正、补正或者书面作出合理解释"。在经过这样的努力之后，审判机关一般会予以认可，加之审判机关实质上对程序瑕疵的重要性可能也欠缺相应的认识，这些因素的存在都导致讯问笔录一般不会仅仅依据同步录音录像的内容与书面笔录存在形式上的不同而简单地遭到排除。

2. 严重违反法定程序或法律明文禁止的程序性违法

纵观现行立法及司法解释体系，对镜头下讯问的程序往往都是正面要求较多，禁止性规定较少。从严格意义上讲，这并不是一种完备的立法应有的规范形式。法理学理论一般认为，一个完整的法律规范应当由三个要素组成，即假定、处理和制裁。但是，现实的法律规范中有很多并不是这三个要素的统一，而可能只包含"假定"和"处理"，而没有"制裁"。① 由于规范中缺乏"制裁"的部分，违法行为出现后到底会出现什么样的法律后果，便难以把握。这种情况在与刑事程序相关的规范中十分常见。例如，《人民检察院讯问职务犯罪嫌疑人实行全程同步录音录像的规定》第六条要求，在开展镜头下讯问之前，必须告知嫌疑人。于是，如果实践中恰好因为侦查人员的疏忽忘记告知嫌疑人时，那么这次镜头下讯问的过程是否当然无效，所获讯问笔录是否当然需要排除？由于《规定》并没有明确"制裁"内容，必然会导致实践中尺度把握的不一致。

然而，即使存在禁止性规定，但同样因为"制裁"的缺乏，也会导致证

① 孙国华、朱景文主编：《法理学》，中国人民大学出版社2004年版，第292页。

据因违反这种规定而被排除的立法理想面临着重重实际困难。① 例如,《人民检察院讯问职务犯罪嫌疑人实行全程同步录音录像的规定》第二十一条规定,实施讯问录音、录像,禁止下列情形:

(一) 未按照刑事诉讼法第一百二十一条和本规定对讯问活动进行全程同步录音、录像的;

(二) 对讯问活动采取不供不录等选择性录音、录像的;

(三) 为规避监督故意关闭讯问录音录像系统、视频监控系统的;

(四) 擅自公开或者泄露讯问录音、录像资料或者泄露办案秘密的;

(五) 因玩忽职守、管理不善等造成讯问录音、录像资料遗失或者违规使用讯问录音、录像资料的;

(六) 其他违反本规定或者玩忽职守、弄虚作假,给案件侦查、起诉、审判造成不良后果等情形的。

这一条文后续的规定虽有"制裁",但实际上是一种内部制裁,《规定》并没有关于证据运用的明确的否定性制裁方式。当然需要说明的是,最高人民法院于在 2013 年发布的《关于建立健全防范刑事冤假错案工作机制的意见》第八条规定,"未依法对讯问进行全程录音录像取得的供述,应当排除",从而解决了符合上述部分情形的"制裁"问题。以下案例便是明证:

案例:在广东曾某某受贿案中,被告人在庭审过程中翻供。曾在庭上强调:"侦查人员审问我时曾多次明确告知我审讯全过程都会录音录像,因此要求公诉人出示当时审问我的录音录像,因为其中完整记录了我被逼供和诱供的过程。"不过,公诉人向法庭解释:"侦查机关已出具说明书,告知法院当时的录音录像已损坏,无法移交给法庭审查。"对此,曾某某的辩护律师认为:根据有关法律法规的规定,讯问嫌疑人必须全程同步录音录像,侦查完成后必须将同步录音录像移送给审判机关,而侦查机关不向法院移送讯问时的同步录音录像的行为属于违法行为。辩护律师进而提出,哪怕是损坏的录音录像材料也应该向法庭出示,应该由有关专家来鉴定是否损坏和是否能复原。检察部门不能只向审判机关有选择地提供对自己有利的部分录音录像资料,而对自己不利的录音录像资料一律以"损坏"的理由不予公开,这样显然有失公平,必然导致证据不客观,证据不客观就会造成错误认定和错误判决。虽然在此案一审过程中,法院认为辩护人提出的本案证据非法的依据不足,要求启动非法证

---

① 不过总的来说,这样的案例在实践中还是属于凤毛麟角,不具有普遍意义。案例转引自刘培亮、姜辉:《同步录音录像的证据种类分析》,载 http://tech.jcrb.com/zbdt/201203/t20120329_833849.shtml,最后访问日期:2015 年 9 月 21 日。

据排除程序的请求不予采纳，决定不启动非法证据排除程序。[①] 但是在此案上诉审中，二审法院根据此案侦讯过程中出现的包括未提交全程同步录音录像在内的诸多问题，最终推翻了一审判决，被告人无罪释放。

案例： 在浙江章某某受贿案中，章某某及其辩护人提出侦查机关违法获取章某某有罪供述，并提供了关于被告人审讯时受伤的相关证据和线索。公诉机关虽然出示、宣读了章某某的有罪供述笔录、播放了部分审讯录像片段、提交了没有违法审讯的情况说明等，但没有针对章某某及其辩护人提供的章某某在侦查机关审讯时受伤这一线索提出相应的反驳证据，无法合理解释章某某伤势的形成过程，其提出的证据不足以证明侦查机关获取章某某审判前有罪供述的合法性。故法院认定，章某某审判前有罪供述不能作为定案根据。[②] 虽然二审法院在完整播放了审讯录音录像并结合其他证据的情况下推翻了一审的判决意见，[③] 但从一审审判过程及判决结果可以看出，既然已经规定了讯问时全程同步录音录像，当审讯合法性成为庭审争辩的争点而检察机关无法提供录音录像的时候，法院的判决意见是十分明确的，那就是这样的庭前审讯笔录应当排除。

不过，最高人民法院的上述规定虽然可以用于解决违反《人民检察院讯问职务犯罪嫌疑人实行全程同步录音录像的规定》第二十一条第（一）项、第（二）项、第（三）项的规定从而对讯问笔录加以排除的问题，但当出现第（四）项、第（五）项规定的情况之时又当如何处理，缺乏法律适用上的明确标准。

当然，即使规范中存在"制裁"部分，由于"假定"和"处理"的规定较为抽象或者比较模糊，都会导致规范中"制裁"难以落实。例如，《人民检察院刑事诉讼规则》第三百一十一条规定，讯问笔录与讯问犯罪嫌疑人录音录像内容有重大实质性差异的，该讯问笔录不能作为批准逮捕或者决定逮捕的依据。显然，这一规定针对的是严重违反法定程序的情况。但此条虽规定了讯问笔录出现"重大实质性差异"会被排除，但何谓"重大实质性差异"，司法实践并没有作出说明，仍有待司法实践结合具体案例加以运用，这也导致排除规则的适用缺乏统一的尺度。

案例： 犯罪嫌疑人苗某，男，44 岁，原系某市经济与信息化委员会办公

[①] http：//www.legaldaily.com.cn/index/content/2013－05/24/content_4489248.htm？node＝20908，最后访问日期：2015 年 9 月 22 日。

[②] 浙江省宁波市鄞州区人民法院（2011）甬鄞刑初字第 320 号。

[③] 浙江省宁波市中级人民法院（2011）浙甬刑终字第 288 号。

室副主任。一审判决认定苗某以虚增会务用车费用的方法，伙同他人贪污12万余元；在工程发包过程中，单独或共同受贿人民币51万余元、美元3万元。一审法院以贪污罪、受贿罪判处苗某有期徒刑14年。本案中，一审判决引述了2009年7月4日的讯问笔录作为认定苗某贪污罪的关键证据之一，而辩方律师辩称此份讯问笔录与全程同步录音录像内容不一致，并以此质疑该份笔录的真实性，该案也因此被发回重审。经过仔细比对7月24日全程同步录音录像与讯问笔录之后发现，7月4日讯问笔录记录的环节是：车费结算审批前，苗某与下属瞿某合谋冒高车费、瞿某操作车费冒高，苗某审批同意；而7月24日讯问录像反映的环节是车费结算审批时，苗某得知费用被冒高却仍然审批同意。通过比对全程同步录音录像与讯问笔录发现两者之间确实存在差异：全程同步录音录像反映的是事中共同故意，而讯问笔录记录的却是事前共同故意。之后原一审法院在重新审理此案后对于苗某贪污部分没有认定。①

由该案可以看出，法院之所以不认定苗某依法部分的犯罪，主要原因就在于同步录音录像与讯问笔录的差异会直接影响到案件的定罪和量刑。因此对经镜头下讯问获得的讯问笔录加以认定的话，则同步录音录像实际上就没有必要存在。从此案出发，至少可以将《人民检察院刑事诉讼规则》第三百一十一条规定的"重大实质性差异"解释为，这种差异的存在会直接影响定罪量刑，② 因此有必要排除相应证据。当然，"重大实质性差异"是否还包含其他的内容，还有待学术研究的进一步探索和司法实践的经验总结。

最后需要探讨的一个问题在于，违反了排除规则的讯问笔录是否当然无证据能力？我们认为，实务中当出现特殊的情况时确有必要具体问题具体分析，如果一概按照刚性的排除规则导致讯问笔录失去证据能力确有不妥。有研究者便提出，例如在侦讯过程中，当犯罪嫌疑人的心理防线有所松动，其以关闭录音录像为条件，请求与侦查人员"单独交流""私下聊聊"，此时讯问面临取得突破性进展的战机，暂时关闭录音录像是否必然不妥，值得深究。再者，诸如讯问中，被讯问人的身体突发不适、意外停电以及中途更换录音录像带等众多原因都可能导致录音录像的中断、不连续。可见，在具体的司法实务中，由于多种原因，未全程录音录像的情形颇为常见，一概据此否定讯问笔录的证据能力实有不妥。为此，在没有全程连续录音录像的"断点或断片"处辅之以文字说明，并附上一定的证明材料。例如，突发停电或被讯问人突患疾病需要紧急送医院治疗以致录音录像中断的情形，可附上电力局的停电证明或医院的

①　②　韩东成：《论讯问职务犯罪嫌疑人全程同步录音录像与讯问笔录不一致》，载《中国检察官》2010年第12期。

诊疗记录作为辅助证据，增强在法庭上的解释效力。再如，侦讯中为了与犯罪嫌疑人建立信任、便利沟通，或者应犯罪嫌疑人要求，为了侦查讯问的需要适时关闭录音录像，诸如此类情形应属侦讯中的"合理操作"，只要在讯问笔录中注明，并经过被讯问人签名同意，讯问笔录同样具有证据能力。但是，对于此类情形，到了审判阶段，法官有必要当庭向被告人确认对讯问笔录是否有异议。一个可能的隐患就是，被告人侦讯阶段对部分时段未录音录像的认可未必是出于内心真实的意思表示，这其中是否渗透有侦查人员的刑讯、威胁、引诱或欺骗的因素，以致被讯问人迫于刑讯淫威或认识错误才被迫签字认可。如果法庭经过确认，没有这些不利因素的干扰，那么虽然录音录像有中断，未全程连续进行，讯问笔录仍然具有证据能力。[①] 由此可见，虽然《关于建立健全防范刑事冤假错案工作机制的意见》第八条的确规定了"未依法对讯问进行全程录音录像取得的供述"应当排除，但侦查讯问的特殊性使得完全适用刚性的排除规则既不可能，也不合理，否则对侦查效果的实现并无益处。但是，在出现类似情况的时候，合乎逻辑和情理的解释必不可少，而这种解释必须在法庭上得到充分质证，方可使违反相关规定的讯问笔录在法庭上不至于丧失证据能力。

三、镜头下的职务犯罪侦查讯问的证据合法性

（一）相关规定及比较

2013 年的《刑事诉讼法》第五十条和第五十四条所规定的"严禁刑讯逼供和以威胁、引诱、欺骗以及其他非法方法收集证据"以及"应当予以排除"是关于取证合法性的最为核心的条文，对规制镜头下讯问按照合法的方式开展具有十分重要的意义。其中，第五十条规定直接来源于 1997 年版的《刑事诉讼法》第四十三条，在文字上没有任何变动。第五十四条则属于全新的立法条文。不过，这条规定自 1997 年写入《刑事诉讼法》之后，近年来也曾有数部规范对此问题进行了规定，而且出现新的文字表达，这里便将这些规定进行简要的整理并进行对比（见下表）：[②]

---

① 董坤：《违反录音录像规定讯问笔录证据能力研究》，载《法学家》2014 年第 2 期。
② 其他规则中有重复规定的，这里不再列出。例如，《人民检察院讯问职务犯罪嫌疑人实行全程同步录音录像的规定》第八条规定："严禁刑讯逼供或者使用威胁、引诱、欺骗等非法方法进行讯问。"由于完全是照搬于《人民检察院刑事诉讼规则》第一百九十七条，因此不计入本表对比。

施行年份	发布机关	规定名称	条文序号	具体内容
2010 年	最高人民法院、最高人民检察院、公安部、国家安全部、司法部	《关于办理刑事案件排除非法证据若干问题的规定》	第一条	采用刑讯逼供等非法手段取得的犯罪嫌疑人、被告人供述和采用暴力、威胁等非法手段取得的证人证言、被害人陈述，属于非法言词证据，应当予以排除，法院不能作为定案的依据
2010 年	最高人民法院、最高人民检察院、公安部、国家安全部、司法部	《关于办理死刑案件审查判断证据若干问题的规定》	第十九条	采用刑讯逼供等非法手段取得的被告人供述，不能作为定案的根据
2013 年	全国人民代表大会	《中华人民共和国刑事诉讼法》	第五十条	严禁刑讯逼供和以威胁、引诱、欺骗以及其他非法方法收集证据，不得强迫任何人证实自己有罪
			第五十四条	采用刑讯逼供等非法方法收集的犯罪嫌疑人、被告人供述和采用暴力、威胁等非法方法收集的证人证言、被害人陈述，应当予以排除
2013 年	最高人民法院	《关于适用〈中华人民共和国刑事诉讼法〉的解释》	第九十五条	使用肉刑或者变相肉刑，或者采用其他使被告人在肉体上或者精神上遭受剧烈疼痛或者痛苦的方法，迫使被告人违背意愿供述的，应当认定为刑事诉讼法第五十四条规定的"刑讯逼供等非法方法"

施行年份	发布机关	规定名称	条文序号	具体内容
2013 年	最高人民检察院	《人民检察院刑事诉讼规则》	第一百九十七条	严禁刑讯逼供和以威胁、引诱、欺骗以及其他非法的方法获取供述
			第三百七十八条	人民检察院在审查起诉中，发现可能存在刑事诉讼法第五十四条规定的以非法方法收集证据情形的，可以要求侦查机关对证据收集的合法性作出书面说明或者提供相关证明材料
			第三百七十九条	人民检察院公诉部门在审查中发现侦查人员以非法方法收集犯罪嫌疑人供述、被害人陈述、证人证言等证据材料的，应当依法排除非法证据并提出纠正意见，同时可以要求侦查机关另行指派侦查人员重新调查取证，必要时人民检察院也可以自行调查取证
2013 年	最高人民法院	《关于建立健全防范刑事冤假错案工作机制的意见》	第八条	采用刑讯逼供或者冻、饿、晒、烤、疲劳审讯等非法方法收集的被告人供述，应当排除。除情况紧急必须现场讯问以外，在规定的办案场所外讯问取得的供述，未依法对讯问进行全程录音录像取得的供述，以及不能排除以非法方法取得的供述，应当排除

从这些规范的对比来看，可以总结出以下特点：

其一，以上所有规则实际上都来自 1997 年版《刑事诉讼法》第四十三条的规定，而核心的内容便在于对"非法证据"的规制。由于 2013 年的新版《刑事诉讼法》第五十条对"非法证据"的规定没有任何变化。因此可以说 1997 年版《刑事诉讼法》第四十三条框定了当前非法证据排除规则的内容体系，后续的相关规定只不过是对该第四十三条的补充、细化和完善。

其二，从具体的规则内容来看，现行《刑事诉讼法》第五十条和第五十四条乃是最为核心的非法证据排除规则，也可以说是狭义的非法证据排除规则。需要说明的是，正如上文提及，从严格意义上讲，只要违反法律规定的证据从广义上讲都可以称为"非法证据"，但在中国的刑事诉讼法律体系之下，由于这两个条文在自 1997 年之后的法律适用中被赋予的重要性连同其适用过程中存在的争议，使得"非法证据"抑或"证据合法性"在刑事诉讼活动中有了特殊的含义，从而在狭义上可以仅仅指代这两个条文所调整的内容。而从狭义的非法证据排除规则来看，具体而言又主要包括两个方面的内容：一是通过刑讯逼供等非法方法获取的证据，二是通过威胁、引诱、欺骗以及其他非法方法获取的证据。

其三，立法条文及相关规定实际上并不能一一对应，甚至存在模糊和不一致的地方，这在下文还将展开论述。

（二）合法性的具体问题

近年来，尽管有上述规定密集出台，但审讯的合法性问题一直是实践中不易把握的难题。在未实施镜头下讯问制度之前，由于审讯环境的封闭性，外界一般无法获知审讯过程的具体情况。即使存在通过刑讯逼供、威胁、引诱、欺骗等方式进行讯问的情况，但审讯笔录显然不会明确地记录这些问题。如果说刑讯逼供可能会留下痕迹物证可供查证，那么以威胁、引诱、欺骗等方式开展的讯问则基本上无从查证。因此，讯问合法性问题虽然一直存在，但是在过去实际上难以暴露出来。然而在镜头下进行讯问，审讯人员的语言表达、动作、情态表现都会暴露于镜头之下，随着审判活动中法官和辩护人都有可能查阅这些录音录像，这导致合法性争议不断涌现出来，成为检察机关不得不正视的一个重要问题。

虽然立法已经规定了禁止刑讯逼供和以威胁、引诱、欺骗的方式取证（包括讯问），但刑讯逼供、威胁、引诱和欺骗到底包含哪些内容，现行法律体系并没有给出十分明确的答案。[1] 立法的模糊性必然会给后续的法律适用造成极大的障碍。然而由于我国的法律解释体系所存在的滞后性或并不完善，于

---

[1]　例如，《关于建立健全防范刑事冤假错案工作机制的意见》第八条将"刑讯逼供"或者"冻、饿、晒、烤、疲劳审讯等非法方法"采用并列的方式写入规则之中，似乎"冻、饿、晒、烤、疲劳审讯"便不属于刑讯，这与理论界关于刑讯逼供的研究存在出入，也不利于厘清刑讯逼供的内涵与外延。实际上，这与下文即将分析的《最高人民法院关于适用〈中华人民共和国刑事诉讼法〉的解释》第九十五条的规定也存在冲突。当然，该意见虽然在厘清刑讯逼供的具体表现形式方面取得了进展，但是仍然还有进一步明确的空间。例如，对于何谓"疲劳审讯"，实务中也有不同的认识，是否可以简单地理解为正常人睡眠时间开展的审讯就属于刑讯？也有人认为，应当将其更为明确地界定为"对于非必要的、故意干预被审问人睡眠导致其生理、心理极端痛苦的连续审讯"。参见王开广：《京都律所召开非法证据排除规则研讨会》，载 http://www.legaldaily.com.cn/index/content/2014－12/10/content_5882138.htm？node＝20908，最后访问日期：2015 年 9 月 22 日。

是尽管理论上争论得火热，但实践中特别是司法审判环节却极少有法院对此给出明确的判决意见。为此，我们将分情况进行理论结合实践的探析。

1. 刑讯逼供

2014 年，中国人民大学陈卫东教授在接受记者采访时提出，"在职务犯罪中，刑讯逼供现象越来越突出，已经超过了公安"。[①] 这样的言论随即引发了轩然大波，一度使得理论和实务界都聚焦于职务犯罪侦查活动中的刑讯逼供问题。不过，学者的言论可能更多地来自自身对实践的体悟，即使事实如此也并不等于刑讯逼供在实践中会轻易被发觉。在职务犯罪侦查工作未开展同步录音录像之前，由于审讯环境的封闭性，外界一般无法获知审讯过程的具体情况。因此过去即使存在刑讯逼供，但冰冷的审讯笔录显然不会明确地加以记录。然而在同步录音录像环境下进行讯问，审讯人员的语言表达、动作、情态表现都会暴露于镜头之下，由于诉讼活动中法官和辩护人都有可能查阅这些录音录像，这导致关于审讯合法性的争议不断涌现出来，成为职务犯罪侦查工作急需正视并加以解决的问题。

《最高人民法院关于适用〈中华人民共和国刑事诉讼法〉的解释》第九十五条规定，"使用肉刑或者变相肉刑，或者采用其他使被告人在肉体上或者精神上遭受剧烈疼痛或者痛苦的方法，迫使被告人违背意愿供述的，应当认定为《刑事诉讼法》第五十四条规定的'刑讯逼供等非法方法'"。而根据全国人大法工委刑法室的解释，《刑事诉讼法》第五十四条规定的"刑讯逼供"是指使用肉刑或者变相肉刑，使当事人在肉体或精神上遭受剧烈疼痛而不得不供述的行为，如殴打、电击、饿、冻、烤等。[②] 实际上，最高人民法院于 2013 年发布的《关于建立健全防范刑事冤假错案工作机制的意见》中所谓的"冻、饿、晒、烤、疲劳审讯等"也就是变相肉刑的具体形态，因此也属于刑讯逼供的具体形式。根据该意见，讯问时应当禁止的非法方法包括"刑讯逼供或者冻、饿、晒、烤、疲劳审讯等"。虽然上述规定或解释在文字表达上略有不同，但刑讯逼供大体上可以分为两种类型，即肉刑和变相肉刑。

不过，无论是肉刑还是变相肉刑，刑讯逼供的这些具体表现形式只能存在于未开展录音录像的讯问环境中，而在镜头下讯问的时候基本上无处遁形。因此，尽管刑讯逼供是非法讯问的重要形式，但在同步录音录像环境下的职务犯

---

① 参见王峰：《新刑诉法"临床"一周年》，载 http：//www. legaldaily. com. cn/Lawyer/content/2014 - 03/17/content_ 5366933. htm？node = 34488，最后访问日期：2015 年 9 月 22 日。

② 全国人大法工委刑法室：《关于修改〈中华人民共和国刑事诉讼法〉的决定——条文说明、立法理由及相关规定》，北京大学出版社 2012 年版，第 56 页。

罪侦查讯问之中，至少在讯问过程中基本没有存在的空间。[1]

当然，这里需要指出的是，讯问过程中不存在刑讯逼供并不等于讯问之前没有刑讯逼供。实际上，现行法律体系只要求对职务犯罪的每一次讯问的全程进行录音录像，而没有延伸至讯问之前。因此，如果讯问之前进行了刑讯逼供或将嫌疑人"收拾完毕""折腾服了"再讯问，这便导致后续同步录音录像环境下的讯问过程只是按照剧本进行的"演戏"，在现行办案规程之下基本上还没有更好的方式加以制止和解决。当然，从刑事辩护的实践来看，也有部分律师在办理受贿案件辩护的时候因找到了"先上手段"后在同步录音录像的环境下"演戏"的明显漏洞，从而由法院排除庭前笔录的案例。但这种并不多见的成功辩护案件，需要结合被告人合理的辩解，并需要对讯问笔录和同步录音录像进行抽丝剥茧的细致分析，方能发现刑讯逼供的存在。不过，即使在个别案件中获得了成功的辩护从而揭发了刑讯的存在，但一些律师也承认，"在司法实践中，真正能够依法排除非法证据的判决却并不多见"。[2] 总之，虽然实践中一些案件中存在刑讯逼供，但在同步录音录像环境下不会直接暴露出来。然而正是由于镜头的存在，可能会给辩护律师获得成功辩护提供有力的线索，从而有力地揭示正式讯问之前实际存在的刑讯逼供。以下案例便是明证：

案例： 在苏州秦某某单位行贿案中，两名律师耗时 20 天查看 200 小时的同步审讯录像，发现了大量非法审讯的证据和线索，随即提出非法证据排除申请。具体而言，辩护人在庭审中多次展示录像中发现的问题，强调视频中被告"戴着头套"被拖进审讯室，"双脚无法行走"的情况下被拖入审讯室等典型视频，并结合被告人认罪与否与身体状况的对比关系图，以无可辩驳的图像和扎实认真的汇总工作赢得了合议庭的认可。对此公诉人无法给出明确合理的解释，被告在第一次开庭后即被取保候审。最后，法院认定被告的有罪供述均为非法证据排除，80 万元的行贿数额不予认定，以其他小额行贿判其（羁押期）徒刑。[3]

除此之外，虽然法律规定对每一次讯问都必须录音录像，但实际操作过程中仍存在选择性录音录像的做法，侦查讯问人员在对犯罪嫌疑人进行讯问的时

---

① 当然，在实践中的极个别案例中，仍有一些变相刑讯逼供被同步录音录像记录下来，从而给辩护人排除非法证据提供了极好的依据。例如，在苏州秦某某单位行贿案中，辩护人发现，录像显示办案人员对被告连续夜审不让被告睡觉的"熬鹰式"审讯过程。参见公丕国：《从同步录音录像谈冤假错案预防》，载《民主与科学》2015 年第 2 期。

② 参见张雁峰：《一起非法证据排除的成功案例——侦查机关未全程录音录像证据被排除》，载 http：//www. king - capital. com/content/details240_ 7509. html，最后访问日期：2015 年 9 月 5 日。

③ 参见江苏省苏州市姑苏区人民法院（2014）姑苏刑二初字第 0198 号刑事判决书。

候,不是连续同步地进行录音或者录像,而是对自身有利的予以录音录像,而对自己不利的,尤其是对实施了不正当手段进行讯问的,则不予录音录像。①在未予录音录像、选择性录音录像从而导致与审讯笔录无法一一对应的情况下,当辩护方提出侦查人员存在刑讯逼供而启动非法证据排除程序,一旦检察机关无法作出合理的解释,审讯程序便可能因不符合法律的规定而导致无效。

案例:2003 年,辽宁省某市发电厂燃料处处长因受贿罪被该市检察院起诉,一审已经认罪的被告人在二审时当庭翻供,声称在检察院侦查讯问期间遭到刑讯逼供。公诉人提出出示一段讯问中时的录像资料,以证明不存在刑讯逼供。被告的辩护人表示,被告在被移送至看守所之前在检察院内羁押了 7 天 7 夜,这 7 天中任何时间都可能实施刑讯逼供,仅出示一个 10 分钟的录像资料并没有意义。最终法庭支持了律师的主张,被告由于证据不足被宣告无罪释放。②

不过,在检察机关选择性录音录像而导致与讯问笔录无法达到一致,抑或可能有意识地隐瞒了部分录音录像及讯问笔录的情况下,法院其实是难以据此直接或者通过推论方式认定刑讯逼供存在的。于是,上述案件中,法院的判决其实也避开了这个棘手的问题,而只是判定"证据不足"故而宣告无罪。而在其他的一些案例中,由于对刑讯逼供这一事实是否存在存在疑问,辩护方也难以据此申请启动非法证据排除程序,法院当然也不可能认定刑讯逼供的存在。

案例:在广东曾某某受贿案中,辩护人认为,根据其庭前向法庭提交的相关线索,本案的非法取证行为主要发生在 2011 年 8 月 9 日至 30 日,但是公诉机关只向法庭提交了 8 月 29 日、30 日、31 日以及 9 月 1 日、9 月 27 日、12 月 14 日的录音录像,并没有覆盖上诉人所提到的所有涉嫌非法取证的时间段,所以不能排除录音录像时间之外,尤其是曾某某提供线索的时间存在非法取证的嫌疑。不过,辩护人在"辩护词"中对此所采用的措词也仅仅是录音录像存在"形式上的瑕疵",故而存在非法取证的"嫌疑",虽显无奈但其实没有仅因选择性录音录像而明确地提出排除非法证据的辩护意见。③

总之,在职务犯罪侦查活动中确立讯问时全程同步录音录像制度,有利于

---

① 王永杰:《新刑诉法中侦查讯问同步录音录像的程序规制》,载《华东政法大学学报》2014 年第 1 期。

② 参见郑莉、王增波:《关于职务犯罪同步录音录像的法律思考》,载 http://www.scfzw.net/flf-wmk/html/90 - 1/1271.htm,最后访问日期:2015 年 8 月 28 日。

③ 参见邹佳铭:《曾某某涉嫌受贿案》,载 http://www.king - capital.com/content/details93_ 11079.html,最后访问日期:2015 年 9 月 22 日。

遏制职务犯罪侦查讯问过程中的刑讯逼供。但是，我们需要客观地看待这种成效。毕竟，实践中仍然存在讯问前对职务犯罪嫌疑人进行刑讯逼供，或者对存在刑讯逼供行为的审讯过程进行选择性录音录像的做法。虽然上述案例的同步录音录像并没有直接暴露刑讯逼供的存在，但是也给审讯笔录的合法性留下了大大的隐患。这些情况的出现导致侦查实践其实背离了立法的初衷，一定程度上使立法对职务犯罪侦讯工作的规制流于形式，进而导致刑讯逼供在审讯室镜头未能顾及的阴暗面继续以隐秘的方式存在。于是，在由供到证的侦查模式没有得到进一步转型以前，抑或侦查程序得到进一步的双轨制改造（如实现讯问时律师在场权）之前，刑讯逼供还不可能在职务犯罪侦查实践中得到彻底的治理。

2. 威胁、引诱、欺骗以及其他方法

与刑讯逼供往往隐蔽于镜头之后所不同的是，威胁、引诱和欺骗等非法方法则可能会直接暴露于镜头之下，从本书的角度而言其实更值得研究。换言之，如果说侦查人员有意识地将刑讯逼供过滤在镜头之外尚且较为容易实现的话，那么要在镜头之下完全杜绝威胁、引诱和欺骗等非法方法的存在，其实十分困难。与此同时，相关规定在这个问题上存在模糊和不一致之处，这导致通过事后查阅录音录像的方法去判定审讯的合法性更是难上加难。在这种情况下，有人便认为，现阶段刑讯逼供等暴力行为有所遏制，但是威胁、引诱、欺骗行为则在悄悄蔓延。[①] 显然，简单地宣告通过这些方法所开展的审讯非法，既非易事也并不符合侦查实践的需要，不可一概而论。

（1）以"威胁、引诱、欺骗以及其他方法"开展讯问的合法性存在较大争议

近年来，关于"以威胁、引诱、欺骗以及其他方法"取证，到底是否应当完全禁止，理论上其实有较多的探讨，不过也存在较大的争议。而实务界则普遍对立法禁止以威胁、引诱、欺骗的方法开展取证特别是开展讯问，存在较多的困惑，质疑这一立法规定的呼声也较为强烈。

与此同时，尽管《刑事诉讼法》第五十条严禁"以威胁、引诱、欺骗以及其他方法收集证据"，但是立法条文及相关规定实际上并不能一一对应，甚至存在模糊和不一致的地方。这尤其体现在，与第五十条不同的是，新写入《刑事诉讼法》第五十四条则规定的是，"采用刑讯逼供等非法方法收集的犯罪嫌疑人、被告人供述和采用暴力、威胁等非法方法收集的证人证言、被害人

---

① 参见王开广：《京都律所召开非法证据排除规则研讨会》，载 http://www.legaldaily.com.cn/index/content/2014－12/10/content_5882138.htm？node＝20908，最后访问日期：2015 年 9 月 22 日。

陈述，应当予以排除"。为此，有学者在对欺骗取证进行研究的时候，便认为《关于办理刑事案件排除非法证据若干问题的规定》的第一条（内容同现行《刑事诉讼法》第五十四条）只规定了"采用暴力、威胁等非法手段"，没有明确地一律排除欺骗获取的证据，而是用"等"字加以模糊化处理，其含义就是让司法人员根据具体情况来决定是否排除。①

另外，最高人民法院刑三庭的吕广伦等几位法官的观点更具代表性，他们于2010年《关于办理刑事案件排除非法证据若干问题的规定》发布后，撰文对通过采取威胁、引诱、欺骗等方法获得的言词证据应如何处理的问题进行了说明。他们提出，该规定第一条在制定过程中产生了分歧：一种意见认为，通过采取这种手段获取证据是一种严重侵犯人权的行为，从规范司法的长远角度，应该予以排除，并且刑事诉讼法对此也有明确的规定；另一种意见认为，对于这种证据，应综合多种可能损害公正审判的因素决定是否排除。他们继而认为，该规定不宜作出与刑事诉讼法不一致的规定，但司法实践中，"威胁""引诱""欺骗"的含义及标准问题的确不好界定，很多从气势上、心理上压倒、摧垮犯罪嫌疑人心理防线的讯问语言、行为和策略很难与之区分开来，如果这些讯问方法都被认为非法，将导致大量口供被排除，给侦查工作带来较大冲击，因此，对此问题不必苛求严格，暂不作出规定。② 按照其中论述的内涵，作者显然是在探讨对嫌疑人进行讯问时通过"威胁""引诱""欺骗"的方法获得的口供的处理方式，而结论既然是"不必苛求严格，暂不作出规定"，那么也就是说，对通过这些方法获取的口供而言，并不否定其合法性。由于现行《刑事诉讼法》第五十四条直接吸纳了该规定第一条的内容，因此如果吕广伦等法官的观点代表最高人民法院的意见的话，那么可以认为，最高人民法院在新《刑事诉讼法》施行后也应认可通过"威胁""引诱""欺骗"的方法所获取的嫌疑人供述。

然而，如果坚持这一观点的话，那么《刑事诉讼法》第五十条所规定的严禁以威胁、引诱、欺骗以及其他非法方法收集证据③的规定便会沦为一条空文，甚至变得没有任何意义，而且这种观点这也与《人民检察院刑事诉讼规则》第一百九十七条所规定的"严禁刑讯逼供和以威胁、引诱、欺骗以及其

---

① 何家弘：《论"欺骗取证"的正当性及限制适用——我国〈刑事诉讼法〉修改之管见》，载《政治与法律》2012年第1期。

② 吕广伦、罗国良、刘雅玲、王锋永、冯黔刚、朱晶晶：《〈关于办理刑事案件排除非法证据若干问题的规定〉理解与适用》，载《人民检察》2010年第16期。

③ 从立法表述来看理应包含在讯问嫌疑人、被告人的时候通过威胁、引诱、欺骗以及其他非法方法获取言词证据。

他非法的方法获取供述"构成直接冲突。这种矛盾之处是令人感到十分困惑的，也凸显出立法与司法实务所存在的尖锐矛盾。

（2）镜头下讯问环境下以合法方式通过"威胁、引诱、欺骗以及其他方法"获取口供的理论分析

由上文的分析可知，司法实务特别是刑事侦查实务对通过"威胁、引诱、欺骗以及其他方法"获取口供有强烈期待，审判机关也有明确的观点提出，并不完全否定通过这些方式获取的口供，但是我们也不可忽略在此问题上存在的争议，因此探讨通过这些方法合法获取口供的具体情形就显得十分必要。

第一，威胁。目前，实务界有一部分人员十分担忧在镜头下讯问的环境中，一旦操作不慎，便有可能导致讯问过程非法。以威胁为例，有的讯问人员反映，在镜头下进行讯问，过去常用的"拍桌子""脸红脖子粗"的做法也不敢再采取，继而转为采用较为温和的谈话方式进行所谓的讯问。但效果可想而知，由于讯问人员太过担心讯问过程"出格"，因此讯问中有效突破的概率较之过去显著减小。我们认为，这是对镜头下讯问所持的并不恰当的工作方式和态度。毕竟，讯问不同于询问，讯问人员与被讯问人员本身就处于不对等的地位，讯问人员要想突破犯罪嫌疑人或被告人的心理防线，必须在气势上、心理上、语言表达和情态表现上相较对方而言具有压迫性的优势，这应当是理论和实践中的共识，而且也符合讯问这种侦查方法的本质特征。因此，在讲究文明办案的同时，讯问人员大可不必因为声调抬高、语气提升或讲话时涨红了脸便当然认为这些情况会被审判人员认为属于威胁。另外，也不应将符合刑事政策的讯问告知视为威胁。例如，审讯人员以刑事政策、法律的内容、法律的实际运用、科技的发达程度对犯罪嫌疑人进行震慑，不仅不应当被认为存在威胁的成分，而应当是有助于犯罪嫌疑人的权利保护的。这是因为，假如不告知犯罪嫌疑人法律的内容以及法律适用的后果，犯罪嫌疑人因为不懂法而失去了坦白从宽的机会，那么这种不告知的行为其实对犯罪嫌疑人是不利的，是不符合法律精神和刑事政策的。

第二，引诱。引诱也是职务犯罪侦查讯问实践中常见的做法，但并不会当然导致讯问不合法。比如，讯问人员经常会告知犯罪嫌疑人："只要你好好交代，我们会在法院那边为你尽量争取宽大处理。"实际上，这从严格意义上讲的确属于"引诱"。或者我们用一个更为中性但类似的词语来表达，叫作"引导"。那么，这种"引诱"应当禁止吗？答案显然是否定的。因为，讯问人员加以许诺而引诱犯罪嫌疑人交代问题，这种许诺不仅仅完全是可以兑现，也符合"坦白从宽"的司法政策，而且也是促使犯罪嫌疑人争取从宽处理的有力举措。但是，讯问过程中的部分引诱并不符合法律的规定和法治的精神。比

如，讯问人员告诉犯罪嫌疑人，"只要你积极交代，我们就放你出去"。显然，与前一种表达对比，这种引诱只是一种骗小孩的把戏，很大程度上得不到兑现，而且也导致职务犯罪侦查讯问的正当性大打折扣，因此是应当禁止的。

第三，欺骗。尽管法律明文禁止欺骗性讯问，但是正如上文所言，实务界一般都认为，在讯问实践中要严格禁止欺骗，是绝对不可能完成的任务。毕竟，讯问是一种对抗性很强的侦查活动，不使用包括欺骗在内的谋略的话几乎不可想象。而在侦查学理论研究中，通常也都认可欺骗在讯问策略的运用中具有必要性，只是主张欺骗性讯问需要有一定的界限，即并非所有的欺骗性讯问都具有合法性。那么，在以欺骗方式获取口供的时候，到底哪些情况应当属于合法的呢？由于讯问实践中的欺骗大体上可以分为虚构证据和虚构事实这两种类型，因此此处分别进行分析：

其一，虚构证据。所谓虚构证据，即侦查人员在讯问过程中举出或者出示并没有实际收集到的所谓"证据"，从而令犯罪嫌疑人产生误判，以此达到讯问突破的效果。例如，侦查人员在现场勘查的过程中并未提取到犯罪嫌疑人的指印，却在讯问过程中告知犯罪嫌疑人提取到其指印。显然，这种虚构证据的做法就是一种欺骗。对此，有学者根据德国法的理论和实践继而主张，应当"将故意利用虚构证据方式进行的讯问定义为欺骗性讯问的核心型态，并明确加以禁止。"①

然而我们认为，这种观点现阶段很难达到我国理论界和实务界的认可。我们可以换一个角度对虚构证据的做法进行这样的理论建构或假设，即侦查人员虚构证据的目的实际上并非为了单纯地套取有罪口供，而是以此作为突破口试探犯罪嫌疑人的反应。毕竟，如果犯罪嫌疑人并未到过现场，他必然会立即否认，侦查人员在镜头下讯问的情况下只能选择停止进一步的套话；如果其确系到过现场的犯罪者，听到侦查人员的问话后便可能出现诸多反常反应，而这正是侦查人员可供利用从而揭露其罪行的途径。因此，类似虚构证据这样的欺骗性讯问在实践中对揭露犯罪嫌疑人虚假口供、扩大讯问战果方面具有重要的意义，不可一味否认其存在的价值。

案例： 在某检察院办理的一起受贿案件的讯问过程当中，侦查人员根据行贿人员的交代，在受贿人员拒不承认罪行时拿出一个U盘在其面前摇晃，并暗示其中可能"有东西"（实际上并无录音）。结果，受贿嫌疑人见状直冒冷汗，很快交代了自己的受贿情节。

---

① 艾明：《论德国刑事诉讼中的禁止欺骗性讯问规则——兼论我国禁止"欺骗取证"规定在侦讯中的适用》，载《证据科学》2014年第4期。

　　我们认为，这种做法同样是一种讯问策略的运用，而不应当简单地加以禁止。其理由仍然在于，侦查人员拿出一个里边什么也没有的 U 盘，只是为了试探犯罪嫌疑人的反应。在这种情况下，犯罪嫌疑人如果是清白的，那么便不可能受到强烈的心理压迫，就不存在违背其意愿进行陈述的现实基础。

　　实际上，诸如美国这样的法治发达国家也认可根据虚构证据开展讯问。①例如，美国最高法院在 1969 年的弗雷泽诉卡普一案的裁决中含蓄地认可了包含哄骗因素在内的审讯方法。在该案中，弗雷泽作为谋杀罪嫌疑人被捕，警方侦查人员在审讯时哄骗他说"有一名同案犯已经招供了"，于是，弗雷泽供认了自己的罪行。在审判中，法庭主要依据他的供述判定他有罪。后来他得知那名同案犯并未招供，于是他以审讯人员的欺骗为由对该判决提出上诉。最高法院经审理后维持原判，其理由是"警察的这种做法，在我们看来不足以推翻这个供述的自愿性"。但是大法官又补充说："对这类案件的裁定必须基于对全部案情的综合考虑。"一般来说，法院在采用此类供述时有两个条件：其一是这种欺骗不得使法庭和社会受到"良心上的冲击"；其二是这种欺骗不会导致虚假供述。

　　不过，我们也承认，虽然类似美国弗雷泽案这样的侦讯做法在中国也普遍存在，实际上在中国的刑事诉讼环境中被法院直接认定这种通过虚构证据进行讯问的方法不具有合法性的可能性也极低，但是我们并不推荐在讯问实践中采用这种非常直白甚至露骨的虚构本不存在的证据的做法。因为，这种方式的确会对刑事侦查的正当性构成损害，从根本上而且从长远来看不利于刑事司法的健康发展。换言之，虽然这种方法现阶段很难被认定为非法，但是不具有正当性。为此，有学者建议在进行讯问的时候可以采用较为模糊的语言表达，从而有效规避虚构证据给刑事诉讼带来的戕害。例如，为了达到同样的目的，侦查人员可以在共同犯罪案件的讯问中换个说法："你们这件案子，我们已经了解了，你不为自己考虑，人家还要为自己考虑呢。"利用语义的模糊性，使指向性不明确。"人家还要为自己考虑"得出的结论是：第一，同伙已经招供；第二，同伙已经在考虑招供了，但并未招供。第一种情况，犯罪嫌疑人作出回应的范围比较狭窄，供述动机来自可能承担法律制裁的不利后果的外部压力。第二种情况，审讯人员仍然给了犯罪嫌疑人很大的思考空间，选择供述或不供

---

　　①　关于虚构证据设置圈套进行讯问的理论和实践的分析，可以参见［美］弗雷德·英博、约翰·雷德、约瑟夫·巴克雷：《审讯与供述》，何家弘等译，群众出版社 1991 年版，第五章第六节的内容。

述，犯罪嫌疑人完全可以由自己的自由意志决定，是犯罪嫌疑人的一种博弈行为。[①] 由此可见，虚构证据并不一定就要以明确的语言表达告知犯罪嫌疑人，而是可以在实践中以暗示的方式加以运用，从而有效避免可能存在的且容易引发争议的审讯违法风险。

其二，虚构事实。与虚构证据一样，虚构事实也是讯问实践中常用的方法，同样是为了试探犯罪嫌疑人对案件细节的反应。例如，侦查人员在讯问的时候告知，犯罪嫌疑人"之所以会坐在检察机关的审讯椅上，是因为他的问题已经暴露并且证据充足"（实际上尚不充足），以此试探犯罪嫌疑人的反应。又如，在一起受贿案中，犯罪嫌疑人为了证明自己在行贿人向侦查人员交代的交钱时间并不在现场，而声称当时正在家里看热播的电视剧。经验丰富的侦查人员可以立即说自己当时也在看那部连续剧，而且情节记得很清楚——一个小孩长大成人后为父报仇。显然，侦查人员的这种做法必然是欺骗，因为他在那个时候根本没有看那部连续剧。当然，侦查人员需要有一定的表演技能，把这个虚构事实描述得活灵活现，从而迫使说谎的犯罪嫌疑人陷入困境，或者附和侦查人员的讲述，或者寻找不知情的理由，如正好当时去外面上厕所或抽烟了，这些都会给侦查人员戳穿他的谎言提供依据。在这种情况下，讯问过程中适度、适时虚构事实对讯问效果的实现其实是具有非常重要的意义的，即使镜头已经将这个语言交流过程如实记录下来，也不宜认定是非法。这实际上是侦查人员运用自己的智慧施展侦查谋略的具体表现。

不过，笔者也承认，虽然虚构证据、虚构事实开展审讯的做法在职务犯罪侦查活动中普遍存在，法院即使查阅同步录音录像而直接认定通过这些方式所开展的审讯非法的可能性也极低，但是也不应鼓励在审讯实践中采用非常直白甚至露骨的虚构本不存在的证据及事实的做法。因为，这种方式的确会对刑事侦查的正当性构成损害，从实质上讲仍属于"由供到证"的侦查模式的表现，从根本上而且从长远来看不利于刑事司法的健康发展。

（3）镜头下讯问环境下"威胁、引诱、欺骗以及其他方法"获取口供的限度

根据上文的分析，虽然《刑事诉讼法》第五十条从一般意义上严禁以"威胁、引诱、欺骗以及其他方法收集证据"，但绝对禁止显然是不可能的。但是，在承认上文所述的通过"威胁、引诱、欺骗以及其他方法"获取口供的合法性及正当性的情况下，也应当注意，通过这些方式获取口供是有限度

---

① 裴逸莹：《讯问中模糊语言的运用与"威胁"、"引诱"、"欺骗"的界限》，载《湖北警官学院学报》2015 年第 1 期。

的，即通过这些方式获取的口供也有可能遭到法院的否定性评价，从而被宣布为不具有合法性。综合已有的研究成果，大致可以总结出这些限度的具体表现：

标准一：不应违背社会公序良俗和伦理道德底线

例如，代表性的观点认为，一是不得违背宗教伦理、职业伦理以及家庭人伦，二是不得损害那些具有社会公信力的基本制度。① 具体而言，欺骗不能突破了人们可以接受的道德底线。② 在美国、加拿大等国的刑事司法实践中，判定欺骗等侦查谋略使用的合法性也要求，这种方法的使用有一定的道德限度。不能使社会和法庭"受到良心上的"冲击，或者"使社会震惊""使社会不能接受"。③

案例：在一起职务犯罪案件中，侦查人员得知嫌疑人非常孝敬他的母亲。于是，在审讯中，侦查人员突然接到某医院急诊室医生打来的电话。然后，侦查人员告知嫌疑人，他的母亲在得知其出事后急忙外出找人帮忙，结果在街上不小心出了车祸，命在旦夕，口中还不断呼唤儿子的小名。嫌疑人泪流满面，请求去医院看望母亲。侦查人员无奈地表示，在案子没有结论之前，我们不能让你出去。当然，如果你供认了自己的罪行，我们就可以立即送你去医院看望你的母亲。于是，嫌疑人承认了犯罪指控。但是他承认之后，侦查人员并没有带他去医院。后来又告诉他，原来弄错了，那个出车祸的老人不是他的母亲。其实，这是侦查人员设置的骗局。

案例：在广东曾某某受贿案调查过程中，检察机关曾经通过刘某某（曾某某的妻子）开展调查。鉴于证人本身与案件有利害关系，且在 2011 年 8 月 29—30 日的录音录像中，曾某某对办案人员也有谈到他们利用亲人向他施压。所以，该案不能排除侦查人员利用患病妻子刘某某的哭声造成曾某某的精神痛苦，因此辩护人坚决认为检察机关的这种做法系非法取证。在该案上诉审中，法院结合辩护人提出的合理合法的辩护意见，最终彻底否定了本案庭前言词证据的可采性，推翻了一审判决。④

标准二：不应违背被讯问人员答问的意志自由性

---

① 万毅：《侦查谋略之运用及其底限》，载《政法论坛》2011 年第 4 期。

② 何家弘：《论"欺骗取证"的正当性及限制适用——我国〈刑事诉讼法〉修改之管见》，载《政治与法律》2012 年第 1 期。

③ ［美］弗雷德·英博、约翰·雷德、约瑟夫·巴克雷：《审讯与供述》，何家弘等译，群众出版社 1992 年版，第 275 页。

④ 参见邹佳铭：《曾某某涉嫌受贿案》，载 http：//www.king - capital. com/content/details93_ 11079. html，最后访问日期：2015 年 9 月 22 日。

威胁、引诱和欺骗等方法都有可能导致嫌疑人改变自己负隅顽抗的态度或侥幸心理，从而选择供述。但是，嫌疑人选择作出供述的时候，其动机的转变应来自自内而外的心理压迫感或错觉感，而不是自外而内的顺从和屈服感。美国一法院指出："并非只要有诱惑的意味，就必须认定所获取的自白无效，而是只有当侦讯者的诱惑可能导致错误的自白时，才有必要宣告自白无效。"① 具体而言，如果威胁、引诱和欺骗等方法对嫌疑人直接施加了强大的心理压力，从而导致其在没有选择的情况下被迫作出供述，那么这种情况应当被认为是违背了被讯问人员的意志自由性，从而应当被禁止。与此相对的是，如果威胁、引诱和欺骗等方法的运用不是导致被讯问人员违背其答问时的意愿，而是有充分的自由可供选择供述或不供述的话，那么这些方法就不应当被认为是违背了被讯问人员的答问自由，因此不应遭到否定。

案例：某案讯问过程中，嫌疑人顽固表示对案件不知情。侦查人员于是称，"如果你不知道，我们想你的家人应该是知道的吧，要不我们也约他们来坐坐"。

该案例虽然没有直接传递威胁的意思，但嫌疑人所获得的信息在于，如果在这种情况下仍然选择不供述，那么检察机关就要对其家人"动手"。由此可见，这种讯问语言的运用实际上充满了暴力色彩，其所利用的恰恰是嫌疑人对其家人的亲情。因此，为了拯救其亲人，嫌疑人迫于无奈很可能选择违心供述。当然，这个案例中讯问方略的运用也超出了人伦道德底线所能容忍的限度。

案例：在广东曾某某受贿案中，侦查人员便存在明显诱供、指供甚至直接代替犯罪嫌疑人作证的情况，而这些情况都暴露在了镜头之下：

在交代第一次收钱的时间上，当曾某某说大概是 2004 年 3 月、4 月时，侦查人员提示："2004 年还不是你主管。你想想，时间上要往后推一点，尽量跟人家不要差太远。"当曾某某反复问有没有差一年，是不是 2005 年底？最后侦查人员直接说："2006 年初吧，加一点，跨度大一点好一点。"

在交代第二次收钱过程时，侦查人员说："你想想，是不是每次都吃饭？有没有试过没吃饭在路边收的？……这次送钱给你是中秋节？"在曾某某还无法说出来的情况下，侦查人员说："你回忆清楚，我们专案组打了个表格，关于案件时间，帮助我们办案，帮助你回忆，好像 2005 年、2006 年 4 月案件发回重审，9 月是中秋，你想想，中秋节前有没有送钱给你？这次有没有吃饭？

---

① 裴逸莹：《讯问中模糊语言的运用与"威胁"、"引诱"、"欺骗"的界限》，载《湖北警官学院学报》2015 年第 1 期。

自己回忆，各自开车去过哪里？他肯定说给你材料看，不会直接说给你袋钱，或者中秋给点礼物，是不是这样？有没有试过这样？"曾某某就说："有试过"，还要求："就按照他的意思记下来。"

关于第二笔的地点，曾某某首先说是甲饭店见面，侦查人员直接告诉他不是，并且明确说："我们这里谈第二次没吃饭。"曾某某又说："第二次没吃饭，见了面就走，地点在甲饭店门口。"侦查人员纠正说："在门口还是附近？就是 A 路？A 路与 B 路交界？"此后关于收钱的时间、细节、美元的处理以及所有款项的去处，办案人员要么直接告知，要么积极指供、诱供。①

从该案镜头下讯问的过程可以明显地看出，侦查人员在讯问时并没有给予曾某某答问的任何空间，后者在答问过程中要么是完全被侦查人员预设的问题牵着鼻子走，要么则是在提出无法顺畅答问或表示出疑惑态度的时候再按照侦查人员的"提示"甚至直接的"告知"答问。除此之外，本案中嫌疑人在一次讯问过程中，按照侦查人员要求的书写"自书笔录"，但从镜头记录的情况来看，一来不可能在半个小时的时间非常快速地完成十页内容；二来曾某某有不停地低头的动作，在第 13 分钟也就是 11 点 27 分前后低头的动作表现得比较明显，这与曾某某所说侦查人员提前将笔录做好后放到挡板上，供述时他不断低头看打好的笔录。② 这些情况都表明，审讯完全是按照侦查人员设计好的笔录一路开展的。嫌疑人在这样的审讯过程中并没有任何答问的意志自由性，没有选择供述或不供述的自由。本案二审最终推翻一审的判决而宣告曾某某无罪。侦查人员在镜头下以或明或暗的方式所表现出的诱供，值得我们警醒。

标准三：不应虚假承诺或开"空头支票"

这种类型通常出现在讯问引诱的情况之中，实践中有两种典型的表现形态：一是虚假许诺。趋利避害是人的本性，一般来讲，面对许诺的诱惑，有些真正的作恶者经过利弊权衡后会选择做出供述。但是，有些许诺具有难以抗拒的诱惑力，有时无辜者也会承认其根本没有实施的犯罪。③ 例如，讯问人员告诉嫌疑人，一旦供述就放其出去。二是虚假弱化犯罪后果。在侦查讯问中，为了减少犯罪嫌疑人对犯罪后果的预期，从而减少其畏罪心理和抗拒心理，侦讯人员经常向犯罪嫌疑人弱化其犯罪本身的性质、严重性以及犯罪的道德可责性。在这种策略中，弱化犯罪性质，尤其弱化犯罪嫌疑人可能承担的刑事责

---

① 邹佳铭：《曾某某涉嫌受贿案》，载 http：//www. king - capital. com/content/details93_ 11079. html，最后访问日期：2015 年 9 月 22 日。

② 邹佳铭：《曾某某涉嫌受贿案》，载 http：//www. king - capital. com/content/details93_ 11079. html，最后访问日期：2015 年 9 月 22 日。

③ 桂礼乔、秦颖：《欺骗性讯问的法律界定》，载《江苏法制报》2015 年 2 月 2 日。

任，对于诱使无辜者做出虚假供述具有重要影响。[①]

案例：在广东曾某某受贿案侦查过程中，侦查人员为获取有罪供述，中期以内部纪律处理引诱曾某某改变之前供述，后期曾某某相信按要求交代就有出路的情况下，积极配合侦查人员制作假证。而"2011 年 8 月 29—30 日供述的录音录像则确切地证明了曾某某提到的侦查人员采用威胁上诉人将案件交到外地查办，并欺骗他只要供述可以做内部处理的方法非法取证"。在庭审过程中，曾某某也一直强调，在某省国安看守所，侦查人员一直要求他好好配合，将他的表现反映给领导，然后领导决定是否起诉。这些叠加的手段持续性地发生效力，前期的身体折磨使得曾某某对于到外地处理的威胁怀有深深的恐惧，而后期要求其好好配合，根据其表现决定是否起诉的威胁，则像悬在他头上的一柄剑，使得他在处理结果出来之前，始终不敢翻供，否则前功尽弃。正是在这些非法手段叠加持续的影响下，曾某某一直对按要求供述就内部处理抱有幻想，才产生了后期重复的供述。[②]

近年来，随着一批刑事错案被曝光，许多规制刑事程序、规范取证方式的法律、司法解释及规范性文件密集出台，对遏制非法取证起到了积极效果。在检察机关办理职务犯罪案件的过程中，镜头下讯问工作的强制性要求保证经镜头下讯问所获得的讯问笔录的合法性起到了越来越重要的作用。

然而，自开展镜头下讯问工作以来，嫌疑人供述和辩解这种形式的证据并非因镜头的存在而得到了合法性的"护身符"，更多的则是暴露出镜头下讯问程序所存在的诸多亟待解决和规范的问题。不过，通过本章的论述可以看出，要真正在司法实践中根据上述诸多规范去排除所谓的"非法证据"抑或经补正和解释后仍达不到预想效果的"瑕疵证据"，其实并非易事。出现这种局面，既有立法和司法解释本身所存在的难以适用的问题，也有司法实践无法、不易适用甚或规避这些规定的问题。尽管实践中也有零星的案件出现证据被认定不具有合法性而被排除的情况，但是总体而言，现行立法对于镜头下讯问的证据合法性的规定其实并没有在真正意义上落到实处，立法的初衷也由此没有得到切实实现。

我们认为，尽管由于上述各种原因导致不合法的证据难以得到排除，检察机关作为司法机关、法律监督机关，在开展同步录音录像环境下讯问的工作中应当尽可能地恪尽职守，不应仅仅因为同步录音录像环境下讯问的环境下存在

---

① 桂礼乔、秦颖：《欺骗性讯问的法律界定》，载《江苏法制报》2015 年 2 月 2 日。

② 邹佳铭：《曾某某涉嫌受贿案》，载 http：//www.king - capital.com/content/details93_ 11079. html，最后访问日期：2015 年 9 月 22 日。

合法性问题的证据难以被排除便沾沾自喜、故步自封或者心存侥幸，而是应当尽可能地按照现行规则框架，做好每一次同步录音录像环境下讯问工作。同时，也应当有意识地改变固有的"由供到证"的侦查模式，切实重视前期的初查工作，做到镜头下的审讯有的放矢地开展。当然，为了解决有规定但难以排除不合法证据的难题，立法和司法机关十分有必要采取必要的措施去明晰法律适用中存在的模糊、争议甚至矛盾，从而统一法律适用。

第三章　镜头下的职务犯罪侦查讯问的语言学研究

　　侦查讯问是一种特殊的言语交际活动，"是侦查讯问人员在特定的交际环境中，对犯罪嫌疑人这一特定的交际对象，运用一定的语言修辞手段，实现特定交际目的（查明案件事实真相）的言语活动。"① 就侦查讯问语言来说，它仍然是一种普通的、全民性的语言，而不是一种特殊的语言，必须遵循一般语法规则，但侦查讯问语言也具有自身鲜明的特性，它必须遵循侦查讯问活动中的特殊规律，使讯问言语具有很强的策略性、技巧性。侦查讯问人员的言语能力、言语水平、言语行为对讯问活动的效果都有最直接的影响。因此，对侦查讯问语言的运用规律进行深入的研究，具有十分重要的理论意义和实践价值。

一、镜头下的职务犯罪侦查讯问的口头语言学原理

（一）言语交际原理——合作原则

　　正如前述，侦查讯问是一种特殊的言语交际活动，侦查讯问人员只有了解、掌握言语交际原理的合作原则，才能更有针对性地开展讯问活动。合作原则最早由美国语言学家格莱斯于 20 世纪六七十年代提出并完善，他认为，人们进行言语交际活动必须遵循合作原则，即交际双方只有相互配合，使谈话始终符合交际目的，言语交际活动才能顺利进行。由此，格莱斯提出了构成合作原则的四项准则：（1）量的准则，话语应包含并不超过满足交际所需的信息；（2）质的准则，交际的任何一方都要努力使自己所说的话真实；（3）相关准则，谈话内容要与交际目的有关联；（4）方式准则，话语要清楚明白，避免晦涩和歧义，要简练、有条理。②

　　侦查讯问是侦查人员为了获取犯罪嫌疑人的真实供述和辩解，查明案件真实真相而依法对犯罪嫌疑人进行正面审问的一项侦查措施。侦查讯问双方带有很强的对抗性，侦查讯问人员与犯罪嫌疑人各自的法律地位和目的是迥然不同

---

① 殷相印：《刑侦讯问语言特征分析》，载《金陵职业大学学报》2003 年第 4 期。

② 何自然、陈新仁：《当代语用学》，外语教学与研究出版社 2004 年版，第 33 页。

的。侦查人员力图通过讯问战胜对方，从而获取真实的口供。而犯罪嫌疑人则试图在讯问中隐瞒罪行，推卸罪责，逃避惩罚。所以在讯问中，犯罪嫌疑人在交代自己的犯罪事实时，就可能以全盘否认、避重就轻或者保持沉默来掩盖自己的罪行。审讯过程的对抗性就导致讯问的主体和客体目的不同，双方达不成一致，处于不合作的状态，这就违背了言语交际的合作原则。对于犯罪嫌疑人的这种不合作状态，侦查人员应当注意从语言上加以识别。

1. 违背量的准则

量的准则（Maxim of quantity）：指所提供的信息的量。①所说的话应包含为当前交谈目的所需要的信息；②所说的话不应包含多于需要的信息。根据上面提到的量的准则的两点要求，在侦查讯问中，犯罪嫌疑人为了逃避法律的制裁往往就会违背量的准则的两点要求，例如，一起行贿案件的讯问对话：

问：李某某，知道今天我们为什么带你到检察机关吗？

答：因为我在佛山市某某区承接市政工程期间，曾经送给建设局副局长温某烟酒和茶叶的事情。

问：难道你送给温某的只有烟酒和茶叶吗？装烟酒和茶叶的袋子里面还有其他东西吗？

答：我只送过温某烟酒和茶叶，因为我和温某是多年的朋友，不需要送钱的。

问：近几年，你公司在某某区承接的市政工程量占了该区的50%以上，依靠的是什么？

答：依靠的是我们公司的实力。

此案中，李某某知道温某因为涉嫌受贿已被刑事拘留，如果只承认送烟酒和茶叶等价值不大的物品，是构不成行贿罪的。所以当侦查人员问李某某为什么被传唤到检察机关时，李某某只承认送给温某烟酒和茶叶，对装烟酒和茶叶的袋子内还装有现金，以及依靠温某的职权才承接到大量市政工程的事情闭口不谈，避重就轻，典型的"少供"。

2. 违背质的准则

质的准则（Maxim of quality）：所说的话力求真实。在侦查讯问中，讯问人员的目的是从犯罪嫌疑人口中得出真实情况，但是犯罪嫌疑人往往为了掩饰自己的罪行，推卸责任，常常歪曲事实，或者不正面回答侦查人员的提问。往往在讯问的初期就会出现"拒供"和"谎供"的情况，这也给讯问工作带来很大的难度。

"拒供"主要表现为矢口否认或沉默不语。通常这种犯罪嫌疑人抵触心理很强，拒绝回答侦查人员提出的任何问题。在讯问的初期，犯罪嫌疑人对自己的罪行的暴露程度、侦查讯问人员的态度、方法、重点等摸不清底细，一般不甘心轻而易举地就交代自己的犯罪事实，戒备心极强，通常会激烈地反抗，比如，"我不知道""这事与我无关""想不起来了"，对侦查人员的提问几乎不合作，消极谨慎地对待审讯。例如，2013 年深圳市某某区人民检察院反贪局侦办的城市管理局行政执法局某某街道执法队队长严某某受贿案。严某某自恃曾经在刑警大队工作多年，有极强的反侦查能力和复杂的社会关系网，在审讯初期拒不合作，先是抵赖，看抵赖过不了关，他又换了一种说法，只说自己想不起来了，要求侦查人员给他提个醒，说说是哪方面的事情，让他好好回忆一下。还有就是对警方所掌握的证据企图推翻、否认，来证明自己的清白。

"谎供"是被讯问人掩盖事实真相以达到自己的目的，经常会故意编造一些虚假信息。从表面上看，犯罪嫌疑人对侦查人员的提问对答如流，问什么说什么，但其实犯罪嫌疑人交代的都是虚假的事实。例如，2011 年底，广州市某某区检察院一举侦破广州市城市管理综合执法局某某分局多名执法队负责人行受贿窝案，其中某某镇城管执法队队长王某某受贿 417 万元及黄金 500 克、巨额财产 689 万元来源不明。在初查阶段，侦查人员已经过细心查证，从 400 多页银行流水中筛查出王某某将个人名下账户资金集中到陈某名下账户的证据。经过向陈某取证，最终圈定该账户确为王某某实际控制，案发前存款达 800 万元，遂要求王某某解释巨额现金来源。王某某狡辩称银行财产大多是其 2005 年以前在部队从事情报工作取得的收入，侦查人员更是釜底抽薪，要求王某某说明 2009 年起在某某镇任职以来在银行存入的现金来源，再次把王某某牢牢逼迫在既要证明在部队从事情报工作的收入合法性，又要证明将所得现金存放在家中长达数年的证据死角，以灵活的法律运用和细致的刑事证据使王某某无法自圆其说。

对这些拒供、谎供的犯罪嫌疑人，侦查人员应该教育他们正视犯罪事实，并向其说明坦白与抗拒所产生的不同的后果。另外，根据犯罪嫌疑人畏惧的原因和程度的不同，也要有针对性地采取不同的方法。对于确有重罪而畏罪，应采用"置之死地而后生"的方法，先把罪行严重性说足，加大心理压力，当其感到无路可走时，再网开一面，指明其尚有希望，促成其坦白交代；对于罪行并非真正严重而畏罪心理过重的犯罪嫌疑人，应通过正确宣讲法律规定的量刑幅度，或者采取比较缓和的方式，缓和讯问的气氛、语言、态度，减轻犯罪嫌疑人压力，消除其紧张压力，从而使其认罪服刑、接受讯问。

例如，2013 年汕头市某某区检察院侦办的一宗社区居委会干部挪用社区居民养老保险费案件，挪用公款嫌疑人朱某某以为侦查人员并未掌握其挪用养老保险费的犯罪事实，诈称其没有违法犯罪行为。针对朱某某表现出来的强烈对抗情绪，为避免突破出现僵局，办案干警迅速调整突破策略，根据朱某某所介绍的个人、家庭和工作情况，打亲情牌，关心其家庭因妻子生病造成的困境和社区工作的繁杂辛苦，逐步拉近办案干警与朱某某的心理距离。朱某某在与办案干警交流中，承认了某某社区居民的养老保险费收取之后全部由其经手保管和到银行缴费，其对抗推卸责任的退路被彻底堵住。见到突破时机已经成熟，办案干警迅速抛出居委会的收款收据和人社局的投保名册，面对一叠厚厚的"铁证"，朱某某不得放弃其侥幸心理，承认其挪用178名居民缴的养老保险费17.64万元的事实，某某社区居民养老保险费被挪用案成功告破。

3. 违背相关准则

相关准则就是所说的话要有关联，而在侦查讯问中，犯罪嫌疑人往往答非所问，或者离题千里，故意绕圈子，不正面回答问题。例如，问："今天你吃的是什么呀？"答："今天天气真好呀！"这就是违反相关准则。通常违背相关准则分为无意和有意。在讯问中，无意违背可能与犯罪嫌疑人的文化修养程度有关，或者是存在一些精神上的问题；而有意违背通常就是犯罪嫌疑人为了逃避打击，隐瞒犯罪事实，东拉西扯，不正面回答侦查人员的提问。

例如，广东省某某县人民检察院反贪局侦办的李某某、钟某某贪污案。2004年6～7月，犯罪嫌疑人李某某伙同犯罪嫌疑人钟某某利用职务之便，采取侵吞、骗取的手段，将某某镇政府拨付该村的征地补偿款90209.72元贪为己有，其中李某某分得50209.72元，钟某某分得40000元。在侦查人员讯问李某某还有何人参与此案时，李某某东拉西扯，拒不正面回答，其后，又一口咬定此案与他人无关，钱就是他一个人用的。办案人员见李某某不愿将真相讲出来，决定改变策略。接下来的几天里，办案人员分成两组，一组在外围继续取证，另一组继续讯问李某某，但李某某一直坚持钱是他一个人用的，和他人无关。在充分调取外围证据后，办案人员带着外围调取的证据及李某某的爱人、哥哥等亲人到看守所讯问室继续做李某某的工作，而李某某面对证据及亲人的劝说仍说9万多元钱是他个人用的，与他人无关。办案人员对此并不灰心，与他的亲人一起反复做他的思想工作。精诚所至，金石为开。一个多小时后，李某某终于交代了事情的真相：李某某把当时镇政府多拨付9万多元征地款一事向村委书记钟某某作了汇报，在确定所有村民的征地款都发放清楚后，钟某某决定将多出来的钱分掉，其中钟某某分得4万元，李某某分得50209.72元，李某某之前不愿将钟某某分得4万元一事讲出来完全是出于江湖义气。

4. 违背方式准则

方式准则（Maxim of Manner）：清楚明白地说出要说的话，尤其要：①避免晦涩；②避免歧义；③简练；④有条理。在侦查讯问中，这条准则主要是针对侦查人员来界定，侦查人员在对犯罪嫌疑人进行讯问时，要使讯问的话语简明扼要，有条理，避免使用过多的专业术语，讯问过程要具有逻辑性，论说要符合法律和事实，避免让犯罪嫌疑人抓住把柄，使审讯陷入僵局。

例如，一起行贿案件的讯问对话：

问：你的籍贯是哪里？

答：啥叫籍贯呀？我没文化，不明白。

问：你是如何行贿科技局王某某科长的？

答：大哥，我语文学得不好，你能给我解释一下钱财怎么行贿不，我听不懂你的话，我也从来没有行贿过钱财。

在讯问中，侦查人员一度被犯罪嫌疑人牵着鼻子走，犯罪嫌疑人利用侦查人员说话中的漏洞和话语产生的歧义而越发的嚣张。而在问犯罪嫌疑人的"籍贯"时，太过专业，应该问"你的家庭地址是哪里？"或者是"你来自哪里？"而"行贿王某某科长的钱财"明显是动宾搭配不当，应该为"行贿王某某科长"，这些话语的错误不仅助长了犯罪嫌疑人的抵触心理，也使审讯陷入僵局。

（二）会话背景原理——语境论

语言是人类最重要的交际工具，但语言的交际功能只有在适合的语境才能完满地实现。[①]"语境"（Context）这个术语最早是由波兰籍人类语言学家马林诺夫斯基于1923年提出的。他把语境分为两类：文化语境和情景语境。语境是人们运用自然语言进行言语交际的言语环境。这个定义指明：（1）我们研究的是运用自然语言（不是人工语言）进行交际；（2）言语交际有成效地进行，必须依赖言语环境。语境研究的对象包括"上下文语境"（口语的前言后语、书面语的上下文）、情景语境（时间、地点、话题、场合、参与者、身份、职业、思想、心态）、民族文化传统语境（历史文化背景、社会规范和习俗、价值观）。

侦查讯问语境，是指在特定的时间、特定的场所对特定对象所进行的一种具有法律界定性质的特殊语境。侦查讯问语境是普通语境的一种具体形式。它研究的对象，包括前面我们提到的"上下文语境""情景语境"和"民族文化传统语境"。但因受其自身的特殊性影响，侦查讯问语境研究的内容主要以前两点为主。受侦查讯问语境影响较大、比较具有代表性的有三种因

① 索振羽：《语用学教程》，北京大学出版社2000年版，第20页。

素：语音、语意表达、句式。以下以语音为例进行说明，因为"研究审讯语言首先应当明白语言所使用的物质材料——语音，是如何传递审讯人员的信息符号的。"①

1. 重音

侦查语言学中主要研究逻辑重音在侦查讯问中的运用。所谓的逻辑重音是指由具体上下文语义与特定的语境所规定的重音。逻辑重音又称强调重音，是在具体的交际情景中对需要凸显或特别强调的语义施加的重音。② 在具体的交际中，只要上下文的语境是客观存在的，它都会对逻辑重音的落点形成制约。因此在侦查讯问中，在对犯罪嫌疑人进行讯问时，讯问人员和被讯问人的语言总是受客观条件制约的，这时讯问人员在问话中某些与案件有关的或起关键作用的词句重读就有重要的意义。它一方面可以引起犯罪嫌疑人的注意，另一方面可以对其心理产生威慑，有利于突破犯罪嫌疑人的心理防线。

例一：

问：你知道今天为什么传唤你吗？

答：i-i-，由于一时贪心，所以收下了侯某某给的东西。

问：你讲的侯某某给的东西是什么？

答：就是两条中华香烟和两瓶 XO 洋酒。

问：就只有香烟和洋酒？

答：袋子内还装有 30 万港元。

在此受贿案例中，被讯问人庄某因涉嫌受贿被检察机关传唤，在讯问时他避重就轻地说是"收了侯某某的东西""就是香烟和洋酒"，讯问人员就抓住其供述时的关键词，用加重读音来提示犯罪嫌疑人，迫使其供述受贿 30 万港元的犯罪事实。

例二：

问：你在什么单位工作？负责什么事务？

答：我是佛山市某某医药公司的股东之一，不负责公司的具体事务，采购、销售和管理都有相应的员工负责。

问：你与佛山辖区内哪些医院的院长比较熟？

答：公司业务开展都是业务员负责的，我都没有与医院的院长接触，只是认识两三个，但都不熟。

问：你与佛山市某某医院的张某某院长关系如何？经常见面吗？

---

① 吴克利：《审讯语言学》（修订版），中国检察出版社 2012 年版，第 5 页。
② 邵敬敏：《现代汉语通论》（第二版），上海教育出版社 2007 年版，第 64 页。

答：认识，见过几次，但不熟，很少联系。

问：你在某天的下午帮谁在佛山市某某宾馆订过房吗？

答：没有，如果订房也是我自己入住的。

问：胡某某，你好好想清楚？

答：i-i-，我知道有些事情是瞒不住的，i-i-，我如实交代。

在这个案例中，胡某某因涉嫌行贿张某某而被传唤到检察机关，但是在讯问的开始，其拒不交代行贿事实。侦查人员前期初查时发现，胡某某与张某某通话比较频繁，而且一般在下午6点左右通话后当日便没有通话，推断相约聚餐的可能性较大；而且胡某某经常在下午时间在佛山市某某宾馆订房，但实际入住的是张某某和一名年轻女性，可见胡某某与张某某的关系非同一般。侦查人员利用初查分析结果对二人的关系程度及特别的地点进行提问。利用"与张某某的关系如何""在佛山市某某宾馆订房"等重音词语，暗示侦查人员已掌握其行贿的证据，引起犯罪嫌疑人的心理震慑，最后如实交代了多次行贿张某某的犯罪事实。

2. 语调

语调就是指现代汉语所说的句调，"是指整句话的音高升降的变化"。[1] 句调有降调、升调、平调、曲调四种，贯穿于整个句子的始终，不同的句调表示不同的语气，根据不同的语境也就表示不同的含义。侦查讯问人员在对犯罪嫌疑人讯问时，如果能够根据特定讯问语境采用不同的语调，通常会对犯罪嫌疑人的心理造成极大影响，使其心理产生变化，促使讯问向成功的方向转化。

（1）降调。降调说话时呈前高后低的下降语调。在侦查讯问中一般用这种语调表示陈述、感叹、命令等。

例如（表陈述）：

问：按照你的交代，你在某某学习日文和当翻译三年时间，可你的日语说得并不好啊？

在这个问句里，讯问人员是对犯罪嫌疑人陈述已掌握到的事实情况，指出其以前供述的不实之处，希望其能够坦白自己的罪行，并不是要问其问题，句末用降调，体现了讯问人员诚恳的态度，使犯罪嫌疑人心理更易接受，起到了良好的效果。

（2）升调。说话时呈前低后高的上升句调。在侦查讯问时这样的句调表示询问、疑惑、反问。

例如（表反问）：

---

① 黄伯荣、廖序东：《现代汉语》，高等教育出版社2002年版，第127页。

问：难道你自己不清楚？

问：难道你自己不明白？

问：你是招标的负责人，那么大的一项国家工程你不知道？

上面一组类型的句子在侦查讯问时经常使用，侦查人员用反问的句式，上升的句调，表示"我们已经掌握了相关证据"，这对瓦解犯罪嫌疑人的心理抵抗有一定的作用。

（3）平调。说话时语调没有明显的升降变化，在侦查讯问的语境中一般表示讽刺、冷漠、不耐烦。

例如（表冷漠）：

问：你是某某的儿子又怎样？局长的儿子就能目无法纪？

这句话是对那些倚仗权势人的冷漠，以此来显示法律面前人人平等。

再如（表不耐烦）：

问：少说废话，抓紧时间交代吧！

这类句子一般在讯问人员打断或制止犯罪嫌疑人说谎时用，以表现自己的不耐烦、无法忍耐，间接告知犯罪嫌疑人不要再抵抗下去，只有老老实实地交代才是最好的选择。

（4）曲调，曲调也叫曲折调，是指说话时语调有高低曲折的变化，在侦查讯问中一般表示讽刺或感慨。

例如（表讽刺）：

问：什么原因我们清楚，但是你更清楚！就那么点钱就把你买走了？

问：这是一个自称有渊博知识的"法官"应有的表现吗？法官先生？

上面一组句子，在讯问时语调由升到降，表示了对犯罪嫌疑人的极大讽刺，同时也警告其不要自作聪明，骗人骗己是蒙混不过去的。

再如（表感慨）：

问：这两年换车子、换房子，钱从哪里来？你就一直蒙在鼓里，难道你就一点没察觉吗？你说要还是住在那套老房子、开着那部老车子呀，多舒心啊！

这个句子通过语调的变化，来表示对犯罪嫌疑人误入歧途表示一种感慨，在当时的讯问语境下，能唤起犯罪嫌疑人的良知，让其认清好坏是非，促使其尽快交代事情真相。

（三）会话结构原理——话轮转换

1. 话轮的构建及话轮的转换规则

萨克斯等语言学家从20世纪60年代开始研究会话结构，他们发现，会话的一个重要特点是交际参与者之间轮流说话。当一个人说话时，其他的人就不说话了。而当一个人说话结束的时候，其他的人会立即自动说话，中间没有间隙。按照萨克斯的说法，就是"每次至少，并且最多，有一个人说话"。或称"既无间隙，也无重叠"（NO gap，no overlap）。这并不是说会话中间真的一点间隙、重叠没有，而是说，万一出现间隙或重叠，立刻就会有人出来纠正。间隙、重叠的时间不会很长。① 萨克斯、谢格罗夫、杰弗逊指出，支持轮流说话的机制是一套依次选用的规则，这套规则只对会话中轮流交替起作用，因此叫作"局部支配系统"。② 简单地说，就是在某一个人所说的一段话，无论这段话长短，只要说话结束，也就意味着该话轮已结束，也可以说一旦说话改变，那么该话轮就结束了。此次会话至少有两个话轮，A 先说，停下来后，B 再接着说，两个人的会话基本上就是 A—B—A—B—A—B。受支配话轮构建的单位可以是句子、分句、短语，甚至是单词都可以。

在侦查讯问中，就是一问一答的形式，所以话轮转换体现得非常明显。

例如：

T1：问：我们是某某市反贪局的侦查员（出示执法证件）现在依法对你进行讯问，你要如实回答我们的提问。你听清楚了吗？

T2：答：听清楚了。

T3：问：你的姓名？

T4：答：王某某。

T5：问：你是干什么的？

T6：答：包工头。

……

T7：问：你因何事到检察院？

T8：答：因为我送了台宝马小车给某市建设局局长王某，希望到检察院将情况说清楚。

T9：问：在什么地点买车的？

T10：答：在某市汽车城顺发宝马 4S 店。

T11：问：具体是什么时间？这车你买时多少钱？

T12：答：2012 年 6 月 21 日，这台宝马小车我花费了 45.8 万元。

T13：问：讲一下你送车的过程？

答：……

这段会话中 13 个话轮，说话人每说出来的话都构成了一个话轮。就话轮本身组成来说简单的句子有 T3、T5、T7、T9、T12、T13，单词有 T4、T6，短

---

① 姜望琪：《当代语用学》，北京大学出版社 2003 年版，第 209 页。
② 索振羽：《语用学教程》，北京大学出版社 2000 年版，第 185 页。

语有 T2、T10，从句有 T8，句群有 T1、T11。在讯问中，侦查人员主要就是提问、引导的作用，所以句子相对简单，犯罪嫌疑人交代自己的犯罪事实，越具体越好，所以通常由句群组成。

2. 侦查人员与犯罪嫌疑人之间话轮转换的语用策略

话轮转换在日常交际中是一个非常普遍的现象，尤其在侦查讯问中，这种一问一答的形式表现得更加明显，该理论认为"某一参与者不可能无休止地占据发话者的地位，而是各会话参与者交替发话"。犯罪嫌疑人以回答侦查人员的问题为主，很少能主动获得话语权，犯罪嫌疑人在开脱自己的罪行时，常常会争夺话轮，为自己解释，反驳侦查人员的言论。

（1）话轮索取的应用策略

索要话轮也就是听话人主动争取到说话机会。在讯问中，侦查人员不仅决定着谈话的顺序，而且通过自己的话轮设计也控制着犯罪嫌疑人以什么样的话轮来回应。保持话轮主要发生在相邻对之间。相邻对也就是会话交际的基本单位，所谓相邻对，根据萨克斯的话说，就是"问题后面常常跟着回答"。

一是利用言语的重复，来起到强调的作用。

A1 问：你知道自己今天为何在检察院？

A2 答：知道，因为我逢年过节送了点礼物给某市城建局冯局，风俗嘛，小小意思，人情往来嘛！

A3 问：这只是人情往来吗？他就没有帮过你吗？

A4 答：是人情往来。

A5 问：你的行为算是人情往来吗？你所谓的"人情往来"，逢年过节他都有送礼送钱给你吗？某市开发区土建工程不是冯局批给你们公司的吗？凭什么没有招投标就直接发包给你！

在侦查讯问中，重复对方的话语是使用频率很高的索要话轮的策略，通常是侦查人员重复犯罪嫌疑人的话语，表现出一种强调、怀疑，为继续发问作铺垫。嫌疑人对自己的犯罪事实是在狡辩，如 A3、A5 中侦查人员重复犯罪嫌疑人的话语，是对嫌疑人说的话的不信任，此案明显是犯罪嫌疑人行贿，却一直狡辩只是正常的人情往来，侦查人员这种加重语气的重复能对犯罪嫌疑人产生一种震慑力，促其如实交代事实。

二是利用插入式话语来索要话轮，使得交际双方的信息能够更完整地呈现，从而掌握交际的主动权。

（接上一个讯问）

A6 问：你是怎样和冯局搭上关系的？

A7 答：啊？

A8 问：是谁介绍你和冯局认识的？

A9 答：我就是通过朋友认识的冯局，不然我怎么会认识这么高级别的领导。

A10 问：我问你究竟是谁介绍的？

A11 答：是我老乡张某某介绍的，张某某和冯局是远房亲戚，又是同学，关系比较好……

A12 问：是张某某？

A13 答：真的是张某某，平时冯局那都是他经手打点的……

犯罪嫌疑人由于心里慌张，具体不知道"冯局"交代了多少问题，在（A8）中侦查人员提出是谁介绍冯局给他认识时，犯罪嫌疑人没有想好具体怎么回答侦查人员提出的问题，侦查人员主动插话，将问话范围缩小，让犯罪嫌疑人明确中间人到底是谁，犯罪嫌疑人避重就轻，不正面回答侦查人员的提问。A12侦查人员适时插话，确定了另外一名犯罪嫌疑人。

（2）话轮保持的语用策略

保持话轮就是交际的双方在取得话轮后，会采取一些措施延续自己的话语，这样可以使自己的话轮意思表达得更加准确完整。在侦查讯问中，犯罪嫌疑人有时对侦查人员的提问要进行思考不能直接明确地在短时间给出答案，经常会出现停顿，这就需要侦查人员适时地改变提问的方式或内容，采用一些技巧，使审讯顺利进行下去。例如：

问：好了，你不要狡辩了，我知道许某和冯某关系不一般，但你和冯某之间也不干净，不是吗？许某为了晋升给冯某送钱，但是最后升职的却是你！

答：我不得不送……

在这起案件中，犯罪嫌疑人一直试图撇清关系，一直在解释自己是无辜的，侦查人员首先肯定了犯罪嫌疑人的话，之后运用"但是"表明检察机关已经对其产生了怀疑并掌握了一定的证据，可以证明他和这起案子有脱离不开的关系，致使犯罪嫌疑人不再顽固抵抗，老实交代了自己行贿给冯某的犯罪事实。

（3）话轮放弃的语用策略

放弃话轮就是发话人此时发话已经结束并且放弃话轮，由下一说话者开始新的话轮。在会话交际中，交际一方不能长时间霸占着话轮，这样往往就演变成为个人的演讲了，所以在适当的时间点要主动放弃话轮，并用合适的信号提示交际对方接住话轮，开展下一个话轮，使交际顺利进行下去。

侦查讯问是以侦查人员的问和犯罪嫌疑人的答为形式，话轮的主动放弃主要表现在：一是侦查人员已经完整地表达了一个问题，犯罪嫌疑人回答完问题，都会主动放弃话语权，从而使讯问进行下去；二是侦查人员在表示怀疑或者需要进一步明确时会通过提问的方式主动让出话轮；三是犯罪嫌疑人在对自己的犯罪事实有隐瞒的时候，欲言又止，也会主动放弃话轮。

（四）会话策略原理——语用模糊理论

1. 语用模糊的概念界定

语言为什么会存在模糊性，这主要是由两个因素决定的，一是客观世界中的事物之间差异的连续渐变性及事物之间差异的错综复杂性，同时人的主观世界更与语言的模糊性存在密切的联系。语言的世界本来就是个模糊的世界，模糊语言存在的主要原因就是客观世界的模糊性及人们对客观世界的认识也存在不确定性。当人们对于客观世界无法用准确的语言进行表达和定义时，模糊语言便应运而生。伍铁平就指出，语言的模糊性是指语言界定的不确定性，语言的模糊主要表现在语言的语音、语意、句法、词汇和篇章等各个方面。①

模糊语言的表现形式主要是在词语和语句上，在时间、空间、范围等一些界限上非常不清晰。而这些词语在语句中如果一味地采取定量、单一的词义来表达就会显得索然无味、枯燥干瘪，无法真实地反映真实的世界和人类复杂的情感。

2. 侦查讯问中模糊语言的语用功能

侦查讯问，是侦查讯问人员在特定的交际环境中，对犯罪嫌疑人这一特定交际对象，运用语言实现特定交际目的——查明案件事实真相的活动。侦查人员试图在讯问中获得证据及破案的线索，侦查人员要想使犯罪嫌疑人如实交代自己的犯罪事实，必须有针对性的讯问谋略，而科学、艺术地运用模糊概念、模糊语言就是侦查讯问中的一条有效谋略，能够确保侦查讯问有效地开展。以下主要从侦查人员角度进行分析。

（1）讯问中时间空间的不确定性

在讯问中，侦查人员在不完全掌握证据的前提下，往往利用这种不确切的时间和空间界限，让对方摸不清侦查人员所指的具体目标。下面是一起行受贿案件的讯问对话：

问：尹某某，你应多争取坦白的机会，不要妄图隐瞒实情，就我们掌握的证据，你还有问题没有交代。

答：没有了，我全都交代了。

---

① 伍铁平：《模糊语言学》，上海外语教育出版社 2000 年版。

问：没有了？自2010年以来，你可没闲着，一下子中标了好几个大项目吧？

在这起讯问中，犯罪嫌疑人尹某某从2010年开始通过行贿中标了某市的市政工程项目，直至2013年7月案发。根据检察机关侦查，尹某某每中标一个市政工程项目都会给予政府相关工作人员回扣，所以侦查人员在讯问的过程中，对犯罪嫌疑人尹某某通过"问题""2010年以来""好几个大项目"等与案件有关的模糊词语，这些词所指代的对象、时间、空间范围都不确定，却收到比确切表达更好的表达效果，迫使犯罪嫌疑人交代了全部的犯罪事实。

（2）运用暗示性语言

用隐喻、双关、借代、反语等修辞手法，以其言下之意、弦外之音，暗示犯罪嫌疑人警方已掌握了某一情况或证据。这类语词表意含蓄不直露，也起到模糊表达的作用。在侦查讯问中，恰当地运用此类修辞手法，往往可以使语言含蓄、婉转、减少刺激性，借以教育犯罪嫌疑人，促其放弃顽固抵赖蒙混过关的念头。

问：你这人是真够义气呀，谁交了你这个朋友可太好了，人家都往你身上拉屎了，你这还替人家擦屁股呢！

答：孙某某都交代啦。

问：你说呢，也就你傻吧，我看你还能扛到什么时候？

答：他们不仁，我也不义。我都交代……

这起共同贪污案，最初犯罪嫌疑人都一直不交代，所以侦查人员采取分化瓦解、制造矛盾的策略，运用反语和隐喻的手法，暗示犯罪嫌疑人其同伙已经交代检举了他，再隐瞒包庇对其自身不利。

（3）利用特定语境中语词的多义性

汉语中某些语词本身无所谓精确与模糊，一般而言表达意思也很不明确、不明白，在特定环境中就会产生多义性，听者可以做多种理解。这种语言现象在讯问中可以用来实施模糊表达，让犯罪嫌疑人在特定讯问语境中，按自己的心理倾向性做出讯问人员所希望的理解，从而实现讯问目的。

例如：张某（男，46岁）和王某（女，43岁）是夫妻，张某每次受贿都让王某去帮他收取现金。张某在得知检察机关对其进行调查后投案自首。在讯问最后，公安机关对张某展开思想教育工作。

问：你有什么要补充的吗？

答：（嫌疑人当场哭泣）我现在真是追悔莫及，我和王某感情那么好，她对我也是死心塌地的，我怎么就一时糊涂将她也拉下水呢，我真恨自己。

问：我们可以告诉你，你妻子只是听从你的命令一时犯了错误。你的自首行为可以作为量刑情节予以考虑，你要真诚悔悟，只有如实交代罪行，才能为自己争取到减轻处罚的机会。你的家人还在外面等待着你……

答：（嫌疑人喜出望外）太好了，我真没想到！我一定如实交代，好好配合你们。

在这起案件中，犯罪嫌疑人迫切地想知道妻子是否会受到法律的制裁，但侦查人员没有正面回答他的问题，而是婉转地说出"你的家人还在外面等待着你"给犯罪嫌疑人以希望。如果此时侦查人员直接回答犯罪嫌疑人其妻子也已构成了犯罪，犯罪嫌疑人很有可能现场崩溃，从而使讯问过程不能进行下去。

二、镜头下的职务犯罪侦查讯问的口头语言学要求

最高人民检察院 2014 年 5 月 26 日印发的《人民检察院讯问职务犯罪嫌疑人实行全程同步录音录像的规定》第八条规定："讯问犯罪嫌疑人时，除特殊情况外，检察人员应当着检察服，做到仪表整洁，举止严肃、端庄，用语文明、规范。严禁刑讯逼供或者使用威胁、引诱、欺骗等非法方法进行讯问。"但从实践情况来看，在全程录音录像过程中，部分讯问人员仍然存在用语不文明、不规范的情况。

（一）全程录音录像过程中侦查人员不规范用语的表现

在全程录音录像过程中，部分讯问人员仍然沿袭传统的办案方式和讯问套路，讯问用语不规范、不文明，引起被讯问人的反感，致使讯问不能顺利进行，主要表现为：

第一，讯问中使用土话、粗话、脏话过多。有实证调查显示，有 55.1%（70 人次）的侦查员认为在讯问中日常用语和口头语多，法言法语少。还有 63.8%（81 人次）的侦查员承认会出现粗口、土话等不规范用语。由于讯问的时间紧、任务重，能否拿到犯罪嫌疑人口供对案件的成败具有重要意义，因此侦查员在久问不下的情况下会出现急躁情绪，觉得犯罪嫌疑人为自己的行为进行辩解是"不老实"的表现，因此用粗口、土话等不规范用语对犯罪嫌疑人进行打击和侮辱。① 部分讯问人员甚至对犯罪嫌疑人或其家人进行人身攻击，有时还拿犯罪嫌疑人的隐私来开玩笑。

第二，在审讯时不注重法律语言的表达。同一件事，注重法律语言表达和

_____

① 张宇朋、金龙：《职务犯罪讯问语言困境及对策》，载《甘肃警察职业学院学报》2015 年第 1 期。

随意表达效果是不一样的。例如，某犯罪嫌疑人在摇摆期间，向侦查人员要政策，说我讲了是不是可以让我回家？如果侦查人员直接说"你讲了我就可以让你回家"，审讯结束无法兑现承诺时会留下骗供嫌疑。如果侦查人员这样表达"如实供述是你的义务，这没有讨价还价的余地，但法律上有规定，如实交代自己问题，态度好可以从轻减轻处罚，对你不采取拘留措施让你回家只是从轻减轻处罚的一种"，审讯结束没有让其回家，也不会留下骗供的嫌疑。

第三，讯问语言繁简不当（包括代替犯罪嫌疑人回答问题，并追问"是这样吗"）。实证调查显示，有63%（80人次）的侦查员认为经常出现代替犯罪嫌疑人回答问题，然后追问"是这样吗"进行确认的情况。[①] 侦查员对犯罪嫌疑人的供述进行归纳、整理，便于明确讯问重点，缩短讯问时间，将讯问内容集中于案件事实方面，但如果经常由侦查员代替犯罪嫌疑人回答问题，然后由犯罪嫌疑人确认，则可能导致诱供、指供的问题，甚至被认定为非法证据。

第四，讯问语言程式化明显。部分侦查员反映，讯问中语言程式化较为明显，缺乏针对个案特点的讯问模式。每个职务犯罪案件的犯罪嫌疑人均具有不同的家庭背景、学习工作经历，工作内容和级别职务也各不相同，侦查员应当根据每个犯罪嫌疑人的特点确定不同的讯问模式。在当前的讯问中，侦查员采取的讯问模式较为固定，往往一套方法用于讯问全部犯罪嫌疑人，导致讯问效果不理想。

（二）职务犯罪侦查讯问的语言学要求

职务犯罪案件种类的多样性和犯罪嫌疑人特点的差异性要求侦查员在讯问中采取不同的讯问语言，根据不同情况采取不同方法，也因此无法建立统一的讯问模板对讯问语言进行规范。然而，为有效推进讯问活动，防止获得的犯罪嫌疑人供述被认定为非法证据，无论讯问语言如何变化，也应当遵循一定的基本要求。

1. 合法

讯问是职务犯罪侦查的重要手段，讯问语言是否规范事关犯罪嫌疑人能否被追究罪责，因此在讯问中必须坚持依法讯问的原则。为保证讯问中犯罪嫌疑人的合法权利，刑事诉讼法和相关规范性文件中设置了很多规定，侦查机关和侦查人员在讯问中必须严格遵守。例如，在讯问开始阶段侦查人员应当告知犯罪嫌疑人法律中关于回避的规定，应当告知犯罪嫌疑人享有的权利义务并打印

[①] 张宇朋、金龙：《职务犯罪讯问语言困境及对策》，载《甘肃警察职业学院学报》2015年第1期。

权利义务告知书让其阅读并签字。侦查人员在讯问犯罪嫌疑人的时候，应当告知犯罪嫌疑人如实供述自己罪行可以从宽处理的法律规定等。

从实践情况来看，侦查人员在讯问开始阶段进行合法的告知，还可以迅速建立审讯气氛，强化犯罪嫌疑人罪行已暴露的心理。例如，广东省某某市人民检察院反贪局侦办的陈某受贿案就体现了这一点。

在该案中，犯罪嫌疑人陈某到案后，侦查人员首先依照刑事诉讼法规定进行法律告知。先告知犯罪嫌疑人这里是某某市人民检察院，现依法对他进行讯问；讯问进行全程同步录音录像；为增加压力，还有针对性地告知犯罪嫌疑人当前是"三打两建"的高峰期。犯罪嫌疑人说知道"三打两建"，并称自己是某县"三打办"成员，来之前还去开会讨论了一个土地方面欺行霸市的案件。听完犯罪嫌疑人这句话后，侦查人员马上有针对性地告知犯罪嫌疑人，检察院依法查办的是贪污贿赂等职务犯罪，也是据此传讯他。侦查人员有针对性地进行连续的法律告知后，犯罪嫌疑人的整个气势明显被打下去。在查明犯罪嫌疑人的基本情况后，侦查人员开始讯问嫌疑人是否有犯罪行为要交代，并告知他如实供述自己罪行可以依法从宽处理的法律规定。此后，陈某开始喊冤，称自己因征地工作得罪陈某 A 和一些土地开发商，一切都是陈某 A 以及土地开发商诬告陷害他。

嫌疑人的辩解告一段落之后，侦查人员开始结合侦查的实际情况对嫌疑人继续进行告知。明确告诉嫌疑人，他之所以会坐在检察机关的审讯椅上，是因为他的问题已经暴露并且证据充足。为了加强说服力，侦查人员又从反面对嫌疑人罪行已暴露的问题进行了论证，向嫌疑人表明，司法机关每走一步都讲证据，讲法律，更要顾及大局和情理，不会因某个人的说法而随便搜查一个干部的办公室，更不可能仅仅因为某个人的单方说法就让干部坐在审讯椅上。传唤他来进行讯问，是证据充分，依据十足的。此时，嫌疑人依然强调是陈某 A 和土地开发商诬告陷害他，称自己没有经济问题。

经过法律告知和听取嫌疑人的辩解之后，侦查人员初步分析，嫌疑人可能猜到自己有犯罪行为暴露出来了，所以他作了喊冤的辩解，但嫌疑人又存在认为只凭土地开发商的单方证言，司法机关难以真正追究他的法律责任，以为蒙混喊冤可以过关的侥幸心理。

在这个阶段，侦查人员向他举了陈某 A 的案例；进而再列举了之前查办的一些原公安、法院领导干部职务犯罪的案件，并明确告知嫌疑人，如果蒙混可以过关，那么陈某 A 现在应该安然无事；还有公安、法院的领导干部是懂法的人，按道理来说这些人更会懂得蒙混过关。以上这些人为什么最后不能蒙混过关，是因为这些人犯罪的证据被检察机关已掌握。现实是无法逃避的，已经坐在了审讯椅的时候，只有面对现实，才能选择更有利的做法。犯罪嫌疑人听完侦查人员的话之后，开始沉默不语。

因此，在全程录音录像条件下，侦查人员通过有针对性的告知，可以迅速建立审讯气氛，规范而有效率地展开讯问。在审讯中可以充分利用审讯开始时的法律告知以及司法实际告知，使整个审讯气氛建立，树立讯问人的信心，震撼嫌疑人的心理，强制嫌疑人形成犯罪行为已暴露的心理印象，为下一步促使嫌疑人出现动摇心理奠定基础。

2. 文明

如果说合法是侦查中讯问语言应遵循的最基本原则，那么文明是更进一步的要求。目前，"尊重和保障人权"已被写入刑事诉讼法，在讯问中贯彻文明原则，不使用粗口、脏话等侮辱性语言就是尊重和保障人权原则的最好体现。侦查员在讯问中应当理性平和，使用文明的讯问语言。有的侦查员认为犯罪嫌疑人为自己的行为进行辩护就是不老实，需要教训，从而使用粗口等方式对其进行人身侮辱，尽管有时候能够获得犯罪嫌疑人的供述，但这样的供述是不稳定的，犯罪嫌疑人日后可能翻供。不文明用语同时也会损害侦查员和侦查机关的可信度和权威性，并且依靠威胁、侮辱甚至刑讯逼供的方式获取供述极易导致冤假错案。近期被曝光的冤假错案，如河南赵作海冤案、浙江张高平叔侄冤案、内蒙古呼格吉勒图冤案等，侦查人员毫无例外都存在威胁逼供的问题。例如，在河南赵作海案中，讯问人员曾对赵作海说："你不招，开个小车拉你出去，站在车门我一脚把你踩下去，然后给你一枪，我就说你逃跑了。"

3. 严密

审讯语言要尽量做到严密。审讯语言的严密是指审讯语言必须严谨，也就是常说的"别留话把子"，实际上这种严密性不仅仅是语言运用的严谨、修辞用语的严谨，更重要的是语义表述的严谨。例如，审讯人员向犯罪嫌疑人直接声明"你已经构成了犯罪！"，犯罪嫌疑人听了这句话以后立即反驳："你说我构成了犯罪，你有什么证据？我还说你构成了犯罪！"这样的语言必然会引发对方的反击，形成被动的局面，导致僵局的出现。审讯人员这句话的出现并不是修辞本身的错误，也不是这句话表达得不严谨，而是言者无物、言者无据，是语义表述得不严谨。在审讯语言的修辞方面，不仅语言的结构要完整，语音的声调运用也要准确。

4. 把握界限

由于职务犯罪行为的隐蔽性，职务犯罪侦查工作更加依赖犯罪嫌疑人的供述，因此侦查谋略、讯问技巧是职务犯罪侦查的重要一环。在职务犯罪侦查中，侦查员和犯罪嫌疑人是一种对立的关系，双方始终处于动态的博弈状态，讯问人员要想方设法查明犯罪嫌疑人的犯罪事实并获取犯罪嫌疑人的供述，而犯罪嫌疑人则寻找借口并掩盖自己的犯罪事实，这种博弈的状态决定了讯问人员在使用侦查谋略、讯问技巧时不可避免地要使用引诱、欺骗的方法。从这个角度上说，对犯罪嫌疑人进行适度的威胁、引诱、欺骗，是具有一定合理性的，如果采用"一刀切"的方式将讯问中全部的威胁、引诱、欺骗方法都认定为非法取证，将导致大量口供被排除，给侦查工作带来较大冲击。这样的立法规定过于激进，难以在实践中落实。从更深层次意义上讲，只有正视侦查讯问中谋略的存在，了解威胁、引诱、欺骗对犯罪嫌疑人合法权益带来的伤害，才能够运用法律手段更好地保护其合法权益。

　　基于当前职务犯罪侦查工作的需要，更为稳妥的方法是将威胁、引诱、欺骗的讯问方法进行区分，对以"刑讯逼供"方法取得的证据必须予以排除，而情节严重、恶劣的"威胁、引诱、欺骗"取证方法也应当予以排除。例如，应当禁止如下类型的讯问语言：

　　一是禁止言语恐吓和胁迫，如"你讲不讲，你不讲可以，凭我手中的证据，我现在就能拘留你，你看拘留决定书都开好了"；"你看这笔钱是存你老婆的账上的，你不老实，我把你老婆也抓进来"。

　　二是禁止使用违反法律规定的引诱、欺骗语言，如对犯罪嫌疑人做出违法承诺和欺骗，"这个事情张三、李四已经说了，你不说我们同样可以抓你""你说了，到处理时尽量给你不起诉"。

　　三是避免使用诱导性和强迫自证其罪的语言。如"哪年哪天，李某送给你的是30万元，钱是港币，用买衣服的袋子装的，是吗？""你也别考虑了，我之前已经提示过你了，数额也不大，就是10万元，承认了就没事了。"

　　但对某些侦查讯问谋略，具有适度的威胁、引诱、欺骗成分的讯问技巧则应当予以认可，这样的规定一方面肯定了侦查讯问谋略本身的价值，使侦查员在侦查工作中有据可依，另一方面也考虑到目前我国职务犯罪侦查工作的实际情况，避免了在实际工作中违法情况的发生，进而更好地保障犯罪嫌疑人的人权。至于如何区分"情节严重、恶劣"与"适度"，笔者认为可以参考美国最高法院在1969年的"法兰希尔诉柯普"案中设定的原则，即侦查员使用侦查谋略时应当遵循两个原则，首先这种欺骗手段不能恶劣到使法院及社会大众的良心愤慨，其次这种手段也不能潜存使人做出不实自白的危险。① 我国学者龙

---

① ［美］弗雷德·英博：《审讯与供述》，何家弘等译，群众出版社1992年版，第13页。

宗智对此也提出了更为具体的原则，包括法定原则、真实原则、合理性原则，[①] 这些原则可以作为认定侦查讯问行为是否合法的标准。

5. 繁简得当

在侦查讯问中，侦查员的讯问方法必须根据不同的犯罪嫌疑人、不同的案情、不同的讯问阶段而发生变化，因此归纳出统一的讯问流程或模板既不现实也无必要。但如果从侦查员与犯罪嫌疑人说话时间多少的角度考察，一般可以将讯问过程分为"讯问开始、转变态度、核实信息、讯问结束"这四个阶段。在不同的阶段，侦查员和犯罪嫌疑人说话时间的比例相应也有不同，在讯问开始、转变态度和讯问结束阶段，多数情况下侦查员充当谈话者的角色，犯罪嫌疑人是倾听者的角色。而在核实信息阶段则由犯罪嫌疑人充当谈话者，侦查员变为倾听者，主要由犯罪嫌疑人供述，侦查员主要记录并核实犯罪嫌疑人所说内容。需要注意的是，在整个讯问过程中，都应当由侦查员充当谈话的主导者，把握讯问的方向、内容、进程等，引导犯罪嫌疑人进行供述，即使在核实信息阶段，虽然主要由犯罪嫌疑人充当谈话者的角色，也不能任由犯罪嫌疑人自由陈述。如果犯罪嫌疑人在陈述中偏离话题，谈到与案件无关的事实，为自己的行为进行辩解等，侦查员应打断犯罪嫌疑人说话，并对其进行思想教育，再次明确讯问问题，把握住谈话的方向和话题，从而保证讯问的顺利进行。

6. 富有策略性

在讯问犯罪嫌疑人时，侦查人员要学会用策略性的语言去讯问，运用策略性的语言进行讯问是取得犯罪嫌疑人供述的基础。例如，有一个单位的纪检部门在收到群众举报以后，便对这位被举报的干部展开了调查，调查人员带着举报信找到了被举报人，并对其进行调查性的谈话："根据群众举报，你在某项业务活动中，接受了他人的贿赂，根据这种情况，我们虽然没有掌握你的有关证据，但我们认为有必要把这件事情搞清楚，也是对你本人负责，所以这件事还要请你把它说清楚。"结果这位被举报的干部顺口便说出了这样一句话："绝对没有这回事。"这句话把所问的和想问的话全封死了。最后这个调查组就得到了这句话，便只好草草收兵。从这个例子中我们不难看出调查人员在调查时说话的方式出现了两个问题：一是暴露了调查组没有掌握证据；二是暴露了调查组对此事所持的态度。在这种情况下，这位干部只要思维正常，就不会供述自己的受贿行为。因为在可供、可不供的情况下，有谁愿意供述自己的违法行为呢？问题出在调查人员的这种问话方式是纯自然的生活用语，没有运用策略性的语言是导致问话失败的根本原因。

---

① 龙宗智：《威胁、引诱、欺骗的审讯是否违法》，载《法学》2000 年第 3 期。

三、镜头下的职务犯罪侦查讯问的口头语言学对策

讯问时进行全程录音录像给讯问工作带来了巨大的挑战，在新形势下，侦查讯问人员应当积极迎接挑战，主动适应讯问环境的变化。从语言学角度而言，在全程录音录像背景下，侦查机关及侦查人员应当注重从如下方面提升讯问工作的有效性。

（一）讯问前全面收集犯罪信息，知己知彼，掌握主动

初查是侦查的基础和起始阶段，侦查是初查的延续和深化，只有强化和细化初查，对涉案信息进行系统分析，才能选准突破口，在同步录音录像中迅速切中要害，赢得有效讯问时间。讯问前应了解犯罪嫌疑人的社会背景、性格，分析其职权特点，预测犯罪方式、手段和作案节点，提前收集、固定相关证据，做到胸有成竹，从容审讯。审前收集犯罪信息，要坚持保密性原则，接触犯罪嫌疑人要把握好时机，以最大限度地发挥信息优势，实现以证促供的审讯效果。

例如，深圳市某某区人民检察院反贪局侦办的严某某受贿案。在讯问前，侦查人员事先了解到严某某毕业于中国刑警学院，其学的专业是痕迹、物证，为此，侦查人员在审讯时有意识地跟其提及，有些事情一旦做过就会留下痕迹，有痕迹就有可能成为物证，而物证是最有证明效力的。每次提到这些时侦查人员都发现严某某听后略有所思。而当侦查人员看似无意地提及搜查时，明显感到严某某身体一紧，他下意识地说了一句"我家你们也去了吧"，结合在严某某办公室发现的现金和黄金，侦查人员分析现金是种类物，他可以有很多种辩解，而且在初查中侦查人员也了解到，他家的合法年收入也有近百万元，那他为什么会这么紧张？侦查人员分析，让他紧张的只有黄金，一旦搜到就是典型的物证，而且很有可能不止办公室那一点点。于是侦查人员马上回了一句"你说呢"（事实上由于人手不足的问题，他的住所侦查人员当时还没来得及去搜查）。严某某抬头看了侦查人员一眼，然后无力地低下了头，一言不发，双手紧握，嘴唇紧闭，侦查人员知道他到了临界点，于是马上逼问，严某某沉默了一会儿冒了一句"牢是坐定了"，接着就交代了其收受违建业主黄某某送其800克黄金的犯罪事实。

（二）精心准备审讯预案

接触犯罪嫌疑人前，应尽可能制定详细的审讯预案，预测讯问中每一种可能发生的情况，并制定应对措施，以更好地掌控局面，保证讯问工作的顺利进行。制定预案时特别要考虑各种突发意外情况，做好风险评估，特别是针对有

的职务犯罪嫌疑人身体不健康的情况，做好相关预案应成为今后讯问准备工作的强制性要求。我国香港廉政公署调查人员在找相关人员谈话时，在谈话之前就会制定详细的提纲，如当问到你与某某有无利益输送？如果答有下一句应该怎么问，答没有下一句应该怎么问，都有详细的案本。廉政公署这种细致的工作作风值得我们学习。

（三）学会使用模糊语言

法律限制的欺骗是以不存在的事实来骗取供述，但并不排斥使用模糊语言引导犯罪嫌疑人对其背景含义做出错误联想从而供述罪行。用不存在的事实给犯罪嫌疑人造成心理暗示，会干扰其意识中的正常记忆，或者因受到过度刺激而做出违背客观事实的供述，导致供述丧失真实性。而使用模糊语言，让犯罪嫌疑人自由联想，其因此而产生错觉主动供述罪行，恰恰是其犯罪记忆习惯性反映的正常表现。法律并不限制模糊语言的使用，讯问人员要学会使用模糊语言给犯罪嫌疑人造成错觉，并善于利用错觉达到获取有罪供述的目的。

例如，影响巨大的"河北第一秘"李某贪污、受贿案，在李某"双规"期间顽固抗拒108天后，首次击垮其心理防线使案件得以突破的第一句话是"你是明白人，简单说，有证据没有口供一样也可以定你的罪，有口供没证据可以不定你的罪，你不要以为我们什么证据都没有，你往香港倒款，你坐的哪趟航班，你坐在哪个座上，你拿了几个箱子，哪个箱子装多少钱，什么币种我们都知道"。这一讯问语以模糊化形式首先暗示侦查人员已经掌握证据，不论他是否交代，侦查机关都可以定罪；其次是基于李某曾经去过香港的大前提，并暗示各种细节证据，向嫌疑人透露的信息是侦查机关已经掌握了这一犯罪证据。这些信息并不是直接告知李某，但暗示其处于不利境地，其必然会从交代与抵抗中权衡利弊。正因为这些信息是真实的，所以才能够迅速击垮李某的心理防线。在侦讯双方所掌握的证据来看，犯罪嫌疑人更清楚案件事实真相，如果侦查员"想当然"地提问，或者泛泛而谈，嫌疑人就能从这些讯问中感知到侦查机关并没有掌握案件本质问题，助长嫌疑人的侥幸与抵抗心理。

（四）学会使用追问技巧

在镜头下讯问，侦查讯问人员的行为受到一定的限制，此消彼长，犯罪嫌疑人的辩解就会增多。侦查讯问人员不要怕犯罪嫌疑人作无罪或者罪轻的辩解，要学会把握、引导犯罪嫌疑人的辩解。在犯罪嫌疑人辩解时，针对其辩解不实或者矛盾之处，要多提问、追问，在问答中充分暴露辩解的自相矛盾之处，从而形成推翻其辩解的新证据。另外，侦查讯问人员要在听取辩解的过程中预测其翻供的可能性和翻供节点，通过追问细节提前堵口，防止其日后翻供给诉讼工作造成麻烦。

（五）熟练掌握常用的讯问语言策略

虽然职务犯罪讯问工作不可能有统一的讯问模板，但侦查讯问人员熟练掌握一些常用的讯问语言策略却可以提升讯问工作的有效性，这些常用的讯问语言策略恰似练武术的基本套路，被讯问实践证明是行之有效的，对这些基本套路，侦查讯问人员应当熟练掌握。

1. 敲山震虎

审讯的威慑性源于审讯的对抗性，它要求讯问人员要始终牢牢把握审讯的主导权，对嚣张气焰要坚决予以打击，绝不能允许出现审讯错位现象，变成人家对你执法行为的质询，反客为主再"审讯"你。因此，对于不合作的犯罪嫌疑人，侦查讯问人员应通过严肃的正面教育和适时的敲山震虎，促使对方不得不面对现实，积极配合审讯工作。当然，在气势上压倒对方只是讯问的一个策略，绝不能因此而违反文明办案的规定，出口成"脏"，损害犯罪嫌疑人的人格尊严，那样只会引起对方的反感和抵抗心理，适得其反。

例如，佛山市人民检察院反贪局侦办的谭某某受贿、私分国有资产案。审讯组成员按照既定的策略，针对涉案人员严某某贪财怕事的特点，首先敲山震虎，对其说明所犯之罪的严重性，使其心理防线开始动摇；其次缓缓教导，晓之以理，向其讲解法律规定和宽严相济的刑事政策，劝其坦白交代，以求得宽大处理；最后，对他说明并非所有的利润都是赃款，其正当所得司法机关绝不追究，打消了他最后的顾虑。在正确审讯策略下，严某某在到案第二天凌晨便如实交代了其与程某某共同以"干股分红"的形式行贿谭某某的犯罪事实，还交代了案件重要证据的藏匿之处，此时离严某某被抓捕还不到 24 小时。

2. 迂回进攻

一般而言，职务犯罪嫌疑人被传讯到案后，对自己的问题都心知肚明，但侥幸心理又使他们对侦查人员的讯问保持高度警惕。基于这种情形，侦查人员开始时不要期望过高，幻想着三言两语就能让对方乖乖交代问题，而应有先打外围战、然后再迂回包抄的心理准备。

例如，某市农校校长李某某涉嫌重大贪污案，被该市检察院传讯。在检察官面前，李某某自恃曾经担任过市委办公室秘书，见多识广，又是正县级干部，有盘根错节的"背景"，习钻顽固得不得了。与办案人员接触时，他要么抱病卧床，萎靡不振；要么装聋作哑，一言不发，致使讯问无法进行，案件陷入僵局。受命接手该案的某县检察院反贪局王局长，先陪李某某去了医院，请医生进行全面体检，待确认并无大恙后，便向其发起了一场"攻心战"。王局长只字不谈案子，而是与李某某"拉家常"，谈他在任时的工作。两个小时过后，李某某的戒备心逐渐松懈，口若悬河地大谈自己的"丰功伟绩"。王局长突然拉下脸，话锋一转，一字一顿地问："李某某，你这不是可以谈话吗？"李某某顿时张口结舌，自知无法自圆其说，只好乖乖地接受讯问，彻底交代了他贪污 23 万元的犯罪经过。

3. 借题发挥

审讯是一项严肃的办案活动，始终存在讯问主体与讯问对象之间侦查与反侦查、控制与反控制、讯问与反讯问的激烈对弈，从而使其呈现出典型的"活力对抗"特征。但是由于审讯活动的复杂性，有时又不完全是剑拔弩张的语言交锋，而是表现为不动声色的智慧较量。

例如，潘某原系某省政协副主席，因涉嫌特大受贿案被该省检察院立案查办。刚开始，潘某怀着强烈的畏罪情绪和侥幸心理，拒不交代自己的问题，审讯一度陷入僵局。负责讯问的省检察院反贪局季副局长一边给他讲解党的政策和有关法律知识，一边等待突破时机。一天中午，他们在一起吃饭，上的菜是黄豆芽、豆腐炖排骨。季副局长灵机一动，对潘某说："我给你打个比方吧，这一盘菜排骨三块、豆腐七八块、黄豆芽数不清，对你来讲重大问题就是这个排骨，你吃饭就是要先拣好的吃呀，把排骨拿出来。这三块排骨之间还有比较，肉最多的块最大。其次是豆腐，对你来讲这就是稍次一点的问题。这些黄豆芽是什么呢，就是那些比较细小的零七八碎的一些问题，什么收过一些金首饰，收过一个购物卡啊，等等，所以你交代问题，咱们解决问题都得从主要问题出发。

潘某听了季副局长的分析点点头说："你这个比方很好，确实是这个重大问题不是很多，但是有。次一点的问题像豆腐吧，就相应多一点，但也不是很多。大量的问题就是这种不正之风所形成的过年过节送点钱、送点购物卡、送个其他的什么物品，诸如此类的东西。你这个比方挺好，我理解了，我就先给你来一块'排骨'吧。"吃完饭，潘某很快向讯问人员交代了自己的受贿问题。

4. 巧设语言"陷阱"

对职务犯罪嫌疑人来说，能否主动交代自己的问题关键取决于其对自身罪行严重性即法律利害关系的认识，特别是在窝案串案中，"率先"东窗事发的犯罪嫌疑人往往对于自己一旦交代后的利与弊考虑很多，顾虑重重。针对职务犯罪嫌疑人的这种心理，讯问人员应着重在申明利害关系上做文章，通过深入细致的点拨和分析，促使对方"丢车保卒"，主动检举立功。

例如，某年底，南方某市邮电局某分局发生一起内外勾结挪用公款 1600多万元的案件，女出纳员郭某与其同居男友邹某一并归案。办案人员经审查发现，郭某将挪用的巨额公款交由邹某购置豪华别墅，经营运动服装厂，并与教育部门有长期购销关系。根据"贿赂犯罪在某些行业普遍存在"的规律，办案人员推测邹某很有可能在服装购销过程中行贿教育部门有关人员。讯问人员从搜查和其他途径了解到，邹某此人文化不高，迷信风水且好附庸风雅，自号为"龙"，别墅名曰"卧龙居"，挂满字画，其中更有仿真迹的某领袖诗词，视为镇宅之宝。讯问人员据此分析，邹某乃是"有恃无恐"，无意立功从轻，解决办法是首先令邹某对自己的罪行严重性，亦即法律上的利害关系有充分认识。讯问人员决定利用他的迷信心理与他谈一谈。

"你别墅大厅那首词不错呀！"讯问人员先送上一句"恭维"。

邹某一脸自豪："当然，像真迹吧？领袖大作，镇宅之宝啊！"

讯问人员忽然把脸一沉："你这个笨蛋，你被那幅字害了！"

邹某愕然："此话怎讲？"

"那幅字最后一句是什么来着？"

"是'今日长缨在手，何时缚住苍龙'啊！"

"你还没想到吗？你自号为龙，挂一幅这样的字，你还跑得了吗？"

邹某一听，面如土色。讯问人员抓住机会，指出他罪行的严重性，敦促其立功自保。邹某很快检举了省里某教育部门几名处级干部收受其贿赂的事实。

5. 以情动人

白居易说："感人心者，莫先乎情。""以情动人"不仅在日常交谈中有效，而且在职务犯罪侦查讯问中也能发挥作用。尽管说职务犯罪嫌疑人接受他人钱财时决不客气，从国家"腰包"里掏钱也毫不留情，但他们毕竟都是有血有肉有感情的人，疼儿爱女的天性并没有泯灭。所以，有经验的讯问人员善于抓住职务犯罪嫌疑人的情感"软肋"做文章，以此打开案件突破口。

例如，佛山市某某区人民检察院反贪局侦办的谢某某受贿案。办案人员在与他的交谈中，掌握到一条信息，谢某某家之前并非大富之家，父亲是靠做废品回收生意慢慢起家，因此谢某某对父母的感情较深。经验丰富的审讯人员敏感地察觉到了这条信息的价值，在审讯中不着痕迹地将话题引向了孝道，并义正词严地告诫他，如果其能够主动配合检察机关，争取宽大处理，就有机会重新做人，将来也能够为父母养老送终，否则他将永远是个罪人，永远是谢家的不肖子孙，谈到后来，谢某某本人已经泣不成声。在侦查人员的感化下，谢某某逐步交代了自己在 2007 年间，利用担任某市中级人民法院行政庭庭长的职务便利，在某市某假日山庄有限公司起诉某市人民政府行政赔偿一案和某市某置业投资有限公司起诉某市某假日山庄有限公司一案中，为陈某某的利宝时公司谋取利益，收受陈某某贿赂共计人民币 1025 万元的犯罪事实。在后来谢某某的悔过书和他写给办案人员的信件中，他写道："您（侦查人员）说把我当朋友，我非常惊喜，您能这样对我，我已经很知足了，您就是我的莫逆之交，我一定会好好珍惜，好好呵护这种患难之中所建立起来的友谊，没有你对我的关心和挽救，就没有我的明天。"

因此，在侦查人员在讯问时，要多运用富含情感的语言，如："你认为我在哪些方面还能够帮助你？""你对我们办案人员还有什么要求？""你的家庭有什么困难需要我们帮助的？""你的情况我们会如实反映的。"

此外，在运用语言时，应当帮助犯罪嫌疑人促进"超我"的内心体验，这些语言可以拔高犯罪嫌疑人内心体验的人格道德评价，给嫌疑人一个可在道德上开脱自己的机会，典型的语言如："我能够想象出这件事情是怎么发生的，在一定程度上我能够理解这种行为，如果换了我在那种情况下，也有可能忍不住会出现这种情况。我想很多人都会是这样的。"

避免使用某些"忌讳语"，犯罪嫌疑人最不愿意听到的词语就是犯罪嫌疑人的忌讳语。通常为了避免这些刺激语的出现，采取更换"忌讳语"的方法：如"犯罪"更换为"错误"，"谎言"更换为"说错了"，"矛盾"更换为"与事实不符"，"挪用公款"更换为"拿用了"，"行贿"更换为"给了"，"受贿"更换为"收了"，"贪污"更换为"取了""拿了"，"态度蛮横"更换为"情绪激动"。这种更换"忌讳语"的方法不仅能转变对立情绪，消除畏罪时紧张的心理，而且还能使犯罪嫌疑人感到审讯人员对他的理解、同情，给了他面子，不拿话刺他。

（六）加强讯问培训工作

第一，加强岗位练兵，提高侦查人员的讯问技巧和能力。岗位练兵可以采用举办培训班、组织专题研讨、集体学习与自学相结合、理论研修与实战交流相结合等多种形式，引导反贪侦查人员深入学习修改后刑事诉讼法有关规定、领会修改后刑事诉讼法立法精神，转变讯问理念，提升镜头下审讯突破的能力。

第二，探索建立审调分离制度，筹建审讯专家人才库要探索实行讯问专业化分工，提高镜头下依法审讯的能力水平。人的能力倾向是各不相同的，为了更高效地培养、使用审讯队伍，可以将具有审讯天赋的侦查人员选拔出来，重点培养审讯技能，在分配工作任务时，安排其主要承担讯问工作。

第三，重视年轻讯问人才的培养。每年在新进人员中，要根据能力倾向选定部分侦查人员，重点培养其审讯能力，打造审讯梯队，保证反贪讯问工作后继有人，实现反贪讯问工作的可持续发展。

在培训时，尤其要着重训练侦查人员在镜头下讯问的"演技"，讯问人员应具有"演戏"的能力，即他不但是以一种自然流畅而不假思索的方式来表达自己的想法，而且要以真实的、令人十分信服的方式表达出来。要使犯罪嫌疑人相信，对他自己来说最好是说出事实真相，即使是可能意味着较重的刑罚。最好的"演戏方式"，就是忘记自己是在演戏，忘记镜头的存在，使自己习惯于录音录像场合下的新审讯方式。实践证明，配合一定"演技"的语言运用，能更好地实现讯问目的。例如，佛山市某某区人民检察院反贪污贿赂局侦办的供水系统系列案。

在该系列案中，麦某某（男，案发前任某某区 A 镇副书记）受贿案是从王某某案中深挖扩线出来的其中一个案件。根据王某某的供述，甲公司为了承接本区 B 镇（麦某某时任 B 镇副镇长，主管市政、建设、规划等工作）污水管网的设计项目，2003 年至 2010 年期间，三次行贿给麦某某合计 30 万元，每次 10 万元。由于时间紧迫，办案人员并没有调取到相关的设计合同和审批文件，也没有查找到王某某行贿款的取款记录，也就是说没有任何证据能够印证到王某某的供述。麦某某到案后的初查问话一直不顺利，辩称从来没有收受过贿赂，也不记得任职 B 镇副镇长期间所审批过哪些工程项目，甚至说不认识王某某。调查时间临至，审讯毫无进展。通过初查问话得知，麦某某是军人出身，有过强的身体素质和心理素质，并且任职 A 镇副书记，主管该镇的政法线，对办案程序也非常清楚，有一定的反侦查能力。侦查人员分析认为，熟悉办案程序是一把"双刃剑"，知道怎么推脱，同时也惧怕严重的法律后果。审讯人员精心设计了一场戏，安排一名审讯人员甲推开问话室房门，把一本假账簿递给主审人员乙，并低声（确保被审讯人员能听到）说"内账已经拿过来了，上面记得很清楚"。乙假装看了一下，在麦某某面前晃了一下假账簿，严肃地说："你继续撒谎帮不了你，证据都摆在这。"说话的同时审讯人员时刻都在注意着麦某某的表情变化，麦某某表现出了略有不安和若有所思的表情，显然这对他是有所触动的，他会去想他坚守的思想防线到底值不值。审讯人员适时地抛出了一根"稻草"：根据法律的规定，你如果现在把问题交代清楚，是可以得到从宽处理的，这是你最后的机会。这里需要的就是审讯人员言辞流畅而不假思索，并伴有你交不交代都无所谓的表情，因为你在观察他的同时，他也在观察你，他也在度量你说话真实性的问题，所以必须把戏演足。麦某某听后再度陷入了沉思，不停地擦掌心的汗，审讯人员观察到这一切，知道就快突破了，再度给他下了最后通牒：给你五分钟考虑，要不要出路你自己决定。这五分钟时间里，审讯人员表情淡然，但营造的气氛却是十分凝重的，麦某某终于低下了头说了一句：我只收过王某某一次好处费，共 5 万元。审讯人员见麦某某坚守的心理防线被撕开了一个口子，乘胜追击，麦某某最终供述了三次受贿合计 30 万元的事实。

四、镜头下的职务犯罪侦查讯问的身体语言原理

"身势语是一部聪明绝顶的法典，虽无只言片语，但人人皆通。"① 人类学家爱德加·塞伯在 1949 年写道。这里的身势语指的就是身体语言。

随着时代的发展，身体语言早已引起多学科的重视并对其研究，其具有的释放并传递不易作假的、真实的、大量的信息的功能得到多领域，包括侦查讯问人员的高度认可。

综观当代中国的犯罪侦查，尤其在职务犯罪侦查领域，我们的现状是：侦查讯问活动依然是我国侦查工作的基础与重心，侦查讯问结果的好坏对于案件侦破有着不可忽视的影响。在实践中，一方面，由于职务侦查领域中的多数案件，实际掌握物证不多、信息量少或信息链断层，侦查讯问工作的进程在很大程度上依赖犯罪嫌疑人的陈述，犯罪嫌疑人的陈述在整个案件的突破中占据着举足轻重的位置②。另一方面，在实际审讯工作中，侦查讯问人员多依赖传统方法，即通过有声语言来讯问犯罪嫌疑人，但往往耗时耗力，且侦查效益低下，于是产生侦查讯问活动高效果的需求与有声语言讯问方法无法满足的矛盾局面。无疑身体语言是解决该矛盾的一套好方法。与此同时，伴随着我国检察系统"同步录音录像制度"法律地位的确立和巩固后，身体语言在职务犯罪侦查讯问活动中的研究与运用将更普遍，效果也必然大放异彩。

（一）身体语言的基本内容

身体语言主要内容包括概念、构成、特点和功能四个方面。

1. 身体语言的概念

身体语言是人际交往中通过身体姿势、面部表情、手势、目光以及彼此间的位置和距离等来传递信息的一种非语言形式。非语言行为不等同于身体语言。

一般情况下，非语言行为分为三大部分：与身体动作有关的身体语言，其中包括手势、姿势、头部动作、腿部动作、体触等；与无语义声音等一般交际习惯有关的副语言，其中包括面部表情、体距、发式、气味等；与交际时的具体文化环境有关的环境语言，如时间取向、装饰用品等③。由此，我们可以看出，身体语言是不等同非言语行为的，因为它是不包含服装、饰品、时间取向

---

① 参见：http：//baike. soso. com/v7982585. htm。
② 王传道：《询问学》，中国政法大学出版社 1999 年版，第 84 页。
③ 何江：《重视非言语行为的运用》，载《中外教育研究》2009 年第 7 期。

等外在因素的，它仅仅是与身体本身相关的因素。虽然身体语言和非语言行为的本质功能存在相似性，但是毕竟在职务犯罪侦查讯问的具体环境中，犯罪嫌疑人的许多外界因素会被剔除，因而掌握身体语言对侦查讯问实践而言是更有意义的。

2. 身体语言的构成

（1）表情语言。表情语言是指人脸上各部位动作构成的情态语言。如面部表情语言、目光语言、头部动作语言、嘴巴动作语言等。

（2）动作语言。动作语言是指人们身体的部位作出表现某种具体含义的动作符号，包括手、肩、臂、腹、腿、足等动作。

（3）空间语言。空间语言是一种空间范围圈，指的是社会场合中人与人身体之间所保持的高度、方位、距离间隔。

3. 身体语言的特点

身体语言的特点非常鲜明，但又相互影响，相辅相成。

（1）身体语言具有单独性和辅助性。一方面，在某些情境下，身体语言能够单独地表示意思。另一方面，在实际交流沟通过程中，身体语言往往以其辅助、伴随的地位与言语交际符号一起合成为交流信息的综合方式。

（2）身体语言具有特殊性和普遍性。一方面全球各种文化之间的身体语言差异比比皆是，但另一方面身体语言作为社会历史文化的积淀而不断继承下来，许多身体动作、情态语言为全世界大多数人所共有，具有普遍的适用性。譬如，当人们高兴时，他们会微笑；当人们感到悲伤时，他们会哭泣或者皱眉头。

（3）身体语言具有一致外表性和多样变化性。身体语言是内心活动的外在表现。通常情况下，人们相同的情绪心理，会外在表现为相一致的行为动作或者表情。但每个人的生活环境、教育程度、职业特性，甚至是男女生理差别等都会让每个人类个体有着不同于他人的细微动作或者行为习惯，这一切都让身体语言表现各异。

（4）身体语言具有情感性和受外界影响性。当人们在说话或行动时，也许一个普通的眼神或者动作，便能让你知晓其内心真正的情绪。虽然身体语言具有真实情感性，但在日常生活中我们不乏看到许多内心信息与身体语言信息相互矛盾的现象。然而，这种矛盾的现象并非是对身体语言真实性的质疑，相反，它提醒我们在解读、运用身体语言时一定要把其放置到具体的环境中去。因为不同环境能引起不同的刺激，从而令身体语言出现不同的表现，即身体语言还是真实的，但也非常容易受外界的影响。譬如，在撒谎时很多人会面红耳赤，但有时很多求职者在面对考官的环境中或许多人在上台演讲的环境中也会面红耳赤，即面红耳赤这种身体语言信号并非仅仅是撒谎时的表征。

4. 身体语言的功能

由身体语言的特点，我们可推断出身体语言基本的功能①：交流、指代和真实。具体而言，在职务犯罪侦查领域，身体语言的功能大致来说分为以下三种：

一是用于甄别犯罪嫌疑人和无辜者。甄别犯罪嫌疑人可以说是侦查讯问的第一步工作，也是身体语言在侦查讯问领域中最基本的功能。许多犯罪分子都会在初讯阶段否认自己犯罪，这使得真正的犯罪者和无辜者难以分辨，或者虽能查证分辨但要花费大量的时间与心血。若运用一定的身体语言鉴别方法，明白无辜者在侦查讯问中的表现和犯罪嫌疑人的表现是不一样的，就必然能快速地解决这一问题，迅速排除掉大量的无辜人员。

二是用于提高侦查讯问效率。一般而言，侦查讯问的过程是漫长的，需要侦查讯问人员与犯罪嫌疑人斗智斗勇。但是倘若我们能在原有的有声语言审讯的强大攻势下，借助同步录音录像等镜头工作，辅助运用身体语言的方法，便能更快甄别出犯罪嫌疑人在哪些问题上存在欺骗，在哪些信息上存在刺激源。如此，在审讯的过程中，我们便能更有信心，也更能在关键问题上，给予犯罪嫌疑人更多的心理压力，促使犯罪嫌疑人动摇瓦解，更快地交代问题或者说明事实真相，从而大大提高侦查效率。

三是用于提高讯问质量。侦查讯问的结果是得到犯罪嫌疑人的陈述和供述，但在共同犯罪案件中，侦查讯问人员有时得到的是虚假的供词，有时得到的是相互矛盾的口供，该情况往往又因为缺乏第三方证人而不能准确辨认。此时，倘若借助身体语言，那么就可以利用真假话语的个体表现差异，话语与身体语言一致性与矛盾性的不同表现来辅助分析判断，从而使侦查讯问人员能快速辨明供述或证词的真伪，大大提高侦查讯问的质量。

（二）身体语言的科学基础

身体语言的独特是依赖于一定的科学基础的。人脑的结构先天而自然地决定了我们的身体语言是真实的，难以作假的。同时，大量的心理研究表明人们的身体语言使用具有普遍性、广泛性，这也为身体语言可在诸多领域，尤其是职务犯罪侦查领域打下了坚实的基础。此外，经过实证检验，身体语言具有真实性，这使其可以更好地为侦查讯问工作服务。

---

① ［美］皮埃尔·吉罗：《符号学概论》，怀宇译，四川人民出版社1988年版，第153页。

1. 身体语言的生理学基础

1952 年，一个名叫保罗·麦克林的科学先驱提出，人类大脑是由"爬虫类脑"（脑干）、"哺乳动物类脑"（边缘系统）和"人类大脑"（新皮质）组成的三位一体①。新皮质是智慧系统，聪明才智来源于此，撒谎欺骗同样来源于此。而这里我们将重点放在大脑的边缘系统上，这是因为边缘系统是我们的情感中心，各种信号从这里出发，前往大脑的其他部位，而部位各自管理着我们的行为，即大脑的边缘系统控制着我们的身体行为。

不同于新皮质，边缘系统对我们周围世界的反应是条件性的，是不加考虑的。换句话来说，它对来自环境中的信息所做出的反应是最真实的。因此，可以确切地说，边缘系统控制的身体行为是诚实可信的行为，这些行为是人类的思想、感觉和意图的真实反映。

2. 身体语言的心理学基础

20 世纪 50 年代研究肢体语言的先锋人物阿尔伯特·麦拉宾发现：一条信息所产生的全部影响力中 7% 来自于语言（仅指文字），38% 来自于声音（其中包括语音、音调以及其他声音），剩下的 55% 则全部来自于无声的肢体语言②。人类学家雷·博威斯特还发现，在一次面对面的交流中，语言所传递的信息量在总信息量中所占的份额还不到 35%，剩下的超过 65% 的信息都是通过非语言交流方式完成的③。心理学家艾伯特·梅拉宾曾提出一个公式：相互理解 = 语调（38%）+ 表情（55%）+ 语言（7%）。美国心理学家艾德华·霍茨在他的《无声语言》一书中说："无声语言所要显示的意义要比有声语言多得多，而且深刻得多，因为有声语言往往把所要表达的意思的大部分，甚至绝大部分隐瞒起来。"④ 英国心理学家米谢尔·阿盖伊尔等在 1970 年做过实验，发现语言交流和非语言交流所代表的意义不一致时，人们所相信的是非语言交流所表示的意义⑤。

3. 身体语言的社会学基础

大量的社会研究结果表明，身体语言由边缘系统控制，不易作假，当人们内心所想与外在语言表达不一时，或者试图对身体语言弄虚作假时，那么，在

① ［美］乔·纳瓦罗、马文·卡尔林斯：《FBI 教你破解身体语言》，王丽译，吉林文史出版社 2009 年版，第 24 页。

② 陈立言：《面部表情及眼神的研究及其意义》，载《广西民族学院学报》2000 年第 2 期。

③ 参见：http://www.360doc.com/content/09/1113/13/94176_894。

④ 由文平：《审讯中的无声语言——眼睛语言》，载《公安学研究》2002 年第 1 期。

⑤ 王卉：《动作语言在讯问中的作用、解读和记录》，载《福建公安高等专科学校学报》2005 年第 3 期。

同一时间发生的主要肢体动作和面部表情、肢体细节所传递的微信号以及我们的话语，这三者之间必定无法达成一致①。即使作假者掌握一定技巧从而较好地说出一段谎话，那该谎言也只能维持很短的时间。因为，时间一长，就会有更多的身体语言讯号以难以掩饰的、累积的效果暴露出与伪装的身体语言相矛盾的信息。譬如在侦查讯问活动中，犯罪分子是犯罪行为的主体和罪责的承担者，其中相当部分都有掩盖罪行，逃避罪责的行为倾向。为此，他们要么遵从"言多必失"的信条，用沉默来对付侦查人员的讯问和其他侦查活动，要么编造谎言，来转移侦查方向。但由于身体语言具有情感性、外表性等特点，他们所要掩盖的东西总要通过其动作，表情、姿势等表现出来，以至于使侦查人员可以"由表及里"的窥出秘密。

总之，从生理学基础、心理学基础、社会学基础等来看，身体语言不被人为控制，信息量影响大，其特殊的功能可以用一句话来表达：于细微处泄露真情实感。

（三）身体语言应用在职务犯罪侦查领域的巨大价值

随着学者对身体语言研究的不断深入和现代科学技术的发展，相关身体语言技术的应用也越来越成熟，其在职务犯罪领域的应用和普及也越来越具有价值。

1. 适用条件相对于测谎技术没有那么严格

测谎技术作为侦查技术的一种，具有甄别谎言的功能，有助于检察机关职务犯罪的审讯工作。但是测谎技术对适用的环境要求比较高，并且对身体状况不好、心理有严重障碍或生理有严重缺陷的对象，都不适宜测试，否则采集到的数据结果会不准确，从而误导侦查。而身体语言应用的适用条件相对而言没有那么严格，只要在有效刺激下，犯罪嫌疑人就会产生不受意识控制的微反应，对这些微反应分析识别就可以还原犯罪嫌疑人真实的情绪。

2. 可以被客观地采集

随着现代视频采集技术的发展，高清摄像机技术已经较为普遍地运用于检察机关的工作中，这也为身体语言的反应记录采集提供了技术支持，侦查人员面对瞬间即逝的微反应，除了可以当场发现识别的信息外，还可以运用高清摄像设备对该微反应客观地采集，然后再仔细对其进行分析比较，从而得到真实准确的信息。

3. 可以准确地识别

国内外学者通过大量的实践研究表明，经过系统的身体语言反应识别训练，

① ［英］亚伦·皮斯：《身体语言密码》，王甜甜、黄佼译，中国城市出版社2007年版，第27页。

可以很大程度提高对身体语言的识别和解读能力。例如，著名学者 Paul Ekman 将人类不同脸部肌肉动作和不同表情的对应关系进行了系统的分类，建立了一个全新的体系，并称之为面部行为代码系统（Facial Action Coding System, FACS），同时，EKman 团队开发出微反应的识别及训练辅助工具（METT），上述体系和工具在美国的国家安全和司法侦查等领域得到了成功的应用，也开启了微反应应用技术的先河，为微反应应用技术在不同领域的发展打下了基础。

4. 应用灵活，有利于进一步普及

身体语言微反应应用技术可以在犯罪嫌疑人不知情的情况下使用，具有灵活方便的特性。相比于测谎技术，需要征得犯罪嫌疑人的同意才可以对其进行测谎，而且在测谎的过程中，犯罪嫌疑人的配合程度也会对测谎结果产生影响。因此身体语言微反应应用技术可以在职务犯罪侦查中进一步的普及推广，使其在侦查讯问中发挥更大的作用。

五、镜头下的职务犯罪侦查讯问中身体语言的运用要求

身体语言是多样的、是可变的、是特别的，其本身的运用需要遵循一定规律，在目标原则、综合语言、一致原则、环境原则的指导下进行。并且在具体的侦查讯问实践运用中，还有许多地方值得注意，譬如使用身体语言要仔细地观察，要保持客观等。最重要的是，能够对身体语言的基本知识有一定的认识。

（一）侦查讯问中运用身体语言的基本原则

每种学科的运用都有其大背景，都必须遵循其自身的规律，身体语言亦不例外。身体语言在讯问环境中的使用不是随意的，需要明确自己的所需，需要结合环境、结合语言、结合全部的身体动作来综合运用。

1. 目标原则

在职务犯罪侦查讯问身体语言的首要原则是：想清楚自己要什么，即准确定位自己的目标。乔艾琳·狄米曲斯（著名法庭审判顾问）也曾说过："除非你知道你想从别人身上得到什么，否则你八成会失望。"[①] 身体语言能够显露出人们内心的真实反应，或是谎言，或是惊恐，或是犹豫，或是放松等。但我们对身体语言的解析并非永远都可以做到，永远都能保证正确。身体语言存在特殊性、易受外界环境影响性以及变化性，我们不是每一次都能发现人们的谎言，也不是每一次都能正确地探究到人们的真实想法，甚至我们根本不明白是什么样的原因导致人们产生了不寻常的身体反应。因此，这便时刻提醒着侦查

---

① ［美］狄米曲斯、马扎瑞拉：《读人》，张芃译，天津教育出版社 2009 年版，第 6 页。

讯问人员，千万不要仅凭一个人的身体语言行为，就武断地认定他或她诚实与否。身体语言最确切的作用就只是能在一定程度上给予我们启示，提醒我们犯罪嫌疑人在某个问题或话语上存在刺激源，我们要从刺激源的背后去寻找真相。所以侦查讯问人员对于身体语言的真正运用，就是要想明白，自己需要在哪些位置上寻找到刺激源。

2. 综合原则

在使用身体语言过程中，侦查讯问人员要谨记，千万不要孤立、片面地去解读被询问人或者被讯问人的身体语言，而是要在考虑到所有相关的表情或动作后，全面、综合、整体地去把握其所传递的信息。

人体的每一种表情、每一个动作、每一类姿势等都有自己独有的释义，它们就像是一个字或是一个词汇，只有把所有的字或词组合成一体，成为一句完整的话时，才能够正确地表达出完整的思想，即唯有综合的解读身体语言，我们才能系统地知悉人们内心真实的情绪。倘若仅仅是关注某一个动作，而不是连贯地去理解，那必然会犯"断章取义"的错误。因此，在侦查讯问过程中，侦查讯问人员一定要注意把握好综合原则，不但在镜头下要仔细体味每个动作或表情所暗含的意义，更要学会把所有动作融合在一起考虑，得出真正正确的释义。

3. 一致原则

日常生活中，人们总是习惯用有声语言和相伴随着的身体动作，一致地表达着自己的意见或看法。但有时，人们往往也会因为各种原因而藏匿自己真实的情感和想法。他们的有声语言可能叙述的并非其本意，但同时他们的身体语言却在不经意中透露出相反的讯息。一份研究表明，在交流的过程中，身体语言所起的作用大概是有声语言的 7 倍。当两个人，尤其是两个女性的身体语言和有声语言不一致时，她们在相互交流时所能接受到来自对方的信息仅仅是身体语言，而几乎忽略了有声语言。这告诉我们有声语言和身体语言是否一致，有时关系到能否正确解读一个人的内心本意。同样地，在侦查讯问活动中，侦查讯问人员在听解释读身体语言时必须结合自然语言进行，注意把握二者的一致性，否则光听不看，或者光看不听，都不能发现矛盾，不能完整把握犯罪嫌疑人说话的内涵。

4. 环境原则

虽然身体语言具有一定的规律性，我们能够通过仔细观察而发现人们真实的内心，但这并不意味着身体语言能够任意地以同一个模式来套用理解。莎士比亚也曾巧妙地说过："世界是个舞台，红男绿女都仅是演员……每人都同时扮演许多角色。要能准确分辨出人们性格和行为上的模式，就一定要考虑到对方身处的舞台。"犯罪嫌疑人的身体语言并不是固定不变的，它受个体差异、文化差异等许多因素的影响。哪怕是相同的姿势，其在不同的背景中，也可产生完全不同的含义。譬如，手掌出汗一般多表示人们心里紧张，但是对于一个汗腺发达、经常多汗的人来说，表达的意义就不一样了。再譬如说，人们在紧张的情况下会搓手来安慰自己，但是如果是冬天在户外，那么一个人搓手未必是有期望度的，很可能是因为太冷。因此对所有动作和表情的理解都应该在其发生的大环境下来完成。同样，在职务犯罪侦查讯问过程中，身体语言也会因审讯环境不同，而折射出不同的含义。因此，我们需要注意到客观环境中存在的影响因素、制约因素及其变化，从而在具体环境中把握好身体语言真正传递的信息。

（二）镜头下的职务犯罪侦查讯问中运用身体语言的注意事项

在牢记四大原则后，侦查讯问人员便可以在实践工作中逐步使用身体语言了，但这并非仅仅是设计好问题、开始观察、然后得出结论那么简单的事，这其中仍有许多注意事项需要我们去把握，唯有如此，身体语言的使用才能正确而顺畅。

1. 仔细观察

身体语言是借助人们在某些状态下作出的姿势和动作泄露本人当时的情感和想法的。想要读懂及运用身体语言，无疑首先我们一定要注意学会仔细观察身体语言。正如爱默生所说："聪明的人从你的行为、步态和外表中便可以知晓你所有隐匿的过去。整个自然体系都倾向于自我表达，躯体上到处都是能泄露秘密的'舌头'，就像那水晶表盘的日内瓦手表，内部零件的运作是一览无余的。"[①]

因此侦查讯问人员在解析身体语言时，第一步要做的，就是仔细观察犯罪嫌疑人。细致观察对理解身体语言的重要性和仔细聆听对理解口头语言的重要性是一样的。此外，侦查讯问人员进行的这种观察是要用心的，而非仅仅是偶尔看或是有兴致的时候才去关注。并且对犯罪嫌疑人的仔细观察不应该是一种消极的行为，而应该是一种主动的、自觉的行为，是需要付出努力、精力和专注力的观察。确切地说，仔细观察是指要利用你的所有感官，而不只是视觉感官，是用全身心去感知。

2. 镜头观察

侦查讯问人员对犯罪嫌疑人身体语言的观察不可太明显。因为只有在常态下，人们的身体语言才会稳定，也才能在出现刺激源时对比显现出特殊反应的

---

① 孟梦、王传波：《对女性犯罪嫌疑人肢体语言的研究》，载《河南公安高等专科学校学报》2008年第2期。

不同。倘若犯罪嫌疑人感觉到或清楚地知道侦查人员在观察自己，那么显然紧张或者防备心理下的他们展现的多是不自然的、伪装的表情或动作，这便使得原本不容易的身体语言解析变得更加的复杂，也使得侦查讯问的突破变得更加困难。因此，侦查讯问过程中，观察的最理想的境界是，虽然你在观察别人，但别人却不曾察觉。也就是说，要尽量做到不引人注意。实践中我们的镜头观察，我们的同步录音录像可以做到这一点。

3. 客观公正

大部分人都有偏好。虽然我们不愿意承认，但我们总是依照人们的种族、性别、年龄、经济地位或外表来评定一个人。在侦查讯问中，由于长期接触各式各样的犯罪嫌疑人，我们也很容易对特定类型的人形成特定的印象感知，并且这种判断感知很可能会被自己当时的情绪所影响。

但是，每一个犯罪嫌疑人是不一样的，他们的表现也不一定如我们最早所预知的那样。因此只凭着习惯或经验而采用某种特质去评估他人，是极为偏颇的错误。

因此，在侦查讯问活动中，侦查讯问人员如果想要看准犯罪嫌疑人，想要正确地解读出犯罪嫌疑人的身体语言，就必须要提醒自己注意：保持客观公正，尽早抛弃脑中不必要的想法。

强迫自己去承认自己的偏见，是克服不客观的第一步。侦查讯问人员必须克制自我，摒弃偏见，不可武断评定。

4. 寻找习惯性动作

大部分人都是习惯性的动物，喜欢例行程序，除非发生意外，否则不会改变自己的行为。个人的习惯行为的变化总能说明某些地方肯定出了差错，即如果对方突然出现偏离习惯模式的异常行为表明他正在对某种信息进行加工或调试。比如，对方总体的习惯特征是不太爱说话，但却在某个问题之后，突然话多了起来，这代表他的情绪开始变得不稳定①。因此，了解一个人的习惯行为，你便能知道对方背离常态所蕴含的信息。所以，侦查讯问人员一定要学会寻找习惯性动作。为了理解犯罪嫌疑人的习惯动作，我们必须注意观察他们的常态，包括坐姿、手和脚放置的位置、姿势及面部表情、头的倾斜度，甚至包括他们坐的位置与距离。侦查讯问人员需要能够分辨出犯罪嫌疑人的"正常表情"和"重压下的表情"的不同之处，因为，只有多对正常的事物进行观察，才能认识和区别出不正常的事物。侦查讯问人员对某个犯罪嫌疑人越了解，或是和他（她）互动得越久，就越容易发现这种信息，因为你事先存储

---

① 吴凯琳：《FBI超强阅人术》，载《商界评论》2008年第2期。

的数据足以令你做出相应的判断。

（三）　熟知普遍的体语讯号

一般来说，不少相同的身体语言讯号（或是表情或是动作），在不同文化背景或不同国家中，其所包含的意义是大相径庭的。在实际情况下，让人们去掌握区别也是不现实的。因此，侦查讯问人员需要做的，一方面，在以后的工作或学习中尽可能多的去了解不同文化下、不同国家中，身体语言的不同表现；另一方面，侦查讯问人员就必须要掌握本国至少是当地的具有普遍适用性的身体语言。对于普遍的身体语言讯号是需要熟知的，否则即使犯罪嫌疑人做出了此类行为，侦查讯问人员也会因为不了解而错过。总之，侦查讯问人员掌握地域性的身体语言，知晓其所代表的含义，是非常重要的，是进一步解析或者运用身体语言的基础。

1. 表情语言的主要内容

（1）　面部表情语言

在表情语言中，面部表情可以说是最丰富的语言，也是最普遍使用的语言。人们的面部是借助数十块肌肉的运动来准确传达不同的心态和情感的[①]。人们的每一种表情都需要面部各个部位的组合，并进行令人难以置信的、微妙的重新组合和排列，然后才能传递出独一无二的信号。据统计，人类做出的面部表情可能达上千种之多，但是面部表情语言是一种跨文化的通用语，人们的许多表情全世界通用。经研究发现，在全世界范围内至少有6种常见的面部表情是人类与生俱来的，而不是后天习得的。这六种表情是：高兴、悲伤、惊奇、害怕、生气和厌恶[②]。它们具体的身体表现为：

高兴：眼睑收缩，下眼睑微微上扬，有皱纹或是鱼尾纹分布在眼角外围；嘴角翘起，双唇可能会分开，并露出牙齿；脸颊上升，鼓胀；大笑也可能会产生两条笑纹，从唇角的外部一直向上延伸至鼻翼。

悲伤：整个面部松弛、呆滞，表情无精打采；眯眼，甚至有时眼里会有泪水；眉毛收紧，眉端上扬，在双眉之间的空间、鼻子根部，以及两只眼睛会呈现出一个三角形，在这个三角形的上方，额头还可能会出现皱纹；嘴角下垂，下巴抬起或收紧。

惊奇：眼睛张大，眼睑微抬，露出更多的眼白；眉毛会向上翘，额头的皱纹会形成波状，横向分布在额头上；下颚下垂；嘴微微张开，嘴唇放松。

---

① 参见：http：//baike. baidu. com/view/528869. htm。

② ［美］利奥波德·贝拉克、萨姆·辛克莱尔·贝克：《解读面孔》，蔡曙光等译，社会科学文献出版社2008年版，第8页。

103

害怕：眼睛张开，上眼睑抬起，下眼睑会紧绷，露出眼白；眉毛上扬，并皱缩在一起。但相比在惊奇中的表情，眉毛看上去没有那么弯曲，且额头的皱纹也并不完全是横向分布，在眉间往往会出现纵向的皱纹；嘴巴张开，双唇会紧紧地向后拉伸。

生气：上眼睑和下眼睑间的距离比较靠近，双眼会变得窄而细。眼神多严厉而冷酷；眉毛多往下拉，并向内紧缩。前额紧皱，两眉之间可能会出现纵向的皱纹；双唇很有可能紧闭，形成一条线或者嘴巴张开就像要爆发出大声的喊叫一样；处于盛怒中的人会皱起鼻子，或者张开鼻孔。

厌恶：眯眼，下眼睑上扬，在眼睑下方会出现一些皱纹；眉毛下垂；脸颊上移；皱起鼻子，嗤鼻；双唇可能会上扬，或者仅仅只是向上牵动上嘴唇，下嘴唇下拉，嘴巴微微翘起。

（2）眼部动作语言

眼部语言的表现方式可以说千百种，眼部语言所传递的含义可以说不尽描绘。现将与侦查讯问相关的几种最重要的眼部动作予以介绍。

眼部反射。眼部反射行为一般主要体现在两个方面。一方面，是"视觉阻断"行为。它是一种下意识的动作，多把眼睛作防御的作用。通常发生在我们感到自己受到威胁，或碰到自己不喜欢眼前事物的时候，此时，我们可能就会眯起眼睛、闭上眼睛。但是要注意，有时候"视觉阻断"行为并不是长时间地闭上眼睛，而只是比正常眨眼时眼皮合上的时间 1/10 秒略长，这个时间很短不容易用肉眼观察到，因此需要具有敏锐的观察能力。另一方面，是眨眼动作。眨眼是人们正常的生理动作，但是眨眼的频率却能反映眼部反射行为的强弱，并传递不同的含义。一般而言，当我们有所刺激的时候，或是紧张，或是兴奋，我们眼睛眨动的频率就会提高；当我们放松下来，它又会恢复常态[1]。比如说，不管一个人是不是在说谎，当他感到压力时，他眼睛眨动的频率就会增加。此外，根据社会心理学家麦凯尔·阿盖耳的推断，当一个人有 30% 或 40% 视线移动不定时，则表示对谈话的内容有所隐瞒，就是说他有事情不想让对方知道[2]。

瞳孔的放大与缩小。通过研究，心理学家们发现，瞳孔的变化可以表达我们的喜怒哀乐。当看见我们喜欢的人或物时，我们的瞳孔就会放大；而相反，

---

① 乔·纳瓦罗：《表情，思维的画板》，来源 360doc，2010 年 2 月 21 日，http：//nlp.nlp.cn/2010－02－21/61015.html.

② 由文平：《审讯中的无声语言——眼睛语言》，载《公安学研究》2002 年第 1 期。

当我们看见讨厌的事物时，我们的瞳孔就会缩小①。这其中的原理在于，当一个人是有兴趣的或是觉醒的，瞳孔的放大，可以让更多的光线进入，使我们喜欢的人或物的影像可以被"看得更清楚"。当一个人对此没有兴趣，瞳孔就会收缩。据说，古代波斯珠宝商人常常针对顾客购买珠宝时瞳孔的变化而临时定价②。因此，很多时候，通过观察瞳孔，我们便能提前知晓对方的感受。

有一点我们必须要关注：瞳孔扩张和收缩很可能与情绪或状态无关，反而是受到光线的调整、健康状况或某些药物反应等的影响③。我们在判断犯罪嫌疑人的真实情绪时，因素是需要考虑进去的，否则可能会被误导。

视线转移。人们通常相信，心里有鬼的人会比较不敢和当事人的目光对质，会有更频繁的视线转移行为。这是有一定道理的，因此，长久以来视线转移是人们最依赖的一种欺骗指标。但视线转移很容易被控制，视线转移到底变多还是变少很不稳定。一些人说谎时视线转移更多，而另一些人在说谎时视线转移更少，甚至在同一个体身上也会出现这种矛盾的现象，也就是说，在说实话和说谎时都出现了视线转移。因此，简单地从目光接触增加或减少来判断谎言很容易发生错误。那么如何才能更精确地分析目光接触的意义呢？解决的办法可以从前文身体语言运用的原则和戒律中得到启示，即首先要先了解特定某人目光接触的正常模式，然后再探查这种模式的变化。研究已经表明，在正常的环境下，过度的视线转移和过度的凝视都可能造成可疑的印象。如果目光接触的次数或时间偏离了正常水平范围，并且这种偏离及时出现于某种状况下，预示着说谎的可能性增加。

（3）头部动作语言和嘴部动作语言

头部动作往往也传递着重要信息。具体为：头部垂下。它所表示的基本信息是屈居人下，如果是居上位者做此动作时则表示消极；摇头。大多数情况表示否定，但也有不同。把头猛力转向一侧，再使它迅速恢复原来的位置，这是单侧的摇头，表示"疑问"的信息。把头部半转半倾斜向单方一侧是一项友善的表示，它传递的信息是"见到你非常高兴"；头部僵直，是心里觉得无聊、苦闷的表现；头部往侧面方向移开，这基本上属于一项保护性的动作，通常移开是为了回避对身体有威胁或者造成伤害的事物。在特殊情况下，这个动作伴随着移开脸部行为，目的是隐藏自己的身份和掩饰表情；头部缩回，这是

---

① 陈洁：《身体语言，说出你的小秘密》，载《校园心理》2007年第3期。

② 刘英茹：《你会使用体语吗》，载《公关世界》2001年第3期。

③ 乔·纳瓦罗：《表情，思维的画板》，来源360doc，2010年2月21日，http://nlp.nlp.cn/2010-02-21/61015.html。

回避的动作，同时表示对事物的不满或者不认可；抬头，它表示的是有意投入的行为；点头，表示答应、同意、理解和赞许，大多是表示同意的意思，但是这个动作如果做得过于频繁，会给人敷衍的感觉。

嘴部动作。有一些嘴部动作很迅速、幅度很小，稍不留意，我们就会错过，但是它们也有其独有的心理暗示。表现为：嘴唇消失。我们常常发现，即将出庭作证的人总是嘴巴抿成"一"字形，这个身体语言信息表明他们的压力很大，因为人们处于压力状态时，多会把嘴唇藏起来。嘴唇缩拢。如果你和别人说话时，有人做出缩拢嘴唇的动作，这说明这个人不同意你所讲的内容或者表示反对。嘴唇往前撇。人的下嘴唇往前撇的时候，表明他对接受到的外界信息持不相信的态度，并且希望能够得到肯定的回答。嘴唇往前撅。人的嘴唇往前撅的时候，表明此人的心理可能正处在某种防御状态。嘴角向后。在与人交谈中，如果对方的嘴角稍稍有些向后，表明他正在集中注意力听人谈话。

（4）其他的表情语言

鼻子动作语言。鼻子的运动也能告诉人们的情绪变化。鼻头冒出汗珠，这多表明对方心里焦躁或紧张；鼻子稍微胀大，如果在沟通过程中出现这种情况，就表明对方非常不满或情感有所抑制。

眉部动作语言。眉毛多配合眼睛一起表达不同的情绪。即使是同样的眼睛动作，配上不一样的眉部动作，表达的含义就会发生变化。弓形的眉毛表现的是高度自信和积极的感觉，而压低的眉毛则通常表现的是低度自信和消极的感觉。

其他动作。其他表情语言中还有若干小动作能够传递信息。譬如，咬指甲，它是有压力、无安全感或不舒适的一种信号。譬如，撒谎时或隐瞒时，我们会感到口干舌燥，会用舌头反复摩擦嘴唇，好让它们滋润些，以达到自我安慰的效果，并让自己冷静下来。此外，撒谎时也常常伴随呼吸加快、面色发红或苍白等生理表现。

2. 动作语言的主要内容

（1）腿部动作语言

大部分人都对自己的脸部非常在意，古人也早有察言观色之说。但是除了脸部以外，可以说我们很少注意到双臂和双手的姿势，胸部和腹部也一样不受重视，更不用提腿部的动作，而双脚则几乎完全被我们忽略掉了，即越是远离头部的身体部位，我们就越不关注它。但是，无数研究也已经肯定地告诉我们：人体最诚实的部位便是我们的腿和脚。腿和脚能够精确地反映我们的情绪。以下几种腿部动作值得关注：

转向脚。脚部转动的方向，尤其是脚尖转动的方向能够反映出人们的真实心态。通常我们的脚总是会朝向我们所喜欢的，而面对自己不喜欢或不愿意见到的事物时，我们的双脚会远离。因此，与人交谈时，如果发现对方的脚不再对着你，而是向远离你的方向转动，这表明此人对你已经越来越不信任，甚至是抵触。

背离重力的脚部行为。身心轻快时，重力似乎不起作用，我们的身体总会表现出背离重力方向的行为。举个例子，当孩子们想去公园玩耍时，他们的脚在出门处大部分都是呈现跳跃状或是比较轻快的。现实生活中，牌桌上，有许多人在高兴、得意时往往试图掩饰或压抑这份积极的情绪，但背离重力的行为是由人脑的边缘系统所控制的，人们倘若想隐藏这些身体信号，他们的动作会看起来太过做作，或是看起来太过消极，或是感觉太受环境约束，缺少生气。

叉开的双腿。这是最明显、最容易被认出的"捍卫领地"式的行为。当人们陷入对峙状态时，他们的腿和脚会叉开。如果一个人的腿从并在一起到叉开，你基本上可以肯定这个人越来越不高兴。因为这是一种强烈的信号，至少也表明事情正在准备中，或者麻烦真的要来了。

腿部动作的变换。主要表现为：

第一，腿部颤动和移动。这是很常见的行为，但动作的变化很明显。这种情况下，我们的重点是观察这种行为的起点和变化点。因为动作的变化一旦偏离正常轨道，这起码告诉我们这个地方可能有刺激源。

第二，从摇动到踢动。日常生活中，有人经常把腿部的摇动变成踢动，但也有人从不这样做。这种行为单看是不能表明一个人是否有欺骗意图的，最诚实的人和最不诚实的人都会颤动或轻摇腿。那么这种行为之所以值得注意，是要以重点观察行为的起点和变化点为前提的。因为突然的变化，异于习惯性动作，总能揭示些什么。例如，根据乔·库里斯博士的研究，当一个人的脚部动作从左右轻摇转向上下踢动时，说明这个人一定看到或听到了些什么消极或不高兴的事情[①]。

一个在不停摆动和弹动自己双脚的人突然停了下来，这是一个人在面对危险时的一种倾向。因此如果你发现了该动作，那么这通常说明，这个人正在承受压力和情绪的波动。

第三，锁脚。当一个人突然将脚趾转向内侧或两只脚互锁，他传递的信号

---

① 乔·纳瓦罗：《我们需要空间》，来源360doc，2010年2月21日，http：//nlp. nlp. cn/2010 - 02 - 21/61012. html。

是，他感觉到了不安全、焦虑或威胁①。很多穿裙子的女性都喜欢选用该坐姿。不过，当这种锁住脚踝的行为持续得过长，尤其是当男性做出该动作时，我们就应该特别注意。

（2）手部动作语言

在许多国家，手的作用就是充当"隐形的标点符号"。例如，摆手多表示制止或否定、双手外推多表示拒绝等。手部动作的表现与释义难以穷尽，这里仅描述代表性的手势语言。

手指动作。典型的有：十指交叉紧扣。很多人在遇到重大事件或变化时，他们或她们的手指会交叉紧扣，随着手指紧扣的力度加大，手指的颜色也可能会发生变化，局部区域甚至会变白。一旦出现这种行为，则多表明事情变得更糟了。因为这是一种全世界认可的安慰行为，更是压力或低度自信的表现。手指不停地动弹。一个人的手指若不停地动弹，多表示他目前正处在一种非常紧张的状态中，感到无所适从，他想借这种方式来转移自己的注意力，以缓解紧张。用指尖轻敲桌面。一个人用指尖轻敲桌面，并发出清脆的声响，多暗示其可能正陷入某种思维困境，或是在思考解决问题的办法，或是还处在犹豫之中，不知道某个决定该如何做。但是有时需要注意，在一定的环境中，做出这个动作也可能只是这个人感到不耐烦了，想通过此方式来减轻内心的压力。

手臂动作。手臂动作中最典型的姿势便是双臂交叉。因为双臂交叉的姿势一旦出现，要么暗示对方对所听到的内容持否定或消极态度，要么表示其感到不安、紧张，想保护好自己。

实践中，双臂交叉抱于胸前的姿势是有很多的，每一种尽管是只有细微差别，但是它们所表达的含义还是有所区别的，因此这需要人们仔细地去观察。这里介绍两种最常见的：握拳式的双臂交叉姿势。当一个人在将双臂交叉抱于胸前的同时，两只手也紧紧地攥成拳头夹于腋下，那就表示此时的他除了具有相当强烈的防御意识之外，还带有十分明显的敌意。如果同时他的脸上还伴有双唇紧闭的微笑，或者干脆露出了咬牙切齿、满脸涨红的表情，那么，接下来必然有一场激烈的口舌之争，甚至更甚的情况出现。抓握式的双臂交叉姿势，其最大的特点就是在交叉双臂环抱于胸前的同时，两只手紧紧抓住另一只手的上臂，增大了呈交叉状态的双臂的力量，使这一姿势更加牢固，从而能够更加有效地保护人体的胸部②。有时候，由于双手握住手臂的力气过大，以至于阻

---

① 乔·纳瓦罗：《我们需要空间》，来源360doc，2010年2月21日，http：//nlp. nlp. cn/2010 - 02 - 21/61012. html。

② 卢悦等：《"我爱你"用身体说》，载《健康之友》2009年第2期。

碍了血液循环，从而使得双手的手指和指关节都呈现出泛白的情况。抓握式的双臂交叉法代表的是一种消极、拘谨、紧张的心理。比如，在法庭上，原告很可能会采用上文中的握拳式的双臂交叉法，而被告则多会采用抓握式的双臂交叉法。

手掌动作。手掌的行为，很简单，只有向上和向下两种。手掌向上是表现出一种友善正面的讯息。研究显示，说话时把手掌摊开向上（或面向对方），这是属于开放型的姿势，大数人会从正面解读我们所传达的讯息；而手掌如果是向下的，那给人的感觉是比较封闭的，被负面解读的情况也相对增加。

手部动作的转换。与其他非语言行为一样，手部动作的突然转换说明动作实施者的思想和感觉发生了急促的变化。比较典型的有：用手遮住嘴巴。用手遮住嘴巴的手势是指那种下意识的，非故意伪装的那种，当其出现时，多表示撒谎者试图抑制自己说出谎话。但要注意，有时人们做该动作非常隐蔽，或是用几根手指遮着嘴，或是假装咳嗽。

触摸鼻子。很多人在对话过程中会轻轻擦下鼻子，然后很快放下。女人在做这个手势时比男人的动作幅度更小。但要注意，这个动作并不寻常，它多表明人们正在掩饰自己的谎话。因为真正的鼻子发痒是需要大力的，反复的摩擦才能止痒的，而生理学研究发现，说谎时鼻子的海绵体扩充，发热，从而才会有瘙痒感，轻摸几下，有利于舒缓缓解。

（3）躯干动作语言

和腿脚的动作一样，人体躯干的很多行为也能反映出情绪大脑（即边缘大脑）的真相。

腹侧否决和腹侧前置。我们的腹侧（身体前侧）聚集着胸、腹等器官，它对我们喜欢和不喜欢的人或事物都很敏感。当遇到好东西时，我们的腹侧会倾向它；而当我们感觉到事情不妙，如关系发生了变化或遇到不喜欢的话题等，腹侧否决行为就会出现，我们就会转换姿势或者转身离开。

躯干伸展。一般情况下，身体的伸展是一种舒适的信号，但是，当人们正在讨论很严肃的事情时，该动作就成了一种霸道的表现，这多数表明对方对你说的不以为然，认为你在虚张声势。

肩部的耸高与收缩。通常当一个人讲实话时，他的双肩耸动应该是敏锐的、向上的且幅度很高（耸得很高），甚至双肩动作也是一致的。因为讲实话时人们多数是自在的，对自己的言语有信心，所以他们的肩部是呈现向上耸肩等背离重力的行为。肩部收缩是指有时我们能看到人在陈述或倾听时，慢慢地将双肩提升到耳朵的高度，整个肩部收缩到就像是脖子没了一样。这一动作的焦点是双肩的缓缓上升，基本上，人们做该动作的目的就是想缩回自己的头。所以我们倘若看到该动作，便能判断此时的这个人处于消极状态，缺乏信心，而且感到非常不自在。

(4) 姿态语言

姿势通常包括站姿、走姿、坐姿三种类型。但由于犯罪嫌疑人基本处于坐在审讯室这一个特殊的环境中，站姿和走姿都比较少展示，所以本文此处仅仅讲相关的坐姿语言。

坐着时两腿及两脚跟并拢靠在一起，双手交叉放于大腿两侧，当有人的坐姿为此种时，多表示该人通常为人古板，从不愿接受他人的意见，有时候明知别人说的是对的，他们仍然不肯低头。

左腿交叠在右腿上，双手交叉放在腿跟儿两侧。保持这种坐姿的人，一般是具有较强的自信心，特别坚信自己对某件事情的看法。

3. 空间语言的主要内容

空间语言包括空间高度、空间位置和空间距离。此部分内容从属于上一章环境学。此处不再赘述。

六、镜头下的职务犯罪侦查讯问中身体语言的运用对策

身体语言虽然复杂，在对其有足够认识和准备的基础上，检察机关还是可以运用规范的方法，采用一定的步骤加以运用。

（一）身体语言的运用步骤

具体应用涉及应用主体、测试前的准备工作、基准线的确定、准备有效的刺激问题、情景加压测试、捕捉分析、总结报告等步骤。

1. 应用主体

审讯的应用主体（讯问人员）是关键，笔者以为必须具备以下条件：扎实的心理学基础理论、系统的身体语言学习，受过相关训练，可以准确识别常见的身体语言，包括面部表情、躯干动作等的基本特征；有不少于一年的讯问实战经验，且已将各种身体语言识别指标通过自己的实证检验、完全掌握基本的应用方法。

2. 准备工作

应用前首先需要了解案情，包括与案件相关的任何证据、疑点等信息，尤其是犯罪嫌疑人的个人、家庭背景等资料，让侦查人员事先对该犯罪嫌疑人有基本的了解，有利于在接下来的身体语言的应用；其次准备至少两部高清晰摄像机，一部录制犯罪嫌疑人的面部表情，另一部录制其全身，最好是实现"画中画"。测试时 2 人为宜，一人负责提问，另一人观察，人员较多很可能会分散被试者的注意力，影响应用效果。

　　3. 确定基准线

　　基准线是身体语言应用的关键点，也是难点。如果这个基准线没找准，将直接影响身体语言识别的准确性。前文提到由于文化、生活习惯等个体差异的影响，每个人的基准线也不同。侦查人员可以通过初步的接触，在前期（一般在 20—30 分钟为宜）通过一些无关案件本身或无压力的问题，确定犯罪嫌疑人反应的基准线。例如，真实回答的面部表情、眼动、头部动作、身体摇晃、手、腿、脚等动作以及正常语速、音调、音量等。犯罪嫌疑人在回答无压力的问题时，其身体的反应通常是最真实的，也反映了犯罪嫌疑人的真实情绪。确定了基准线，有利于侦查人员在接下来提出刺激性的问题时更好地分析犯罪嫌疑人出现的反应。

　　4. 准备有效的刺激问题

　　身体语言的反应是犯罪嫌疑人在有效刺激下表现出来的。有效刺激的强弱也直接影响着犯罪嫌疑人表现出来反应的强弱程度，因此，准备有效的刺激问题至关重要。侦查人员在初查的准备工作及初步接触确定好基准线后，应根据掌握的资料，精心设计好下一步要提问的有效刺激问题，问题的刺激性宜由浅入深，有利于对比观察犯罪嫌疑人的身体语言变化。

　　5. 情景加压测试

　　基准线建立后的第一阶段在犯罪嫌疑人尽可能放松、平静的情况下进行测试（一般时间控制在 30 分钟以内），首先确定是否涉案，并找出可疑点。第二阶段给犯罪嫌疑人适当的情景压力，进一步测试，并验证第一阶段测出的疑点。第三阶段强大的情景施压，使犯罪嫌疑人精神处于高度紧张状态，再测试在第一阶段、第二阶段其所表现的微表情，进一步证实、排除。

　　6. 捕捉及分析

　　身体语言的反应在受到有效刺激时出现，转瞬即逝。在职务犯罪讯问的过程中，犯罪嫌疑人在受到有效的刺激下，产生了无意识自我防御的真实反应，单凭侦查人员的现场的观察不足以完全捕捉到这些瞬间出现的真实反应，虽然经验丰富的侦查人员能现场捕捉到犯罪嫌疑人刹那间产生的身体语言反应，但是也很容易遗漏掉一些相关的信息。因此，侦查人员除了现场观察以外，还需要对高清摄像设备录制的视频进行分析，捕捉犯罪嫌疑人出现的微反应，进行对比分析，形成有指导性的意见。

　　7. 形成报告

　　经过三阶段测试，对采集到的犯罪嫌疑人视频逐帧分析，排除合理怀疑，综合分析，最后形成报告。分析报告中要能反映出测试主体肯定、否定或倾向性的最终意见，并且要提供测试过程中出现的需要侦查员进一步调查、核实的疑点，是肯定或否定被试嫌疑的内容，以备为下一阶段的侦查或常规讯问提供参考。

（二）犯罪嫌疑人的身体语言具体运用分析

侦查讯问人员既能从现场中，也能从镜头中解读犯罪嫌疑人的身体语言。虽然在前文中提到了身体语言的解读方法，但在职务犯罪侦查讯问中，此处还是将具体的分析解读进行介绍，以期侦查讯问人员能够更快地掌握身体语言的运用。

1. 犯罪嫌疑人的表情语言分析

（1）犯罪嫌疑人的面部表情表达

在侦查讯问中，我们能够通过观察犯罪嫌疑人的面部表情，来知悉其心理状态。但是在这里我们要注意两个问题，其一，犯罪嫌疑人的表情不是单一的，它是面部整体器官运动表达出来的情绪；其二，面部表情是人类最容易控制的身体语言，在很多时候，它具有虚假性，我们要小心甄别。

在侦查讯问中，微笑是最常见的情绪面具。换言之，犯罪嫌疑人若不想暴露内心的真实感受，他或她可能会带上"我的心情还不错"的面具。但是发自内心的舒畅，高兴是会让整张脸亮起来的，如果只是生硬挤出来的笑容，那么你会发现犯罪嫌疑人的笑容是不对称的，嘴巴应该是紧闭的，眼睛和前额也不会因笑容而牵动。此时，从犯罪嫌疑人脸上的"笑容"，我们可以说看到了欺骗的信号。

在侦查讯问中，我们往往会问到犯罪嫌疑人是否知晓某类事情的发生。如果对方真正对此感到吃惊，那么，惊讶的表情不超过一秒。超过一秒，则表示这种反应极有可能是装出来的。理由在于人们真正情绪出现的时间快慢是很难作假的。一旦作假，由于偏离自然反应的直接性，假装的表情出现的时间会稍微延后，持续的时间也会比真实的情绪反应要久，并伴随着"突然"的消失。因而，侦查讯问人员通过仔细观察，充分识别惊讶情绪的外在表现，那么就很难被犯罪嫌疑人愚弄。退一步讲，即使你无法解读这些稍纵即逝的动作和表情的含意，但其中的不一致已构成充分的理由，让你去怀疑对方是否虚情假意。

（2）犯罪嫌疑人的眼部语言表达

依据"视觉阻断"行为的原理，侦查讯问人员可以根据犯罪嫌疑人眼睛凝视其时间的长短来判断他们的心理感受。如果犯罪嫌疑人的视线接触讯问人员脸部的时间占全部谈话时间的30%—60%，则属于达到了平均值，表现正常；超过这一平均值则可认为犯罪嫌疑人对其讯问者及讯问内容的认可；而几乎不看对方则表明试图掩饰自己的表现。[1]

---

[1] 王传波等：《对女性犯罪嫌疑人肢体语言的研究》，载《河南公安高等专科学校学报》2008年第2期。

正常情况下，人们每分钟眨眼的频率为 5—8 次，每次眨眼一般不超过 1 秒。因此如果被讯问者的眨眼频率超过这个正常范围，一则表示其感到了厌烦，二则表示其认为讯问者是在浪费时间①。

有实验证明，讯问中被讯问者瞳孔扩大，炯炯有神而生辉，表示其正处于得意与兴奋状态；瞳孔缩小，神情呆滞，目光无神，眉头紧锁，则表示其正处于消极或戒备的状态②。

讯问中犯罪嫌疑人出现谎言、欺骗时，恰恰是保持目光接触失败之时。说谎的犯罪嫌疑人由于罪责感的影响或者心虚，会在关键问题上尽量避免与讯问人员的目光接触，眼睛多向下看或看着旁边；而诚实的犯罪嫌疑人多可以轻松地保持与讯问人员的目光接触，眼睛是睁大的，目光清澈、明亮、直率③。这背后的原因在于，讯问时的目光多为直接的、面对面的对峙，如果犯罪嫌疑人直视讯问者的眼睛说谎，会使其浑身不自在，而诚实的犯罪嫌疑人则不同，尽管他们有可能心存担忧或恐惧，但他们并不会表现出对其回答的可信性的担心，因为他们的回答是真实的。此外，虽然有实验表明，撒谎的人反而可能增加目光接触，他们会通过更频繁的目光接触表明其无畏的内心。但是诸如前文所述，当你试图控制自己的部分行为时，其他的身体语言信号会留下真相的线索，因而此时的侦查讯问人员也可以通过这些矛盾之处挖掘到隐藏的真相。刻意的目光接触会使眨眼更为频繁并且瞳孔张得更大；有些犯罪嫌疑人在沉默时会闭上眼睛，但不停转动的眼球会暴露出其慌张的内心。

（3）犯罪嫌疑人的头部动作语言、嘴部动作语言表达

侦查讯问人员可以通过言辞和对应的肢体动作之间的不一致，来了解犯罪嫌疑人的真实内心思想。如犯罪嫌疑人在"话说出口之前"或"一开始说话"时，就坚定的摇头或点头，则多表明他或她所言属实；如犯罪嫌疑人在"说完之后"才开始摇头，或一边嘴里说着"是"，而头却在无意识地摆动，那么就表明犯罪嫌疑人在撒谎，他的表现是经过预谋和设计所做出的。

侦查讯问过程中，如果侦查讯问人员发现犯罪嫌疑人把头撇开或者逐步地后移，这表明其对于聆听到的东西感到不愉快、不舒服；而如果犯罪嫌疑人是歪着头在倾听，这多表示对侦查讯问人员所讲的东西有所兴趣，因为这基本是一种不设防的姿势信号，有所隐瞒的人是不会做出这种姿势的。

---

①　②　王传波等：《对女性犯罪嫌疑人肢体语言的研究》，载《河南公安高等专科学校学报》2008 年第 2 期。

③　陈世革：《论犯罪嫌疑人在讯问中的非语言行为》，载《湖北警官学院学报》2008 年第 5 期。

（4）犯罪嫌疑人的其他表情语言表达

许多犯罪嫌疑人在感到害怕或者在编造谎言时，都有一个共同点，就是在肢体上会不自觉表现出一系列的生理反应，比如，浑身哆嗦、手足无措、心跳加快、呼吸急促并开始不断地出汗、脸色发红、不停吞口水及舔口唇等。侦查讯问人员可以通过观察到这些生理现象及程度的变化，并考虑一定的环境影响因素，来推测犯罪嫌疑人的内心情绪变化。

2. 犯罪嫌疑人的动作语言解读

有专家提出，人能发出多达 50 万种不同的身体信号，只用"千姿百态"作比喻已显得苍白无力，任何想将它们分门别类的企图也只能令人失望①。因而，这里仅仅介绍典型的肢体动作语言。

（1）犯罪嫌疑人的腿部动作语言表达

在侦查讯问中，我们会发现犯罪嫌疑人将一只手（或双手）放在一只腿（或双腿）上，然后沿着大腿向下搓至膝盖的动作或者反复按摩腿部的动作。这样的腿部动作语言是值得侦查讯问人员好好观察的，因为搓腿动作是一种典型的安慰行为。它的出现往往能有效地反映出犯罪嫌疑人正处于压力状态下，或者侦查讯问人员正在逼近他不想谈论的问题，他在感到不适。

在侦查讯问过程中，随着讯问问题的推进，如果发现犯罪嫌疑人将自己的双腿频繁地交叉，不停地交换腿脚的姿势，那么这说明了犯罪嫌疑人内心的焦躁和不安。而如果犯罪嫌疑人的两只脚相互交叠，紧紧扣住，那么该典型的动作多表明他正在克制自己强烈的情绪，努力稳住心神。

在侦查讯问中，我们有时能发现犯罪嫌疑人长期保持双腿交叉的姿势，不曾改变。这一般意味着犯罪嫌疑人出现了戒备心理或者准备顽固对抗。注意这个动作需要与因寒冷情况而交叉双腿来保温的动作区别开，因为为取暖的交叉的双腿是保持僵硬的姿势的，并紧紧地贴在一起。

（2）犯罪嫌疑人的手部动作语言表达

侦查讯问人员在与犯罪嫌疑人进行交谈时，如果对方摆出了双臂交叉抱于胸前的姿势，那么我们可以知晓其不赞同我们所说的话或者不想继续这次交谈。此时，侦查讯问人员可以暂停讯问，或者给一些物件迫使其放开双臂，失去安慰支撑；或者专心找出对方摆出这种姿势的原因，对症下药，尽快使对方改变姿势，转变态度。

在侦查讯问过程中，侦查讯问人员与犯罪嫌疑人交谈时，如果发现犯罪嫌

---

① 刘晶：《身势语与非语言交际刍议》，载《牡丹江师范学院学报》（哲学社会科学版）2008 年第 1 期。

疑人把手藏于身后，很少摊开手掌，这也一般暗示犯罪嫌疑人撒了谎，或是隐瞒了什么事情。

（3）犯罪嫌疑人的躯干动作语言表达

躯干动作的表现能反映出犯罪嫌疑人对案件审理中所问的问题的感受和喜好的程度。当犯罪嫌疑人腹侧前置，表明其愿意倾听，信任你；如果身体后倾，那么表明此时对方处于抵触状态，不愿意沟通。

此外，我们也可以通过回答问题时犯罪嫌疑人的肩部运动情况（或是向上大幅度耸动或是缓慢收缩），来判断其回答诚实与否。

（4）犯罪嫌疑人的姿势语言表达

犯罪嫌疑人的姿势也能表明其特定的心理状态。譬如，说谎的犯罪嫌疑人的姿势多呈现防御性的状态。他们要么坐姿不正，偏在椅子的一边，两手紧贴身体两侧，要么以快速的、不自然的姿势迅速变换坐姿，从而最终都是让身体更好地收成一团；而当犯罪嫌疑人对我们所讲的问题有兴趣时，其坐姿又是比较端正的，尽量使自己可以与侦查人员更好地交流；当犯罪嫌疑人对我们的正面问题有所闪避时，其坐姿不会端正，更多呈现侧移状；当犯罪嫌疑人挺直腰板坐在那里，这表现犯罪嫌疑人很自信或对这问题的回答胸有成竹。

（三）侦查讯问人员的身体语言运用

身体语言的运用是双向的，在讯问过程中，侦查讯问人员也可以运用自己的身体语言对犯罪嫌疑人施加影响。

1. 侦查讯问人员的表情语言运用

（1）侦查讯问人员面部表情运用

在侦查讯问过程中，大多数犯罪嫌疑人会观察侦查讯问人员的面部表情，从而判断自己下一步的去向。因此，倘若侦查讯问人员能够合理利用自己的面部表情，那么在很多时候都是能够牵引犯罪嫌疑人的思维，甚至达到出其不意的效果。

当需要对被讯问人的积极配合予以鼓励或增进彼此信任时，侦查讯问人员可以展露微笑，表情和蔼；当需要制造有压力的气氛时，侦查讯问人员可以双眉微收、神情严肃；而当犯罪嫌疑人说谎时，侦查讯问人员也可以不动声色，神情严峻，从而表示对其说谎的蔑视。

（2）侦查讯问人员的眼部语言运用

当对犯罪嫌疑人进行政策交代、教育感化时，侦查讯问人员可以用平和的目光，关爱宽容的视线，与其对视，使其感受到尊重、信任，从而接受讯问方的观点与意见；当需要树立侦查讯问人员的权威，使犯罪嫌疑人承受巨大的心理压力时，侦查讯问人员可以用严肃、坚定的目光与其交流；当需要打破犯罪嫌疑人心里的犹豫，更快地交代案情时，侦查讯问人员可以不失时机地用赞赏、鼓励的眼神去帮助其更快地消除疑虑，做出决定；当犯罪嫌疑人拒不交代罪行的时候，侦查讯问人员可以对其怒目而视，眼睛长时间盯视，从而使其感受到无声的压力和威胁，进而坦白；当犯罪嫌疑人在说谎欺骗时，侦查讯问人员可用轻蔑、冷淡的目光向其发出暗示和警告。

此外，眼睛的闭合也能为侦查讯问人员所利用。侦查讯问人员在聆听犯罪嫌疑人的陈述时，如果对犯罪嫌疑人的交代不满意，可以微闭双眼，来表示对其回答的不屑；如果犯罪嫌疑人继续胡编乱造，可以猛睁双眼来对犯罪嫌疑人表示警告，增加其心理压力。

（3）侦查讯问人员的头部动作语言、嘴部动作语言运用

当犯罪嫌疑人侃侃而谈的时候，我们侦查讯问人员也可假装感兴趣，抬起头颅，听其讲话，从而"鼓励"犯罪嫌疑人继续谈论，因为其编织的谎言越大，就越能露出马脚，有利于侦查讯问人员在最后驳斥和揭露犯罪嫌疑人的谎言，加快突破其心理防线；当犯罪嫌疑人讲述某些真实的情节时，我们侦查讯问人员可以不断点头，来表示对犯罪嫌疑人此种行为的肯定与赞许，鼓励其继续交代；当犯罪嫌疑人试图狡辩或抵抗时，我们侦查讯问人员也可以用摇头的动作对其否定，使其明白狡辩的内容是为我们所不相信或者蔑视的。

此外，侦查讯问人员可以用嘴部动作配合其言语表达，一致地对犯罪嫌疑人传递信息，施加影响。

（4）侦查讯问人员的其他表情语言运用

侦查讯问人员还可以通过自身的鼻子、眉毛等其他表情语言，与面部其他的器官一起配合，增强整体所表达的信息的感染力，以取得更好的讯问沟通效果。

2. 侦查讯问人员的肢体动作语言运用

（1）侦查讯问人员的腿部动作语言运用

对于侦查讯问人员而言，采用叉开双腿的动作是非常有利的。因为并拢的双腿多被认为是一种顺从，而这种类似"我说了算"的叉开双腿的姿势则是绝对权力的表现，所以一旦侦查讯问人员，尤其是女性侦查讯问人员想要树立权威时，这个腿部动作的使用无疑可以帮助我们占到上风。

此外，当犯罪嫌疑人在交代不实信息或编造谎言时，侦查讯问人员可以用轻松的、背离脚步重力方向的抖脚等动作，来表明心里对此是不以为意的，从而表明对其正在编造内容的不屑，进而打压犯罪嫌疑人企图蒙混过关的想法。

（2）侦查讯问人员的手部动作语言运用

在问答式的讯问方式中，手部动作能够增强所要表达的内容，并向犯罪嫌

疑人传递我们的情绪，传达一种信息。譬如，我们可以用双指并拢指点的方式，向犯罪嫌疑人传达我们已经掌握其大量犯罪证据的信息，因而我们才如此信心十足[①]；在需要告诉犯罪嫌疑人犯罪过程中的动作、作案手段等具体内容时，我们的手势又可用来模拟比划，使有声语言更逼真、更有感染力，从而对犯罪嫌疑人施加更大的心理压力。

在某些情况下，侦查讯问人员手势的单独使用，也能对犯罪嫌疑人施加特别的影响。譬如，当犯罪嫌疑人胡编乱造，谎言满天飞时，我们可以采用摆手或双手外推的姿势，对其继续胡扯予以及时制止；当犯罪嫌疑人扰乱正常的侦查讯问秩序时，我们可以用手对其严厉地指点，提出警告；当犯罪嫌疑人心里犹豫，矛盾斗争时，我们可以用温柔的手轻拍其肩膀，对其进行鼓励；当犯罪嫌疑人企图避重就轻时，我们可在听取有关内容时适时地用手敲叩桌面，对其予以提醒和施压。

（3）侦查讯问人员的躯干动作语言运用

侦查讯问人员靠近的躯干能让其与犯罪嫌疑人之间的心理距离拉近，因此，在犯罪嫌疑人的心理动摇阶段，我们侦查讯问人员可以上身微微前倾，以示对其尊重、信任、鼓励；当犯罪嫌疑人面对关键问题选择回避并收缩肩部时，我们可以走近对方，轻拍对方肩膀或把手置于对方肩上等，使其无法退缩，缺乏自我安慰，从而更快地交代问题。

（4）侦查讯问人员的姿势语言运用

坐姿也是信息传达的一种方式。当犯罪嫌疑人狡辩时，坐着的讯问人员可以双臂环抱靠着椅背，从而表示对其语言上小把戏的揶揄；当需要让犯罪嫌疑人感到严肃的讯问气氛，制造很多压力时，侦查讯问人员则多保持端正的坐姿；当需要让犯罪嫌疑人精神麻痹，让其自以为能欺骗侦查讯问人员时，我们可斜坐着，以表示放松，有兴趣地在听；当需要帮助犯罪嫌疑人解脱心理压力，倾听其诉说时，我们则可以拉近椅子，坐在其正面，以示亲近。

3. 侦查讯问中空间语言的具体运用

鉴于空间语言与环境学内容有从属，此处不再重复。

（四）提升侦查讯问人员身体语言运用的训练小技巧

通过对身体语言的相关内容的介绍，为侦查人员解读和运用身体语言提供了一定的理论知识，接下来的，便是需要侦查讯问人员在实际工作中不断地把理论知识转化为真正的身体语言信息解码能力和影响力。当然拥有这种能力非

[①] 万鹏等：《浅论肢体语言在侦查讯问中的运用》，载《法制与社会》2009 年第 36 期。

一日之功，需要长期的训练与验证，但是对于侦查讯问人员来说，还是有若干小方法可以帮助其更快地掌握。

解析身体语言一般是分为四个步骤的，即审视、评估、分析、判断。也有人把这个方式形象地称为 R. E. A. D. 的系统。把握好这四个步骤，提高这四个方面的能力能够帮助侦查讯问人员更好地观察和理解每个人的身体语言。

1. 训练审视力（观察力）的技巧

（1）训练审视力的专业技巧

观察力的高低对于侦查讯问人员能否快速掌握身体语言运用十分重要。

身体语言的外在表现是多种多样的，我们不可能发现所有的身体信号。从前文的讲述中，我们知道，要掌握身体语言，最主要是学会舍弃，在心中明确一条主线："我要找什么样的身体语言行为"及"它们能揭示什么样的重要信息"。那么培训自己这方面的能力，首先，从专业的方式，我们在职务犯罪侦查中用现有的现代声像设备去记录犯罪嫌疑人或证人、被害人的身体语言，进而加以重复研究。其次，电影电视的摄像录像设备，可以多角度地把人们身体运动过程记录下来，而且还可以通过重放、定格、慢镜头的方法，去分析研究运动过程中的每一个动作，因而有利于侦查讯问人员积极地加以运用。在我们录像时要特别注意记录人们的面部表情。因为面部肌肉运动而组合成的身体语言"语汇"最多。再次，世界上不同语言、宗教、文化程度以及种族的人，其面部表情的含义都大致相同，且几乎不受环境构成要素的影响。最后，面部表情可以在 0.4 秒内发生变化。通常情况下短于 0.4 秒时则完全不能引起人们的注意，所以也只能利用现代摄录像技术来加以记录和研究。

（2）训练审视力的生活技巧

一般来说，侦查讯问人员可以在日常生活中，每天至少花 30 分钟左右的时间，来仔细观察和研究他人的身体语言，同时有意识地体会一下自己的各种姿势。一切有人会晤、交谈、不停来往的地方，是观察他人"体语"的最佳场所，如车站、码头、港口、商场、宴会场所等，其中车站尤其适宜这样做。在那里，你可以清楚地看见众多没有经过伪装的姿势，如忧伤、痛苦、烦躁、郁闷、匆忙、愉快、热心等。

此外，要学会做个称职的观察者，其中最有效的方法之一是"回想游戏"。你可以在任何时间、任何地点练习。例如，选定一个场景后，你仔细地观察一遍，然后闭上眼睛，回想一下，刚才你都看到了什么，东西的位置、状态如何等，越详细越好。然后再睁开眼睛，看看哪里看错了，哪里有遗漏。然后再反复练习，直至画面清晰无比。时间一久，如此锻炼，你的观察力便能得到迅速的提升。

2. 训练评估力、分析力的技巧

一般而言，当人们的观察力提高后，接下来，就是需要去评估有用的线索，分析有用线索所可能具有的含义。最开始，身体语言信号可能是具有多种解释的，但是随着相应的评估力、分析力锻炼得越强，时间训练得越久，众多释义中最正确的含义也就会越快地靠近我们。

（1）训练评估力的专业技巧

从专业的角度，侦查讯问人员要提高这种评估力，可以先从确立一套对自己而言既有意义又可靠的科学模式开始。对身体语言的释义不是仅靠收集了所有有用的数据后就自然可以知晓的，它不是材料数据的简单罗列，侦查讯问人员需要尽可能地检视各种不同的线索，仔细筛选、衡量，挑选出对自己有意义的。并且当侦查讯问人员评估某人时，哪个线索最重要，则要视环境和侦查讯问人员对这层关系的需求而定。因此，侦查讯问人员倘若为自己创立一套信赖的专业的模式，按照科学的步骤前进，那么就可以在收集了足够多的关于犯罪嫌疑人的数据后，更快地走出零零碎碎的线索，很好地提高身体语言解码的流畅性，从而真正地呈现一个人。打个比方，所有拼过图的人都知道：要是不运用某种逻辑的话，没有人能坐在桌前胡乱玩弄上千个小图片而还能拼对一个的。这套科学的评估流程就是一个拼图逻辑。

（2）训练分析力的生活技巧

前文中，我们介绍了"回想游戏"的小方法，用以锻炼你的观察力，那么当你观察完周边环境之后，可以进一步问问自己，你所观察的画面代表的是什么意义？这能够进一步增强你的分析力。

电视或者摄像机也同样可以成为我们学习肢体语言的好帮手。当我们看电视或者摄像机的时候，可以将声音关至最小，尝试着只通过观看电视画面去理解剧情。然后，再将音量调高，检查自己对剧情的推测和判断是否准确。通过这样的锻炼，很快，你就会发现自己完全可以像聋人一样，即使是在没有声音的情况下，也能够理解电视节目的全部内容。

3. 训练判断力的技巧

观察、评估、分析后，最后一个步骤，便是作出一个合理的、较肯定的判断。唯有做出了倾向性的判断，侦查讯问人员才能找到侦查讯问的大方向，才能知道下一步该如何进行。但有时准确的判断力的形成并非易事，更非一日之功便可达成。因此，笔者通过一些与身体语言相关的训练判断力的技巧介绍，以期能够帮助侦查讯问人员更快地做出判断，更好地辨明真相。

（1）测心术

测心术的原理是：如果你怀疑某个人，不要质问对方，而只需要给予暗示，表明你已经对某些事产生了怀疑①。然后看他或她的反应，你就能知道他或她是否对你有所隐瞒。

测心术的具体方法为：侦查讯问人员跟犯罪嫌疑人提及一个敏感话题，不带半点指责的语气。这时侦查讯问人员就开始观察，看犯罪嫌疑人是否一直泰然自若，并且对这个话题感兴趣。因为无罪的人对此类的问题通常不敏感，或者心里比较自信从而不在乎，表现得比较坦然。但是，如果犯罪嫌疑人有意回避这个问题，或者试图转移话题，那就表明这个话题对其有所刺激。因此，有所隐瞒的人总是害怕在此类问题上纠缠，即清白的人多想继续讨论，而心虚的人往往想改变话题。一旦侦查讯问人员转移该话题了，注意观察，也许你能发现犯罪嫌疑人显得比较开心，其姿态也显得更加放松、更少防备。

（2）"寻呼碰壁"技术

如果侦查讯问人员想要知道犯罪嫌疑人是否十分了解某些特别的事或人，那么便可以利用"寻呼碰壁"技术。这个技术依据的是心理学原理：一个人对从未接触过的事情没有兴趣偏向性②。打个比方说，如果一个人从来没听说过张三、李四或王五，那么就不会对他们中的任何一个人产生更大的兴趣——他们是平等的。相反，他的注意力会自然而然地对他最熟悉的事情产生反应。假如说，三人中他只认识李四，当李四的名字被提及时，他或许瞳孔会放亮，或许一直耷拉的眼皮会迅速抬起来等，他会给予更多的关注。

该技术的具体操作为：侦查讯问人员可以在面审犯罪嫌疑人时，向其陈述所知的一些信息，但在其中可以有意地改变一条可能会使犯罪嫌疑人获罪的重要线索。此时悄悄地观察，看犯罪嫌疑人是否本能地把注意力放在了这条重要线索上，呈现了与一般没反应时所不一样的神态，诸如注意力更集中、瞳孔放大等。如果是异于正常反应的，那么侦查讯问人员便可以大胆推测他可能就是罪犯或者知道些什么信息。如果他是清白的，那么他对整个陈述中的虚假情况必定是不清楚的，因而也就不会有多余的身体语言信号。

（3）"好奇心"技术

"好奇心"技术基本的原理是：对某事或某人感兴趣的人比起不感兴趣的人来说，会想得到更多的信息③。因而可以说好奇心是能够泄露人们内心的秘密的。

因此只要侦查讯问人员和犯罪嫌疑人交谈，并利用这项技术，那么便能够

---

① 孙晓菲：《教你五分钟看穿别人》，载《人力资源》2010 年第 2 期。

② 参见 http://www.douban.com/group/topic/17483058/。

③ 参见 http://hi.baidu.com/acumen/blog/item/4878cfea068e0。

对犯罪嫌疑人对于什么感兴趣而有个深入的了解。"好奇心"技术的实施步骤为：第一步：初步观察。侦查讯问人员可以在你说或是做任何事情之前，判断犯罪嫌疑人表现的兴趣浓厚程度。第二步：现实转换。侦查讯问人员向犯罪嫌疑人介绍一些信息，让其相信自己能获得某种想要东西的机会减少了。第三步：观察反应。侦查讯问人员此时需要观察犯罪嫌疑人的行为。如果他变得烦恼或是困扰，这说明其很可能是感兴趣的。然而，如果他的机会减少了，但他看上去并没有感到紧张忧虑，这时侦查讯问人员便可以确定他并不是特别的感兴趣。第四步：不受限制。在侦查讯问中，有时犯罪嫌疑人内心认定自己不可能有获得某种东西的机会了，因此，不会表现出懊恼的表情。为了避免理解错误，侦查讯问人员可以采用另一种"战术"，即进一步告诉他如何能够得到他想要的。再观察，如果他表现得很激动，你就能得知，其实他是很感兴趣的，只是不相信自己能够轻而易举地获得。

（4）"舒适与不适"技术

在读懂和使用身体语言的过程中，可以说有许许多多的小技巧来引导侦查人员去认识犯罪嫌疑人的真实情绪，但是，在身体语言交流中无疑有两个基本的立足点值得我们去掌握，即舒适与不适。人们的行为大多数都归为这两类，即舒适行为和不适行为。当人们内心感到舒适时，这种精神或心理上的幸福就会反映在身体语言行为上，具体表现为满足和高度自信。然而，当人们内心感到不适时，相应的身体语言就会表现出压力或极度不自信。因此侦查人员学会准确地解读人身上的舒适与不适线索，能够帮助自己译解犯罪嫌疑人的肢体和大脑真正想传达的信息。

掌握区分舒适与不适的方法其实是非常简单的，比如当侦查讯问人员对犯罪嫌疑人的某一行为的意义产生怀疑时，不妨设身处地地问问自己，该行为看起来舒适（如有没有满足感、幸福感或松弛感）还是不舒适（如显示出不高兴、不幸福、有压力、忧虑或紧张）？此外，侦查讯问人员也可以通过发现安慰行为来区分舒适与不适，因为安慰行为一般都发生在一个人遇到某种令人感到压力的事情之后，即主要是在不适的时候出现的，常用以缓解人们的不安、紧张等情绪，并且压力或不适感越强，安慰行为的发生率越大。常见的安慰行为有：触摸或按摩颈部、深呼吸、通气行为、脸部安慰行为、摩挲大腿等。

（五）身体语言在职务犯罪侦查讯问领域的推广运用和完善

身体语言的研究和运用在职务犯罪侦查领域尚处于初步实践探索阶段，虽然全国各地很多检察机关已经开始运用身体语言辅助职务犯罪侦查讯问工作，取得了一定的成效并且积累了一定的经验，但是在全国检察机关内部并未形成对身体语言的运用有统一的认识，也未引起足够的重视，相当一部分侦查人员对身体语言这种新型的侦查辅助手段缺乏深入的了解，没有意识到身体语言运用的推广价值和对侦查讯问的重大意义。全国检察机关对科技力量的投入及专门人才的培养参差不齐，也一定程度上影响了身体语言在职务犯罪侦查领域运用的推广完善。因此，笔者提出一些建议，检察机关应该从以下几个方面加大建设力度：

1. 加强侦查人员对身体语言的理论学习及实践应用的培养

身体语言的运用和传统的讯问方法，都具有丰富的心理学知识，相比而言，身体语言涉及的心理学知识更加的复杂和细致，因此检察机关应该加强侦查人员对相关理论及实践应用的系统培训学习。可以在检察机关内部成立专门的部门，负责身体语言的培训及研究工作，通过与一些科研单位及知名学者的合作，借助相应的微反应训练工具，建立起一套适合培养检察机关身体语言微反应应用技术人才的机制，并且在实践中检验，不断增强对身体语言微反应应用技术的理论研究，提高侦查人员在职务犯罪侦查中的实战能力。据笔者所知：2011 年，昌平区检察院与姜振宇博士领衔的中国政法大学中国法律信息中心正式开展了心理应激微反应课题的合作，开启了将身体语言的微反应应用技术应用于职务犯罪侦查工作的实务探索，并在实践中摸索一套适合检察机关侦查工作实践的身体语言微反应应用技术规范流程。

2. 加强检察机关的科技力量

身体语言的应用除了需要高素质的侦查人员外，还需高科技的技术设备给予支持，如高清摄像设备、逐帧回放技术、大容量存储设备等，因此，检察机关应该逐步增加高科技设备的投入，加强科技力量，为身体语言在职务犯罪侦查领域的顺利运用和发展提供技术保障。

3. 建立身体语言微反应视频资料库，不断补充样本、积累经验，为发展和完善该项技术提供实证支撑

身体语言的分析是建立在对大量不同微反应的对比研究的基础上的，简单少数的身体反应对比，不利于侦查人员准确地对犯罪嫌疑人的身体语言作出判断。建立身体语言微反应视频资料库，不断补充样本，可以大大提高身体语言微反应识别的效率及准确率。相对比现有的一些标准微反应数据库，职务犯罪领域的微反应视频资料更具有借鉴作用，更合职务犯罪侦查的需要，因为职务犯罪侦查的对象是特定的人群，对这些特定的人特有的属性采集到微反应视频资料，更具有针对性及代表性，更符合职务犯罪分子的一些特性，从而有利于职务犯罪侦查工作。因此，检察机关要加强对微反应视频资料的存储与研究，利用同一的标准格式采集相关视频，并详细地分类编码储存，建立起微反应视

频资料库，不断补充样本、积累经验，为更好的研究微反应及职务犯罪侦查服务。

4. 构建职务犯罪侦查领域身体语言微反应识别体系

在职务犯罪侦查领域，面对的都是社会上有一定身份的高智商犯罪分子，要想对这个特殊人群进行准确的身体语言识别，除了上述提高侦查人员的身体语言应用技术知识、加强科技力量以及建立视频资料库外，构建职务犯罪侦查领域身体语言微反应识别体系至关重要。职务犯罪侦查领域识别体系是检察机关对案件初查、接触犯罪嫌疑人、准备有效刺激源、加压刺激、捕捉分析、有效识别指导侦查等各个方面，进行科学合理安排，从而达到高效、准确地识别犯罪嫌疑人的身体语言反应的体系。职务犯罪侦查身体语言反应识别体系的构建，将有利于侦查人员规范、有序地应用身体语言反应应用技术，也有利于身体语言反应识别的准确率的提高。

5. 完善相应法律法规

正所谓无规矩不成方圆，身体语言运用的健康发展需要相应的法律法规对其进行约束。作为新型的侦查技术，身体语言的应用技术也应该纳入侦查技术的管理规范之中，并且针对身体语言应用技术的特殊性，制定特定的规范，使身体语言应用技术在职务犯罪侦查领域的应用有法可依，有利于其规范、快速地发展。

第四章　镜头下的职务犯罪侦查讯问的谋略学研究

谋略，是指计谋、策略。凡是带有对抗性、竞争性的活动，都具有谋略要素。军事斗争如此，政治斗争亦如此，刑事案件侦查要讲谋略，侦查讯问也离不开谋略。

侦查讯问是侦查人员与犯罪嫌疑人心理上的较量，一方要隐瞒另一方要去揭露，一方要狡辩另一方要去批驳，是一个斗智斗勇的过程，是一个博弈的过程。侦查讯问谋略就是指侦查讯问的计策和谋略，是指根据讯问的目标和情势而采用的用以突破犯罪嫌疑人心理防线的行动方针和方法。

镜头下职务犯罪侦查讯问对讯问谋略的运用提出了更高的要求。在以往的办案过程中，多数侦查人员能娴熟地综合运用各种讯问谋略和手段，击垮犯罪嫌疑人的心理防线，获取其供述。全程同步录音录像使得讯问的过程公开、透明，特别是法律规定的禁止"以威胁、引诱、欺骗等非法方法收集证据"的界定模糊，侦查人员在讯问中难免出现心理负担：和风细雨式的讯问怕招引诱之嫌，声色俱厉的讯问又恐担逼供之名。侦查人员缩手缩脚，严重影响了讯问谋略的运用。因此，对镜头下职务犯罪侦查讯问谋略展开研究具有重要的理论和现实意义。

一、镜头下的职务犯罪侦查讯问谋略的心理学基础

（一）供述的心理学原因

侦查讯问的目的是获取犯罪嫌疑人真实、完整的供述，无论是有罪、罪重的供述抑或是无罪、罪轻的辩解。但是理想与现实通常充满了矛盾和无奈。侦查人员在讯问中通过谋略、方法的运用，千方百计要让犯罪嫌疑人开口，如实地供述自己的罪行；而犯罪嫌疑人则会利用各种反讯问的手段，想方设法隐瞒罪行。在这场充满智慧和狡诈的博弈中，讯问人员要想取得最终的胜利，需要对犯罪嫌疑人的供述心理有透彻的理解。

美国学者丹尼尔·南和亚历克斯·斯戴尼用博弈论的原理分析侦查讯问双方的处境时，认为有罪的犯罪嫌疑人在刚开始接受讯问时由于处于信息不对称

状态，相对于讯问的另一方（讯问人员）要首先做出自己的决策，即必须在坦白、沉默和说谎三者之间做出抉择。犯罪嫌疑人因此面临着三难抉择，即"首动困境"。坦白将意味着面临刑法处罚，经验数据表明绝大多数的犯罪嫌疑人希望获得释放而开脱罪行。一般来说，犯罪嫌疑人只在面对他认为存在不可辩驳的证据或者侦查人员提出诱人条件时才会坦白罪行。[①]　只要犯罪嫌疑人先行抉择，不论是沉默或是说谎，都会将自己的信息暴露给讯问人员。

不管是有罪和无罪的犯罪嫌疑人，在讯问的初期保持沉默是常见的。有罪的犯罪嫌疑人坚信"言多必失"，认为不说或少说是保护自己最简单也是最有效的方法；无罪的犯罪嫌疑人之所以会保持沉默，因为他有"被陷入罪"的担心，不说或少说或许是最明智的选择。在讯问实践中，有罪犯罪嫌疑人保持沉默的比例要远高于无罪的犯罪嫌疑人。

坦白意味着犯罪嫌疑人形成供述动机、交代罪行。讯问实践证明，尽管犯罪嫌疑人交代了罪行，但一方面这种供述动机具有不稳定性，还会出现反复，亦即会出现"翻供"现象；另一方面这种供述还具有不"彻底性"，犯罪嫌疑人还会想方设法"少供"。坦白的动因在于犯罪嫌疑人认为坦白的收益大于说谎与沉默的收益时，才会倾向于选择坦白。犯罪嫌疑人这种认知过程受如下因素的影响：第一，案情暴露程度。如果犯罪嫌疑人有讯问人员掌握确实、充分证据的判断，通常会倾向于认为抵赖没有任何意义，如实供述会给自己带来更多的"收益"。第二，供述的好处。犯罪嫌疑人在形成供述动机前，会理性权衡供述的"利"和"弊"。如果供述会得到从轻或减轻处罚的好处，而且其幅度在其可接受的范围内，多数犯罪嫌疑人会选择供述。第三，讯问环境的影响。讯问环境是影响犯罪嫌疑人做出供述与否选择的重要因素。为给犯罪嫌疑人营造与外界隔绝和失去控制力的感觉，在讯问室的选择与布置上应是安静、单调、严肃的。犯罪嫌疑人心理上的孤独与无助，有助于其供述动机的形成。第四，犯罪嫌疑人坚守秘密的意志力。意志力是人们为达到既定目的而自觉努力的程度或坚强的意志品质。研究表明，一个人要想完全坚守秘密不向任何人透露，需要极强的意志力，通常情况下很难做到。人坚守秘密的意志程度与其个性和社会阅历有密切联系，个体之间有较大的差异。值得注意的是，基于自我保护的本能，犯罪嫌疑人即便选择了坦白，亦会在讯问中或后出现"少供"甚至"翻供"现象。

犯罪嫌疑人在讯问中说谎，用谎言欺骗讯问人员是讯问的规律之一。讯问

---

① 　Daniel J. Seidmann and Alex Stein, "The Right to Silence Helps the Innocent: A Game – Theoretic Analysis on the Fifth Amendment Privilege", *Harvard Law Review* (2000): 114.

中的谎言可以分为积极构建型谎言和消极应对型谎言。由于紧张等原因，犯罪嫌疑人没有经过周密思索而构建的谎言为消极应对型谎言。这种谎言不成体系，对讯问人员不具有迷惑性，只是出于自我维护的应激性反应，比较容易识别。此时犯罪嫌疑人"惜字如金"，经常采用极其简单的言语如"不是""没有""不知道""不是我干的"等来掩饰自己内心的恐慌。此种状态下的嫌疑人的心理弱点多，很容易被侦查人员突破防线。另外一种为积极构建的谎言。面对侦查人员提出的问题，犯罪嫌疑人需要积极主动地构建谎言来摆脱自己与案件的关系，不论侦查人员是否确实获取了有效的信息。这种谎言的目的性很强，需要犯罪嫌疑人较长时间的艰难的心理构建，并需要经过其内心的反复论证。这一阶段犯罪嫌疑人的心理有一定的顽固性，言辞激烈、强硬、顶撞，思维活动集中于如何圆谎，甚至幻想以"主动供述"骗取侦查人员对其产生好感。此时如果侦查人员还未收集到较为充分的证据，犯罪嫌疑人就会获得博弈的主动权。在接下来的讯问中犯罪嫌疑人侥幸心理会更加强烈，再次说谎的概率大大增加，以试图成功蒙混过关，逃避法律的制裁。①

说谎意即欺骗，指的是以虚假的言行掩盖事实真相，是为了个人利益歪曲或否认事实的选择性行为。其动机是"逃避"——逃避供述的后果。从心理学角度分析，说谎会引起内心的冲突，其结果是挫折和焦虑。焦虑是由紧张、焦急、忧虑、担心和恐惧等感受交织而成的一种复杂的情绪反应。焦虑总是与精神打击以及即将来临的、可能造成的威胁或危险相联系。当犯罪嫌疑人逃避法律追究的理想与遭受讯问的现实不一致的时候，焦虑就会出现。焦虑的出现通常会有如下具体原因：第一，信息的不对称。犯罪嫌疑人对侦查机关是否掌握其犯罪的证据以及掌握多少不了解，行贿人是否交代不知情，单位、朋友、亲人是否知道其目前的状况，家人是否因此受到牵连或影响，社会关系可能会对自己做出何种评价，是否有人愿意出面为其摆脱困境不确定。信息的不对称，必然引发犯罪嫌疑人心理上的焦虑。第二，后果的不可预见性。由于信息的不对称加之法律知识的欠缺，对自己行为是否构成犯罪、构成什么样的犯罪以及会面临什么样的刑罚无法做出判断或预测。焦虑会使犯罪嫌疑人主观上感到紧张、不愉快，甚至痛苦和难以自制，并伴有植物性神经系统功能的变化或失调。因此，虽然犯罪嫌疑人希望逃避供述的法律后果，但他并不希望以增加紧张或痛苦为代价换取这样的结果。犯罪嫌疑人通常会在供述的后果与欺骗所带来的焦虑之间徘徊，如果选择前者，他就会供述；如果选择后者，他就会继

---

① 王航：《侦查讯问博弈中犯罪嫌疑人心理研究》，载《河南公安高等专科学校学报》2010 年第 1 期。

续说谎。从这个意义上说，讯问谋略方法的运用，就是要减少犯罪嫌疑人对供述后果的感知，同时增加与欺骗相关联的内心的焦虑。

（二）讯问谋略的心理学基础

焦虑是一种负面情绪和消极情绪，但适度的紧张和焦虑在某些时候却是必要的，它会使个体采用积极的行为，摆脱紧张和焦虑带来的困扰。"适度的焦虑情绪还有预警作用，它使人们能够保持适当的警惕。轻微的焦虑情绪是有意义的，它能促进个体的社会化和对文化的认同并推进个体人格的发展。"[①]

因此，让犯罪嫌疑人感受到一定程度的紧张和焦虑，是讯问所必需的。如前所述，犯罪嫌疑人面对讯问有三种选择：坦白、沉默或说谎。不管做出何种决定，都是一种理性的选择行为。正常人都是理性人，犯罪嫌疑人亦如此，也具有作为人所具备的基本道德观和价值观。因此，也会坚持"趋利避害"的行为决策原则。但是，这种"选择"不是基于犯罪嫌疑人的冲动自发完成的，而是讯问人员在讯问中通过一系列主动、积极的语言、行为的影响，即讯问谋略、方法的运用帮助犯罪嫌疑人做出选择。利用犯罪嫌疑人的紧张、焦虑实施讯问是对讯问时机的把握，在心理学的应用上可采用如下方式。

第一，减轻后果感知。由于减少焦虑是犯罪嫌疑人在讯问期间所期望达到的目标，大多数犯罪嫌疑人非常愿意对其犯罪行为做出合理解释或找到借口。[②] 因此，对犯罪嫌疑人的行为给予充分的同情、理解，进而降低其罪责感来帮助犯罪嫌疑人正视现实，以此转化犯罪嫌疑人的拒供心理。对此，美国刑事司法学界和警察科学界的著名学者弗德雷·英博有较深入的研究，他认为减轻后果感知的方法有：（1）通过说明任何人在相似的条件或情况下都有可能干出同样的事来表示对嫌疑人的同情；（2）通过降低对犯罪行为的道德严重程度的评价来减轻嫌疑人的有罪感；（3）为犯罪行为提出一种比已知或推断的更容易在道德上被人接受和不太令人憎恶的动机或原因；（4）通过指责他人（如受害人、同案人等）来表示对嫌疑人的同情；（5）用适当选择的恭维之词唤起嫌疑人的自豪；（6）指出控告人或受害人言过其实或夸张事件本身性质和严重程度的可能性；（7）向犯罪嫌疑人指出继续其犯罪活动的严重后果和徒劳无益。[③] 一方面，可以通过讯问语言来减轻犯罪嫌疑人的后果感知；但另一方面，语言的不当运用，亦会加重犯罪嫌疑人的后果感知。比较典型的是讯问中的"忌讳语"的使用，如贪污、受贿、行贿等，在犯罪嫌疑人做出

---

① 常彦梅：《大学生焦虑情绪及其影响因素研究》，大庆石油学院 2008 年硕士学位论文。
② 弗德雷·英博：《审讯与供述》，何家弘译，群众出版社 1992 年版，第 386 页。
③ 弗德雷·英博：《审讯与供述》，何家弘译，群众出版社 1992 年版，第 386 页。

供述之前，应避免使用。

第二，增加焦虑体验。一是进行风险提示。法律的公正和威慑力可以扩大犯罪嫌疑人对风险的认识，风险提示的目的在于利用法律风险的天然压力增加犯罪嫌疑人的焦虑与恐惧，减少其认知加工中的决策选项，使其领会天网恢恢、疏而不漏的必然性，进而认可说实话才是唯一选择的判断。风险提示注意强调所有犯罪都要接受法律制裁的必然性，强调所有犯罪都必然存在痕迹的客观性，并对拒绝合作给犯罪嫌疑人造成的不利风险进行特别说明。二是榜样提示。利用观察学习的原理通过向犯罪嫌疑人介绍类似的已决案件，进一步强调不合作的风险和合作的收益。三是收益提示。担心是犯罪嫌疑人在紧张、焦虑、恐惧状态下无法做出正确决策的主要原因，而每一种担心的背后都隐含着对损失性挫折和目标挫折的恐惧，也就是害怕因为供述给自己已经获得和将来可以获得的利益可能造成损失。在强调风险的不可避免之后，必须给犯罪嫌疑人指出其获益的途径，将其试图维持现状以规避风险的认知向通过供述以维护利益的方向转移。①

无论是犯罪嫌疑人感知的后果还是焦虑，都可以通过讯问人员的讯问谋略、方法的运用予以改变。讯问谋略、方法的运用，就是要减少犯罪嫌疑人对供述后果的感知，同时增加其内心焦虑。焦虑的增加，并不是要求讯问人员在讯问中刑讯逼供、威胁犯罪嫌疑人；同样，减少犯罪嫌疑人对后果的感知，并不意味着做出宽大处理的许诺。

二、镜头下的职务犯罪侦查讯问谋略的要求

(一) 合法性

我国刑事诉讼法对讯问中的谋略方法的运用设置了禁止性规定。第五十条："……侦查人员必须依照法定程序，收集能够证实犯罪嫌疑人、被告人有罪或者无罪、犯罪情节轻重的各种证据。严禁刑讯逼供和以威胁、引诱、欺骗以及其他非法方法收集证据，不得强迫任何人证实自己有罪……"第五十四条："采用刑讯逼供等非法方法收集的犯罪嫌疑人、被告人供述和采用暴力、威胁等非法方法收集的证人证言、被害人陈述，应当予以排除……"讯问的本质决定了讯问人员与犯罪嫌疑人是对立、冲突的。尽管在这种对抗中，有时候是非暴力的，即依靠法律和政策的力量，以论辩的形式进行攻防拼杀；但多数情形下，讯问双方为达到"攻""防"的目的，尽力发挥自己的主观能动

---

① 马凯、宗会生：《审讯方法及其心理学原理》，载《中国刑事法杂志》2010 年第 1 期。

性，想方设法破坏对方目标的实现，而使对抗结局符合自己的意愿，这就是所谓的"活力对抗"。双方在对抗中"计谋"的运用，目的是战胜对方，讯问充满了心理上的较量。讯问人员在用谋略去制伏犯罪嫌疑人的同时，应当遵守法律的规定，不能跨越法律的底线。

侦查实践表明，在我国的职务犯罪案件的讯问中，刑讯逼供的做法得到有效的遏制，尽管在个别地方、个别场合还有一定程度的存在。由于职务犯罪案件的特殊性，以及对法律禁止性讯问方法的理解的偏差，以威胁、引诱、欺骗方法收集犯罪嫌疑人供述的情况在实务中运用很常见。所以必须厘清的问题是：威胁、引诱、欺骗到底是讯问谋略还是法律所禁止的非法讯问方法。

1. 威胁

威胁是指讯问人员以武力或者言辞恫吓、胁迫犯罪嫌疑人，使之屈服招供的讯问方法。具体来说有如下几种情况：一是对犯罪嫌疑人直接使用暴力相威胁；二是以损害犯罪嫌疑人近亲属的某种利益相威胁；三是以某种法律上的不利后果相威胁。以暴力的手段进行威胁应该严格禁止，这种方法侵犯了犯罪嫌疑人自由陈述的权利；以犯罪嫌疑人的无辜亲友作为筹码进行威胁应受到限制，亲情是亲属之间特殊的感情，犯罪嫌疑人为了保全亲人不受危害，极有可能做出虚假的供述；如果以政策和法律允许范围内的不利后果进行威胁，是一种风险提示，则具有道德上的合理性，不能认为是非法的。

2. 引诱

引诱即引供和诱供的合称。引供是指讯问人员按照自己的主观推测或者假设引导犯罪嫌疑人供认问题的讯问方法。常见的引供有明引和暗引两种，不论是明引还是暗引，都是讯问人员将自己的主观推测或者假设强加于犯罪嫌疑人，犯罪嫌疑人没有回答的自主性和独立性，其极有可能"顺杆爬"违心承认讯问人员所提问题，这种讯问方法应予以禁止。在实务中，在犯罪嫌疑人存在记忆障碍的情况下，讯问人员通过类似"引"的方式帮助其回忆和陈述有关案件事实的情况并不少见，此时，犯罪嫌疑人有充分的回忆与回答的自主性。这种"唤醒记忆"的做法和引供有质的区别，不能相提并论。诱供是讯问人员以给犯罪嫌疑人某种不可能实现或者不准备实现的许诺为诱饵，套取其口供的讯问方法。诱供的实质是提醒犯罪嫌疑人对供与不供进行现实的利益权衡。我国刑事政策之一的"坦白从宽，抗拒从严"便是一种在讯问中常见的具有"诱"性质的讯问方法。这种讯问方法的合法与否，取决于讯问人员许诺的内容是否为法律、政策所允许。如果是，则是合法的。

3. 欺骗

欺骗是指为了达到某种目的，以虚假事实促使他人产生错误认识的讯问方法。讯问中常用的欺骗谋略有：（1）制造错觉。是指讯问人员有意传递某些信息给犯罪嫌疑人，让其产生证据已被掌握的错误判断。（2）离间。讯问人员通过语言或一定场景离间共同犯罪嫌疑人之间的关系，达到分化瓦解的目的。（3）虚构证据。虚构能让犯罪嫌疑人信以为真的所谓证据，逼犯罪嫌疑人就范。讯问是讯问双方心理上的较量，在此过程中，不论是讯问人员还是犯罪嫌疑人都会有"计谋"的运用，而计谋天然含有"欺骗"的成分。欺骗性的讯问方法仅是讯问人员对犯罪嫌疑人施加的心理上的影响，并没有对犯罪嫌疑人的自由陈述构成侵害。对一个无辜的人来说，不管讯问人员如何"欺骗"，都不会产生"证据已被掌握""同案犯已交代"等"错误判断"。因此，不应对讯问中的欺骗性方法的运用做出过多的限制。当然，在实际运用中，对欺骗性讯问方法导致虚假供述的可能性要有足够的警惕。

《刑事诉讼法》第五十条，禁止采用刑讯逼供、威胁、引诱、欺骗的方法收集证据，此时的证据既包括实物证据，也包括言词证据。但第五十四条规定的言词证据的收集，只提到"刑讯逼供"方法的限制，没有如第五十条还有"威胁、引诱、欺骗"。从技术层面分析，笔者认为，这不仅仅是立法上多几个字、少几个字的问题，而是体现了立法者的一种态度：在讯问中，适度的威胁、引诱、欺骗具有一定的合理性。因此，对威胁、引诱、欺骗性的讯问方法，不能一概禁止，也不能一概承认其合法性，应该加以甄别，区别对待。从国外的侦查实践来看，适当地使用"威胁、引诱、欺骗"也是客观存在的。美国是一个以"人权自居，崇尚程序公正"的国家，他们的警察在讯问中也常常运用谋略来获取犯罪嫌疑人的供述。

（二）科学性

职务犯罪侦查讯问谋略是多种科学理论和方法的综合运用，是科学的思想方法和工作方法。从宏观上而言，侦查讯问谋略有深厚的哲学基础，是哲学辩证思想和思维方法的具体体现，它不同于主观臆断和随意猜想，而是从实际出发，对具体问题具体分析的结果。从理论渊源上考察，职务犯罪侦查讯问谋略是职务犯罪侦查讯问实践经验的高度概括和总结。[①]

1. 心理学、语言学、行为学等学科的科学原理是职务犯罪侦查讯问谋略的理论基础

从科学依据上分析，职务犯罪侦查讯问谋略与心理学、语言学、行为学等学科有非常密切的联系。如前所述，侦查讯问谋略的运用是建立在对犯罪嫌疑

---

① 任惠华主编：《职务犯罪侦查实务》，中国检察出版社 2010 年版，第 31 页。

人心理的准确把握的基础之上，利用其心理上弱点，或"攻心为上"，或"声东击西"，或"攻其不备"，或"将计就计"。讯问语言是讯问谋略的直接体现，它是与犯罪嫌疑人进行交流的主要媒介，是与犯罪嫌疑人建立心理联系的基础，任何一种讯问方案与构想都离不开讯问言语的表达。讯问人员通过言语表达，向犯罪嫌疑人输出、传递一定的信息，犯罪嫌疑人通过对讯问人员言语的理解，接收信息，引起被讯问人的思维、情绪、情感、意志等一系列心理活动，进而导致态度和行为的转变。讯问言语的表达形式，决定着犯罪嫌疑人对语言信息的理解程度，讯问言语的内容决定着犯罪嫌疑人心理变化的方向和进程。行为学认为，每一个人都有自己的行为特征。犯罪嫌疑人在讯问中使用谎言来对抗讯问是一种规律，使用谎言的这一类人因而具有了其独特的行为表征，同时讯问人员为了贯彻讯问的谋略意图，亦会使用特定行为对犯罪嫌疑人施加影响，对此，我们可以称之为讯问中的非语言行为。一方面，讯问人员可以运用手势、表情、体态、空间位置，可以把讯问内容表达得更直观、具体、生动、形象，从而增强语言的感召力，充分体现讯问意图，有效控制犯罪嫌疑人心理，促其心理防线迅速崩溃。另一方面，犯罪嫌疑人的非语言行为能够反映出其正在说谎或试图欺骗讯问人员，从理论上说，犯罪嫌疑人会更关注自己的言语内容，担心自己的言语失误会被讯问人员抓住"把柄"，而对自己非言语行为重视不够，甚至极少去控制自己的非言语行为。犯罪嫌疑人的面部表情、目光接触、身体运动、坐姿等就会更加真实地反映出心理活动，为讯问人员分析、判断、识别谎言提供依据。

2. 犯罪嫌疑人心理特点和规律是制定和运用侦查讯问谋略的客观依据

职务侦查讯问谋略的制定和实施，是讯问人员根据现有证据、所处时机、场所、自身条件等因素，特别是犯罪嫌疑人心理特点和规律，做出的最优化分析、判断的思维过程。心理学研究表明，人对与自己有关的事情都非常敏感。一般来说，犯罪嫌疑人实施犯罪后，无不担心罪行暴露和受到法律的惩处。由于畏罪心理和恐惧心理而做贼心虚、心慌意乱。具有这种心理倾向的犯罪嫌疑人，出于神经质的敏感，他们易于接受外界事物的暗示，产生联想、幻想和错觉，这就为侦查讯问谋略的制定和实施提供了客观的现实性和可能性。

（三）灵活性

职务犯罪侦查讯问谋略的灵活性是指任何一种讯问谋略在具体的讯问情势下，讯问人员可以采用，也可以不采用，具有可选择性。从博弈论角度分析，讯问就是讯问人员与犯罪嫌疑人之间进行较量的复杂博弈过程，讯问和反讯问双方互动决策。所谓讯问中的互动决策，是指讯问人员与犯罪嫌疑人的决策是相互影响的，讯问双方决策时会把对方的决策纳入自己的决策思考中，如此决策，选择有利于自己的战略。在嫌疑人出于隐瞒案件事实、逃避惩罚的需要，在讯问中会想方设法施展各种反讯问的手法制造障碍，力图阻止罪行的暴露，如此，增加了突破犯罪嫌疑人口供的难度。职务犯罪侦查讯问必须改变传统的"力的对比"为"智的较量"，开创一条"智力型破案"的新路。创造性是侦查讯问谋略的生命，中国古代的军事谋略思想，如"知己知彼，百战不殆""出其不意，攻其不备""兵不厌诈""有备无患"等，"以五听狱讼，求民情"的讯问谋略无不体现人类的创造精神。职务犯罪尽管有规律可循，侦查讯问谋略的谋定和实施同样具有某些原则性和规律性。但是，犯罪嫌疑人的年龄、智力、职业、文化背景以及作案的手段、方法、目的、动机的不同，也会带有鲜明的个案特征，因而讯问中的施计用谋也就必然表现为谋略原则指导下的灵活施策，具体表现在：第一，讯问人员要运用智慧的力量去创造新的谋略方法。侦查讯问实践表明，个案的施策通常不具有"复制性"，一种具体的谋略在甲案中可用，如生搬硬套到乙案并不一定能达到所追求的效果。讯问人员要善于从实践中发现问题，掌握新知识，不断推陈出新。第二，侦查讯问中的创造性还体现在谋别人所未谋，出别人所不意，即所谓反常用计。讯问人员要斗勇也要斗智，要思奇谋、出奇才、用奇招，要学会运用辩证的方法设谋用计，特别要善于运用逆向思维法，做到比对方智高一筹，计高一招，从而打乱犯罪嫌疑人的阵脚，迫其就范。

三、镜头下的职务犯罪侦查讯问谋略的运用

（一）心理同情法（情感共鸣法）的运用

对犯罪嫌疑人的犯罪行为表示适度的同情和理解，取得犯罪嫌疑人情感上的共鸣，从而愿意供述罪行。这是讯问贪污贿赂犯罪嫌疑人常用的一种方法。这种方法主要适用于那些因为自己的犯罪行为而在相当程度上感受到精神痛苦、悔恨或内疚的犯罪嫌疑人。

1. 进行心理同情的途径

（1）强调客观原因的方法。说明任何人在相似的情况下都有可能干出同样的事情，这样会使犯罪嫌疑人或多或少为其犯罪行为找到理由或借口，并在相当程度上减轻精神压力而获得平慰自己良心的机会。但是，这种自我宽恕还不足以使其摆脱良心的折磨，还需要讯问人员富有同情心的言语来对他施加影响，从而消除犯罪嫌疑人对基于承认有罪所面临不利法律后果的忧虑。
（2）降低对犯罪嫌疑人行为的道德严重程度的评价。职务犯罪案件的犯罪嫌疑人是国家工作人员，他们对自己犯罪后的道德评价非常看重，总希望别人降

低对其罪行的道德的严重程度的评价，或者完全否定道德品质与所犯罪行的关联性。因此，类似"你犯的这点事，是偶然的，不是必然的，你不是见钱眼开贪财的人，你的人品大家是了解的"的语言，会使犯罪嫌疑人的心理得到某种满足，达到情感上的沟通，拉近讯问人员与犯罪嫌疑人心理上的距离。（3）提供一种已知或推断的更容易在道德上被人接受或不太令人憎恶的动机和原因。犯罪的动机是多样的，见钱眼开、贪得无厌的人为大家所不齿。根据案件具体情况，为犯罪嫌疑人之所以犯罪，提供一种在道德上容易被人接受的动机和原因（如时间紧、任务重，破案心切而刑讯逼供），以减轻其罪责感，这也是获取供词的一个极好的促动因素。（4）提出各种理由和借口减轻罪责。通常犯罪嫌疑人会把所犯罪行的后果看得相当严重，甚至远远超出所应当承担的犯罪责任。他完全被犯罪后果所吓倒，不愿意去想曾经发生的一切，更不愿意与他人谈论犯罪和最终坦白供认犯罪。因此，讯问人员可根据案件的实际情况，找出某种客观理由（如家有重症病人，经济拮据而贪污），以及时地、部分地减轻犯罪嫌疑人的罪责感。（5）通过指责他人。利用心理作用机制，将犯罪责任推托到某个与犯罪有某种联系的人身上，正是因为他的存在导致了犯罪嫌疑人实施犯罪行为。如多数贿赂犯罪案件，行贿人千方百计拉拢、腐蚀党员干部，行贿人的行为是很多原本廉洁的党员、干部犯罪不可或缺的原因。通过指责相关人员，亦可以降低犯罪嫌疑人的罪责感。（6）唤起自豪感。多数犯罪嫌疑人在以往的工作当中，为国家、为社会做了很多有益的事情，或者为当地的经济发展做了很大贡献，讯问人员通过对这些"闪光点"的肯定，唤起他的自豪感，从而激发犯罪嫌疑人的供述动机。（7）指出其如继续犯罪，将会导致更为严重的后果。告诉犯罪嫌疑人，事情的发展幸好还没有到不可收拾的程度，如果事情没有被发现，任其继续发展下去，将导致更为严重的后果，到那时谁也帮不了你，应当感到庆幸。

2. 应用心理同情法应注意的问题

（1）要充分理解心理同情是取得犯罪嫌疑人如实供述的一种讯问方法，讯问人员要抑制对犯罪嫌疑人的反感情绪，而要表现出热情、诚恳；（2）运用之前应增强犯罪嫌疑人的罪责感，不要一开始就表示同情；（3）在犯罪嫌疑人供述罪行过程中仍要保持原有的同情态度，否则容易使他改变供述罪行的意愿；（4）只能减轻犯罪嫌疑人头脑中道德感、罪责感的严重性，不能明确表示或故意暗示犯罪嫌疑人的犯罪行为实际上不那么严重，而会减轻或免予刑罚。

（二）红脸、白脸法（冷热交替法）的运用

这种方法是先借他人之力威慑对方，使之陷入困境，然后再出其不意地帮助对方使其对你感恩不尽，目的是接近对方，最后达到控制和操纵对方的目的。

这种讯问技巧可以由两名侦查人员配合运用，也可由一名侦查人员综合运用，一般适用于那些彬彬有礼又态度冷漠的犯罪嫌疑人。

这种"红白脸"技巧之所以奏效的心理学基础就在于强烈的情感反差。成功的途径是借别人的"力"和"威"使对方知恩、感恩。讯问人员的良苦用心在于人为制造风险，一边打，一边拉，先打后拉，"打"要有一定的隐蔽性、迷惑性，"拉"才能奏效。集中力量先打，先以强大的攻势向犯罪嫌疑人正面发起强攻，强化其心理压力，造成大军压进之态势，不交代绝对过不了关。然后替换讯问人员，改变前面强攻态势，来一个180度转弯，以施恩为主，用情感的方法进行交流谈心，帮助消除心理障碍，在交流谈心的过程中，解决事件的实质性问题。这种方法能使犯罪嫌疑人对"红脸"者友好、同情的态度产生信任的心理，从而更容易接受讯问人的同情、友好、理解态度的影响，对讯问人员感恩，产生佩服之心，达到接近犯罪嫌疑人心理、促使其供述罪行的目的。

（三）错觉法的运用

错觉是人的大脑对客观事物不正确反映的一种心理现象。错觉会导致社会生活中的诸多不便，但是，讯问的成功很大程度上借助于犯罪嫌疑人的错觉。讯问中的"错觉法"，就是用虚虚实实、真假难辨的方法，使被讯问者产生错误判断，从而瓦解其心理防线，交代犯罪事实的讯问谋略。

1. 错觉的具体表现

（1）犯罪嫌疑人对讯问目标的错觉。在讯问的初期，检察机关对犯罪嫌疑人所犯罪行情况并不十分清楚，很多时候只了解某些现象；因而在讯问时就没有明确、固定的目标，讯问的目的也是为了捕捉、寻找目标。同样，犯罪嫌疑人也不知道什么样的犯罪行为被发现了，处在寻求怎样的方法应付讯问的状态中，这是初审阶段犯罪嫌疑人对讯问目标的错觉的普遍特点。因此，讯问的目的就是要声东击西，避其强，攻其弱，麻痹对方，隐蔽讯问的主攻方向和目标，使犯罪嫌疑人产生错觉，削弱对方的防御强度。（2）犯罪嫌疑人对犯罪证据的错觉。讯问实际上就是发现证据、收集证据、提取证据的过程，其目的是收集证据来证实犯罪。犯罪嫌疑人不了解讯问人员是否掌握证据，掌握多少证据，这是其错觉产生的基础。讯问犯罪嫌疑人本身就说明犯罪嫌疑人与犯罪事实有关，检察机关不会凭空抓人的，这是犯罪嫌疑人错觉产生的根据。因而在讯问时，讯问人应当注意语言的技巧性，让其摸不到我们的底细；同时，在证据的使用上要强调隐蔽性，出示证据时应注意证据的效应，每出示一次证据应该起到令犯罪嫌疑人对已掌握证据程度错觉扩大和强化的作用，加速对犯罪嫌疑人心理限制的实现。讯问犯罪嫌疑人成功与否，在很大程度上取决于犯罪嫌疑人对检察机关掌握证据程度的错觉，产生获取证据程度的错觉越大，对犯罪嫌疑人产生的心理压力就越大，与供述交代罪行的距离就越近。（3）犯罪嫌疑人对利害关系人产生的错觉。利害关系人就是与本案有一定关联的人，这些人掌握了犯罪嫌疑人一定的犯罪事实，与犯罪嫌疑人有一定的利害关系，有时能对案件起到重要的证明作用，因而也是犯罪嫌疑人在接受讯问时较为"关心"的问题。因此，讯问时，要想方设法让犯罪嫌疑人误以为利害关系人已向检察机关作了交代，继续抵赖无任何实际意义，从而供述犯罪事实。

2. 错觉的方法

（1）直接告知犯罪嫌疑人其犯罪的存在，是让犯罪嫌疑人产生错觉的基本方法之一。在讯问中，直接告知犯罪嫌疑人已经构成犯罪，让犯罪嫌疑人产生检察机关已经获得了犯罪证据的错觉。这种错觉是讯问人员强加给犯罪嫌疑人的，并不当然就能取得犯罪嫌疑人的信任使其产生错觉，这需要犯罪嫌疑人的观察和体验。讯问人员为使犯罪嫌疑人产生错觉，通常采用的方法是阻止或者否定犯罪嫌疑人对讯问人员提出的犯罪存在的辩解，进一步强化犯罪嫌疑人对犯罪存在的错觉，只要犯罪嫌疑人产生罪证已经被检察机关掌握的错觉，犯罪嫌疑人才能放弃抗拒，在趋利避害的心理驱使下，就会选择供述认罪的。（2）讯问桌上的"空城计"。从讯问的准备阶段来看，很多时候，讯问桌上应当放些什么东西，讯问人员并不怎么关注，但这对犯罪嫌疑人来说是至关重要的。犯罪嫌疑人一进讯问室，首先注意的就是讯问桌上放了些什么东西，通过这种观察，可以判断出自己的处境。当犯罪嫌疑人一走进讯问室时，发现桌子上除了一本空白笔录纸并无其他东西，他就会感觉到检察机关还没有掌握其多少犯罪情况，产生了相对稳定的定式心理来与讯问人员周旋；但是如果适当地将其他什么材料也放在桌子上，此时的犯罪嫌疑人的反应会截然相反，他会自然产生联想，把桌子上的卷宗与自己的犯罪联系到一起，这就是讯问桌上的"空城计"。（3）暗示证据的方法。在讯问的初期，讯问人员掌握的犯罪证据往往并不充分，因此，在持有部分证据的情况下，讯问人员不要急于抛证据来引供词，而应当通过暗示证据的方法，使犯罪嫌疑人产生检察机关已掌握大量、充分证据的错觉。如贪污、贿赂犯罪的证据材料大多是合同、票据、证书、财务会计资料等，在放置的方法上既要让犯罪嫌疑人看见这些资料，又要让其看不清楚具体内容。讯问人员有时还可以抽出一些资料，读其中的某一内容和情节，通过犯罪嫌疑人联想的发展扩大，最后系统化，达到证据材料的"无中生有"。（4）使用模糊语言。讯问中，常常利用模糊语言使犯罪嫌疑人产生错觉。讯问人员不管是提问还是回答犯罪嫌疑人的提问，应尽量使用模糊语言。模糊语言即是那些内涵和外延无限定的词语。如"你不说别人也会说"，"没有你的口供，我们掌握的其他证据同样可以定你的罪"，"你收了别人的钱，却没替别人办成事，说得过去吗"，"你只要如实供述了，将会得到从轻处罚"，等等。这种应答方法可以让犯罪嫌疑人摸不清讯问人员究竟掌握了哪些证据，从而加大其判断失误的概率，加快其思维错觉的速度，还可消除其对立情绪，协调讯问双方的关系，使犯罪嫌疑人相信只有如实供述才是唯一的出路。（5）讯问人员神态的迷惑性。讯问人员在讯问活动中的喜怒哀乐都会对犯罪嫌疑人产生影响，讯问人员要充分利用自己的神态"迷惑"犯罪嫌疑人。因此，讯问人员要管好自己的"神态"，别让神态"乱说话"，才能在需要时使神态产生迷惑作用。讯问人员神态的迷惑性是根据讯问的目的来决定的，如讯问人员虽然急需犯罪嫌疑人做出某些供述，但神态上应表现出漫不经心、无所谓。如果表现出急不可耐的神态，就会引起犯罪嫌疑人的重视和猜想，权衡对自己是否有利或引起警惕，出现不予配合的局面。或者犯罪嫌疑人供述了讯问人员还没有掌握的犯罪，尽管讯问人员很兴奋、激动，但不能表现出来，不要忙于做笔录，而应给犯罪嫌疑人一种"已在掌握之中"的感觉，否则，犯罪嫌疑人话到嘴边也会退回去的。（6）利害关系的迷惑性。与犯罪嫌疑人有某种利害关系的人，如介绍贿赂的中间人，挪用公款的使用人，赃款、赃物的窝藏人，案发后虽然犯罪嫌疑人在不同程度上与这些人订立了攻守同盟，但还是时刻担心这些人供述案情，把自己送上绝路。因此，通过讯问谋略的运用，给犯罪嫌疑人造成利害关系人已经交代的错觉，迫使犯罪嫌疑人形成供述动机。（7）迷惑莫被迷惑误。讯问人员想方设法制造错觉，迷惑犯罪嫌疑人，但同时，犯罪嫌疑人亦千方百计利用假象来迷惑讯问人员。如有的犯罪嫌疑人为了博得讯问人员的同情、信任，大讲特讲自己的丰功伟绩，自己辛辛苦苦半辈子，工作勤勤恳恳，多次拒绝贿赂，可以说是两袖清风，可到头来落个被检察机关调查的结果，等等，因此，讯问人员要注意识别假象，不能被假象所迷惑。

（四）导谎法的运用

谎供是指犯罪嫌疑人以虚假的供词隐瞒案件事实真相的行为。利用谎言欺骗讯问人员，以逃避法律的制裁，这是犯罪嫌疑人抗拒讯问的最基本的规律。人类有两大最基本的本能：一是自我繁殖，二是自我保护。面对危险，人人都会采取坚决的自我防卫措施。在讯问中，犯罪嫌疑人作有罪供述就意味着对自我保护本能的放弃，因此，有罪犯罪嫌疑人如果想保持并维护其自我的完整性，他就会撒谎，而且还会绞尽脑汁使编造的谎言尽可能的圆满。

　　因此，犯罪嫌疑人在接受讯问之前就做好了用谎言来掩盖犯罪事实的心理准备。犯罪嫌疑人的谎言有两个特点：一是语言简练单一。通常用"是"或者"不是"、"有"或者"没有"、"不是我干的"等简单词语回答问题。二是情节表达笼统，不敢深入细节。撒谎的人最害怕细节，谎言所描述的事情，是犯罪嫌疑人没有亲身经历过的，尽管其事先有所准备，但当面对讯问人员突如其来的细节问题，他不敢冒险作过多描述，毕竟言多必失。正因为如此，有时候讯问人员明知犯罪嫌疑人在撒谎，就是无法去揭露，其原因就在于犯罪嫌疑人谎言的单一性和情节表达的笼统性，导致没有证明谎言的依据。为了解决这个问题，"导谎法"应运而生。

　　所谓"导谎法"，就是讯问人员在明知犯罪嫌疑人撒谎但又无法揭露的情况下，故意将"圈套问题"融合在某一与犯罪有关的情节中，让犯罪嫌疑人继续编造谎言，扩大谎言的范围，最后达到揭露谎言、促使犯罪嫌疑人供述认罪的目的。例如，有的贪污贿赂案件，犯罪嫌疑人将公款贪污了却谎称送给了别人，由于是"一对一"的案件，一个人说给了，而另外一个人说没有拿，当讯问人员问及犯罪嫌疑人钱是怎么送的，犯罪嫌疑人称是送到对方的家里的。根据了解，犯罪嫌疑人根本就不认识对方的家，于是讯问人员进行导谎："你既然到对方家里送钱，就应该知道他们家放置在客厅里的沙发，是皮质的还是人造革的吧？"犯罪嫌疑人说："是皮质的，当时我就是坐在客厅的沙发上的。"而实际上客厅里根本就没有沙发，只有几把椅子。讯问人员抓住这一事实矛盾予以揭露，一举突破犯罪嫌疑人。这里，讯问人员虚构的情节实际上就是一个圈套。圈套还可以是讯问人员已经掌握的某些事实，但却以似乎不知晓的方式提出问题。如贿赂案件犯罪嫌疑人最近花了一大笔钱买了辆汽车，或支付了一大笔购房款，或者在银行中存了一大笔钱。讯问过程中，讯问人员以不会引起犯罪嫌疑人警觉的方式随便问道："除了你的工资（或其他正当收入）之外，你最近还有什么别的收入吗？"如果犯罪嫌疑人立即承认自己有额外的收入，并对此作出了令人满意的解释，那么他的回答将有助于讯问人员排除对他的怀疑。反之，如果犯罪嫌疑人试图在此问题上说谎，则说明他可能有罪，讯问人员在此后的适当时机可以利用这一点迫使犯罪嫌疑人供述。

　　"圈套"可以是与案件有特殊联系的人和物，如特定时间见到某人（物）或不可能见到某人（物）；也可以是某种事件，如停电、火灾、交通事故；还可以是天气，如下雨、下雪；等等。

　　导谎法的运用步骤：

　　第一，让犯罪嫌疑人撒谎；

　　第二，讯问人员表现出相信和诚恳的态度；

第三，把"圈套问题"放进犯罪嫌疑人的谎言中；

第四，让犯罪嫌疑人进行撒谎，扩大谎言的范围；

第五，揭露谎言。

这样犯罪嫌疑人就钻进了讯问人员设置的圈套。

面对圈套，有罪犯罪嫌疑人通常会考虑片刻，然后再回答，以便找出一个可以接受的解释，有时也会要求讯问人员就该问题提供更多的情况；而无罪者往往会立即作出回答，肯定或者否定。尽管这种回答本身并不能证明犯罪嫌疑人有罪或者无罪，但是将其与其他行为反应等情况结合起来，可以帮助讯问人员判断其有罪还是无罪。

（五）亲情法的运用

在侦查实践中，大部分犯罪嫌疑人在案发后总要托关系找人"说情"，走后门来开脱自己的罪责，讯问人员应当对这种不正常的现象加以充分利用，让犯罪嫌疑人误解讯问人员被"买通"，成了"自己人"，对犯罪嫌疑人"心中有数"。"亲情法"是利用心理暗示的方法，让犯罪嫌疑人把讯问人员当成"自己人"，来达到说服对方的目的。

这种谋略的具体方法是：变换自己角色的位置，以对方的自己人角色出现，让犯罪嫌疑人相信讯问人员，反而能达到说服对方的目的。"亲情法"的运用，关键是要想方设法使犯罪嫌疑人产生讯问人员是"自己人"的错觉。因此，这就要求讯问人员：一是要对案情有比较全面的了解，二是对犯罪嫌疑人的家庭情况更要了解清楚。否则，不会取得犯罪嫌疑人的相信，犯罪嫌疑人把讯问人员当成"自己人"的错觉也就无从谈起。

犯罪嫌疑人被采取了强制措施以后，突然失去人身自由，隔离了与外界的联系，顿时产生一种无依无靠、无所寄托、孤立无援的情绪体验。这种孤独感会带来一系列行为上的变化，如急于探听案情，渴望与同案犯串供，对亲人产生思念之情，也迫切需要知道家庭情况甚至与家人联系。这是犯罪嫌疑人的一种心理上的需求，如果讯问人员此时能把犯罪嫌疑人的家庭情况、亲人的情况通过某种适当的方式传递给犯罪嫌疑人，出于一种应急情绪反应，犯罪嫌疑人对讯问人员会产生信任感，会把讯问人员当作与外界或者亲友联系的"使者"。"亲情法"就是要讯问人员设法当好这个"使者"。

在讯问实践中，要使犯罪嫌疑人把讯问人员当成"自己人"的主要途径，就是对犯罪嫌疑人家庭及其亲人情况的利用。因此，在进行讯问之前，就要设法了解犯罪嫌疑人的家庭及亲人的情况，使用的方法通常是直接告知犯罪嫌疑人自己刚刚从他的家里来，把其亲人的基本情况传递给他，取得犯罪嫌疑人对自己的信任。在这里，讯问人员应当注意，千万不可用假话来欺骗犯罪嫌疑人，如果犯罪嫌疑人知道你是在用假话欺骗他，那就很难取得讯问的成功。

（六）离间法的运用

"离间法"就是常说的挑拨离间。这是有意识地制造内部矛盾斗争，采取借刀杀人的方法造成两败俱伤，渔翁得利。在讯问活动中，离间法也是克敌制胜的良方。在一些职务犯罪案件中，有些是窝案、串案，犯罪嫌疑人并不是孤立存在的，往往既有共同作案，又有单独作案，这是使用"离间法"的基础。再者，大多数犯罪嫌疑人都是利己主义者，都有求生恶死的本能，这是离间成功的思想根源。不管攻守同盟多么坚固，只要在生与死的中间选择，这些人为求生，都会保护自己，甚至有的在抗审中为保护自己嫁祸他人。例如某行贿者为了承接某"写字楼"的工程出手大方，一次性给了发包方负责人"见面礼"5万元，轻而易举地将该"写字楼"的工程拿到手，并且为了5万元的见面礼还订立了攻守同盟："死都不说"。案发后，犯罪嫌疑人一口咬定自己无任何受贿行为。在讯问他时采用了离间方法："你以为你将写字楼发包给他们，他们就不揭发你，不出卖你啦？"犯罪嫌疑人真的以为对方已将5万元的事说出来了，只好交代了自己受贿5万元的犯罪事实。使用"离间法"的重要性还在于：在共同犯罪的案件中，犯罪嫌疑人订立的攻守同盟，强化了犯罪嫌疑人在讯问活动中的对抗心理，是讯问成功的一大障碍，侦查人员只有将他们剥离，然后才能各个击破。有的案件犯罪嫌疑人的防卫非常坚固，但是一旦讯问人员离间成功，订立攻守同盟的共同犯罪的行为人，就会相互揭发来争取主动。这是讯问共同犯罪嫌疑人的一大"法宝"。

四、镜头下的职务犯罪侦查讯问的心理学原理

从心理学的角度讲，职务犯罪嫌疑人由于其身份的特殊性，其犯罪动机、决意形成过程以及案发后接受讯问的心理变化往往不同于一般刑事案件犯罪嫌疑人的心理变化过程。尤其是在镜头下进行讯问，职务犯罪嫌疑人与讯问人员双方的心理活动都会有明显不同。如，有些讯问人员担心新的形式会束缚自己的讯问能力，心理压力增大。而就职务犯罪嫌疑人来讲，一般文化程度较高，知识面广，思维较严谨，有较强的分析判断能力，而且一般自尊心强，重视个人名誉，看重仕途发展。多数具有一定的社会阅历、专业知识和法律常识，因而职务犯罪案件讯问过程中的对抗性显得尤为突出，这就有必要针对他们不同的心理过程和个性心理特征以及具体的案情进行分析，以突破其心理防线，侦破案件。

（一）镜头下讯问的心理学基础理论

对犯罪嫌疑人和讯问人员的心理研究都可以从两个大的方面展开，即犯罪嫌疑人和讯问人员的心理过程与个性心理。人的心理过程可以简称为"知""情""意"。人的个性心理包括能力、需要、动机、人格等心理特点。

从"知、情、意"上讲，认罪供述的心理过程可以归结为：行为人实施了犯罪行为，在预备阶段、实施阶段、完成阶段都会在心理留下相应的动作、情景、情绪或心理状态等记忆，这些记忆可能储存在显意识、前意识或潜意识里，形成心理事实。讯问就是不停地唤醒或强化犯罪嫌疑人的这些记忆，当犯罪嫌疑人的心理事实与外在信息，随着讯问工作的推进，不停地相互触碰、吻合，在确信自己继续抗审已经没有意义或者自己要将已吻合的心理事实与客观事实强行割裂开来会遭受过大的心理压力时，就形成了供述动机。

1. 认知理论

认知也叫认识，是指人对认识外界事物的过程或者说是对作用于人的感觉器官的外界事物进行信息加工的过程。它包括感觉、知觉、记忆、思维等心理现象。认知的过程是以形象或概念形式反映外界事物。

感觉、知觉是对事物外部的现象的认识，属于感性认识阶段，通过思维，才能产生对事物本质的认识，这种过程的产生依赖于记忆，记忆提供过去获得的经验，[①] 使人们把过去的经历和现在的经历联系起来，认识到事物的本质联系，即知其所以然。过去的经验包括过去对事物的感知、对问题的思考、由该事件引起的情绪体验，以及在当时所进行过的举动的回忆。如，在贪污性的职务犯罪中，犯罪嫌疑人利用了职务上的便利对公共财物进行非法占有，那么究竟是如何利用职务便利，非法占有的方式究竟是侵吞、窃取、骗取还是以其他手段？这些细节犯罪嫌疑人亲身经历过，一定会留在自己的记忆里，也就是能留下心理痕迹。一旦回想事情的经过或者受到外界的刺激，犯罪嫌疑人就会有所反应。如贪污的方式采用的是侵占，即将自己管理或经手的公共财物加以隐匿、扣留，应上交的不上交，应支付的不支付，应入账的不入账；或是将自己管理、使用或经手的公共财物非法转卖或擅自赠送他人；或者将追缴的赃款赃物或罚没款物私自用掉或非法据为己有。那么对自己当时的行为背景、原因、自己的情绪体验都会有心理痕迹。

记忆的前提是感觉和知觉功能的正常运转，记忆是认知理论里的一个重要要素。人类的认识世界都是从感觉、知觉开始的，感觉是人脑对直接作用于感

---

① 冯鸿滔：《普通心理学》，中国人民公安大学出版社 2008 年版，第 124 页。

觉器官的客观事物的个别属性的反映，而知觉是人脑对直接作用于感觉器官的事物的整体属性的反映。在讯问室这个特定的空间里，展现给犯罪嫌疑人的最直接的是讯问人员的五官、衣着、神态、表情、语言语气、态度以及讯问桌椅、录音录像设备等物体。人的心理、生理活动的机能性反应，大多来源于感知觉到的材料。犯罪嫌疑人根据自己感知觉到的材料属性，交由视神经纤维传导入大脑，经过大脑的思维加工，形成判断，然后经传出神经给犯罪嫌疑人反馈出自己的犯罪事实是否为对方所掌握的整体信息。认知过程与大脑加工过程密切相关，如感觉、知觉、注意、记忆等与认知的接受过程密切相关，思维、情绪情感和人格气质等与认知的应对、处理和结果预测等过程相关。

2. 情绪情感理论

情绪的"身体—生理反应"是由中枢神经系统和外周神经系统以及内分泌系统的活动产生的。中枢神经系统对情绪起调节和整合的作用。大脑皮层对有关感觉信息的识别和评价在引起情绪，以及随后的行为反应中起重要作用。网状结构的激活是活跃情绪的必要条件。边缘系统的结构与愤怒、恐惧、愉快、痛苦等强烈情绪有关。自主神经系统与情绪的身体—生理反应密切相关。神经系统和脑的化学过程对情绪的发生和变化有直接的影响。特别是脑垂体—下丘脑—肾上腺系统的活动，对情绪的调节起着显著的作用。脑垂体和下丘脑既参与中枢和外周神经系统对情绪的整合，又调节内分泌腺，特别是肾上腺的功能。情绪情感是人对客观外界事物的态度的体验，是人脑对客观外界事物与主体之间关系的反映。情绪情感是不同于认识过程的一种心理过程。首先，情绪情感以人的需要为中介，它反映的是客观外界事物与主体需要之间的关系。外界事物符合主体的需要，就会引起积极的情绪体验，反之，则会产生消极的情绪体验。情绪情感有其外部表现形式，即表情。所以我们可以通过微表情来洞察犯罪嫌疑人的内心活动。

另外，情绪和情感会引起一定的生理上的变化，例如心率、血压、呼吸和血管容积上的变化。比如，愉快时，面部的微血管舒张，脸变红了；害怕时，面部的微血管收缩，血压升高，心跳加快，呼吸减慢，脸变白了。这些变化可以通过内分泌腺的作用来实现，这点不同于认识活动，认识活动不伴有这种生理上的变化。通过这种生理上的变化，我们可以观察犯罪嫌疑人的情绪情感反应，辅助使用心理测试仪，对犯罪嫌疑人供述的内容做出真假判断。这部分放到下文的微表情研究与心理测试部分再谈。

3. 意志理论

意志的"意"，是心理活动的一种状态。"志"，对目的方向的坚信、坚持、致力于。意志，即对实现目的有方向、有信念地坚持的一种心理活动。意志是人的思维决策见之于行动的心理过程，表现了心理对行为的支配。支配力量有强有弱，我们以此来评价一个人的意志力是坚强还是薄弱。意志素质的高低取决于人对于实践关系的主观反映（设想、计划、方案、措施、毅力等）与实际情况相吻合的程度，它包括意志的果断性、自觉性、自制性、坚韧性等，具体体现为形成创造性设想、准确性判断、果断性决策、周密性计划、灵活性方案、有效性措施、坚定性行为等方面的能力。

从发生顺序来看，首先产生认知，再出现情感，最后形成意志。如果没有形成对事物的基本认识，就不可能产生任何情感；没有形成对事物的基本情感，就不可能产生任何意志。从生理机制来看，认知是一般事物的刺激信号在大脑皮层相应区域所诱发的兴奋点与周围其他神经组织之间所建立的神经联系；情感是价值事物的刺激信号在大脑皮层相应区域所诱发的兴奋点与边缘系统及网状结构所建立的神经联系；意志是行为活动的刺激信号在大脑皮层相应区域所诱发的兴奋点与边缘系统及网状结构所建立的神经联系。

人的全部认识活动可分解为知、情、意三种相对独立的心理活动，人的综合心理素质也相应地分解为三种相对独立的心理素质：认知素质、情感素质和意志素质。前两者就是我们通常所说的智商和情商。除此便是"意商"，它既不同于智商，也不同于情商。意商高的人能够准确地、严格地控制自己各种活动的强度、稳定性、灵活性、发生频率或概率、牵涉范围、作用对象等，并准确地估算、全面地掌握、深刻地了解自己的活动可能产生的积极作用和消极作用，从而正确果断地做出相应的行为决策，并有效地实施它。它能够保持其行为规范与道德准则的连续性和稳定性，就某种意义上说，讯问人员的"意商"决定了一个案件能否成功突破。

以上是心理过程的主要内容。人的心理现象主要由心理过程和个性心理组成。个性心理又分为个性倾向性与个性特征，前者如需要、动机，后者如性格、气质。

4. 需要与动机理论

需要是有机体内部的一种不平衡状态，表现为有机体对内外环境条件的欲求。人的需要产生以后，总希望能得到满足，并维持这种活动的一种内在的心理驱力。动机就是在需要的基础上产生的。"动机是使活动开始、受引导并保持，从而使心理或心理需要得到满足的过程。"① 动机分为外部动机和内部动机，外部动机也叫诱因，是导致人们为了获得外部刺激做出某种行为的动机，

---

① ［美］桑德拉·切卡莱丽、诺兰·怀特：《心理学最佳入门》，周仁来等译，中国人民大学出版社 2014 年版，第 349 页。

反之，内部动机是人们为了获得内部激励做出的某种行为的动机。当人感到缺乏某种东西却又得不到满足的时候，内心会产生紧张压力，要缓解这种压力，需要会指向某种对象，促使有机体行动。所以，需要具有行为倾向性。

职务犯罪案件中，犯罪嫌疑人供述的内驱力一部分源于认知尤其是错误认知，另一部分源于对过高心理压力缓解的心理需求。前者是指犯罪嫌疑人选择供述是基于自己感知到的信息进行思维判断的结果。如果判断的结果是自己的犯罪行为已经被侦查机关掌握，尽管实际上有可能根本没有被证据证明，但仍然会自发地对自我行为进行意义评定。另外，供述的内驱力还来源于过高的心理压力需要缓解的心理需要上，讯问过程中，当犯罪嫌疑人感到饥饿和口渴，就会想要水和食物，如果讯问人员没有注意到这一点，自顾自地讯问，这时的犯罪嫌疑人满脑袋都装着食物和水，可想讯问效果肯定不好。这是原始内驱力，是基于生存的基本需要。另一部分是习得性内驱力，是通过经验和条件学习而得来的，比如，吸烟者总习惯于嘴里放有东西，或有些职务犯罪嫌疑人对钱的渴求压倒其他需要就会在讯问中特别关注自己钱的状况，有些职务犯罪嫌疑人看重社会肯定和赞许，有被肯定的需要，这时讯问人员就要利用不同的犯罪嫌疑人的动机和需要来进行讯问。人类动机的另一种解释与刺激有关，刺激寻求动机是非习得的，唤醒理论认为，人存在一个最佳紧张度，需要通过增强和降低刺激来保持这种唤醒水平，对任务表现的最佳唤醒水平依赖于任务的难度，过高的和过低的难度都不利于唤醒[1]，如处于考试焦虑的学生，可能会寻找方法减少焦虑，如通过认真复习来改进考试成绩，但是如果知道考试太难，自己怎么努力也没有希望时就会放弃复习，如果觉得考试太容易，就会放松复习，可见，只有中等强度的刺激才能实现最佳唤醒。讯问人员如果没有分清内部驱力和外在诱因，不针对具体的犯罪嫌疑人的心理特点来讯问，很难取得好的讯问效果。

5. 人格结构理论

人格是指一个人的性格、气质、能力等方面比较稳固而持久的心理结构，它决定着人特有的适应环境的方式，是各种心理机能（如气质、性格、动机、态度、价值、兴趣等）的有机组合。人格是一个人在遗传和环境的相互影响下，逐步形成的相对稳定的不同于他人的性格。但在这里笔者要谈的人格仅谈弗洛伊德的人格结构理论，至于人格的核心内容气质，放在下一个部分来论述。

---

① ［美］桑德拉·切卡莱丽、诺兰·怀特：《心理学最佳入门》，周仁来等译，中国人民大学出版社 2014 年版，第 354 页。

弗洛伊德的人格结构理论认为，人格由本我（id）、自我（ego）和超我（superego）构成。本我是人格结构中最原始部分，人生而有之，本我由人类的基本需求、本能、欲望所组成，如饥、渴、性等。本我遵循快乐原则，本我中有需求产生，个体要求立即满足，例如婴儿饿了要哭，累了要睡，这都是本能欲望。自我是个体出生后，在成长过程中从本我中分化、发展而来。人生而自由，却处处受到制约，由本我而来的各种需求，很可能在现实中不能立即获得满足，它的满足需要条件，有时需要抑制权衡。所以自我是现实中的我，遵循现实原则。超我是人格结构中居于管制地位的最高部分，是由于个体在生活中，接受社会文化道德规范的教养而逐渐形成的。超我的内容是良心、道德、内疚感。因此，超我是人格结构中的道德部分。人格结构中的三个层次各行其责却又相互交织，形成一个有机的整体。本我遵循快乐原则，反映人的生物本能，是"原始人"；自我是"现实人"，即人格的执行者。它寻求在环境条件允许的条件下让本能冲动能够得到满足。超我是"道德人"，追求完美，代表了人的社会性。自我介于本我与超我之间，对本我的冲动与超我的要求进行缓冲与调适。

每个在社会中成长的人，其成长过程就是社会化的过程。犯罪嫌疑人也不例外。在社会过程中，犯罪嫌疑人通过模仿、认同、内化的过程习得社会习俗、行为规则、价值观念，其行为模式和思维模式一定深深地镶嵌于社会的土壤。职务犯罪是国家工作人员利用职权，贪污、贿赂、徇私舞弊或者滥用职权、玩忽职守，侵犯了他人人身权利、民主权利或者破坏国家对公务活动规章规范的行为。简要论之，就是依法从事公务的人员利用职权或违背职责义务故意或过失地侵犯国家管理公务的职能和信誉，致使国家和人民利益遭受重大损失的各种犯罪。这样的行为，作为一名国家工作人员，犯罪时不可能不知道那是犯罪，一个正常社会化的人，不可能没有自责感、羞耻感，但为什么许多职务犯罪人屡屡伸出邪恶之手？很大原因是犯罪嫌疑人对被害人有一个非人格化的过程，也就是给自己的行为寻找合理化依据。有的职务犯罪嫌疑人狂妄自大，对自己的行为毫无羞耻感，我们会说这样的犯罪嫌疑人人格基线太低，这样的人想利用超我唤醒法讯问会很难，因为他的社会化过程并不充分，社会规则并没有深深地内化。有的犯罪嫌疑人人格基线高，对自己的行为抱有强烈的羞耻感，讯问人员就要根据情况强化他的超我部分，让其心理压力过大，而选择供述。

6. 气质类型理论

人格结构理论是特指弗洛伊德的人格论。实际上，人格是气质和性格的统一。气质类型是指人气质的不同类型，气质是个人生来就具有的心理活动的典型而稳定的动力特征，是人格的先天基础。

人的气质是有明显差异的，这些差异属于气质类型的差异。对气质类型的划分，有不同的见解，因而形成不同的气质理论。最早对气质加以分类并给予细致的描述，其分类被后人接受认可的，是希波克拉底（Hippocrates）对气质的分类。希波克拉底是古希腊著名的医生，他认为体液即是人体性质的物质基础。他将"四根说"发展为"四液说"，在此基础上进一步加以系统化。他认为，人的体质不同，是由于四种体液的不同比例所致。盖伦是欧洲古代医学的集大成者，也是罗马帝国时期著名的生物学家和心理学家。他从希波克拉底的体液说出发，创立了气质学说，他认为气质是物质（或汁液）的不同性质的组合。在此基础上，气质说继续发展，成为典型的四种气质说。德国心理学家冯特在其《生理心理学纲要》中，以感情反应的强度和变化的快慢为基础，把气质划分为四种类型：感情反应强而变化快的为胆汁质，感情反应弱而变化快的为多血质，感情反应强而变化慢的为抑郁质，感情反应弱而变化慢的为黏液质。

胆汁质的犯罪嫌疑人感受性低耐受性高，精力旺盛，情绪兴奋性高，脾气暴躁，能忍受强的刺激，能坚持长时间被讯问。多血质的犯罪嫌疑人容易适应外界环境的变化，语速快，行动敏捷，情绪稳定。黏液质的犯罪嫌疑人反应速度慢，情绪兴奋性低，循规蹈矩，注意力容易集中，不善交谈，头脑清醒、情绪稳定。抑郁质的犯罪嫌疑人多疑多虑，胆小孤僻，动作迟缓，防御反应明显。

（二）影响镜头下讯问的心理学原理

镜头下的职务犯罪讯问活动需要把握规范与技术或者规范与策略的关系与界限。在镜头下讯问，犯罪嫌疑人与讯问人员可能都会有所顾虑。如何把握规范尤其是刑事法规范的同时又能运用讯问策略，或者说在运用策略的同时并不违反规范，两者之间可能存在冲突。当然说来容易做来难，这里先分析影响镜头下讯问的心理学原理。

在镜头下讯问，讯问人员与犯罪嫌疑人双方的心理都涉及心理障碍、心理定式、动力定型等心理学理论。

1. 供述的心理障碍理论

影响犯罪嫌疑人做出真实和完全供述的心理活动，称为供述心理障碍（也称拒供心理），它是犯罪嫌疑人矛盾心理中的对抗动机占主导地位的心理，是促使犯罪嫌疑人拒供的主要内因。拒供心理的产生有如下几个原因：

（1）畏罪心理

畏罪心理是犯罪嫌疑人惧怕罪行被揭露而受到法律惩罚的一种心理。犯罪嫌疑人一旦被证实有罪，就可能会受到长短不一的自由刑或剥夺生命权的刑罚，这些刑罚无疑是一种巨大的痛苦，导致犯罪嫌疑人产生畏罪心理，使他们害怕惩罚，不敢正视现实，心理极其紧张，坐立不安，精神压力很大。在供述中往往缺乏自我控制能力，语无伦次，吞吞吐吐，极力否认自己的罪行。特别是实行全程同步录音录像制度后，在接受讯问过程中不少犯罪嫌疑人对同步录音录像心存顾虑，担心录音录像会被讯问人员固定下来形成证据，不利于自己翻供，或担心讯问人员对自己的录音录像进行细致分析会发现自己的隐秘，因而，在录音录像过程中思想斗争激烈，抵触和抗拒心理严重，因而选择沉默以对或避重就轻只供述部分罪行或虚假供述①②。

（2）侥幸心理

侥幸心理是指犯罪嫌疑人企图凭借某些条件或偶然原因自认为可以逃避罪责的自信心理。有的犯罪嫌疑人自恃谋划周密，作案隐蔽，手段诡秘，伪装巧妙，攻守同盟牢固，自认为能逃脱法律的惩罚。若他们以侥幸心理为供述心理障碍的认识基础，在讯问中犯罪嫌疑人往往会实施各种反讯问伎俩，如试探、狡辩、抵赖、翻供、伪装无辜、喊冤等，颠倒是非，极力隐瞒罪行。抱有侥幸心理的犯罪嫌疑人通常意志薄弱，疑心很重，对证据是否暴露非常敏感。

（3）悲观心理与绝望心理

一些犯罪嫌疑人被捕后，认为自己罪行严重，前途渺茫，对现实的一切都感到冷漠麻木，产生悲观心理。

严重者会感到罪行无法掩饰将被揭露，必然受到法律的惩罚，对自己的处境和前途丧失信心，产生绝望心理。绝望心理是犯罪嫌疑人最严重的一种供述心理障碍，多见于初犯和重犯中。存在绝望心理的犯罪嫌疑人心理极不稳定，基于此种绝望心理，犯罪嫌疑人会对一切都失去信心，思想负担异常沉重，生理和心理都极端反常，不能控制自己的行为。在接受讯问时，有的迟钝、冷漠、忧愁、沉默；有的暴躁、烦闷、坐立不安，甚至歇斯底里；有的对什么都表示怀疑，仇视一切，不听任何劝告和警告，自暴自弃或固执地采取顽抗到底的态度；有的迎合讯问人员提出的问题胡乱回答；有的还做出极端行为，在讯问时实施暴力行为或自寻短见。

---

①　［英］Gisli H. Gudjonsson：《审讯和供述心理学手册》，乐国安等译，中国轻工业出版社2008年版。

②　根据Gisli. H. Gudjonsson的论述，犯罪嫌疑人虚假供述的原因在心理学上可以分为自愿型、强制依从型和强制内化型。自愿型虚假供述中，犯罪嫌疑人在没有任何外部警方压力的情况下自愿做虚假的供述；强制依从型可能有诱惑嫌疑，比如，讯问人员承诺犯罪嫌疑人供述后就没事可以回家了；强制内化型虚假供述可能是由记忆怀疑综合征（MDS）引起的。

（4）怕被报复的心理

在很多情况下，犯罪嫌疑人因害怕被报复而拒供有时更胜于惧怕刑罚。在同步录音录像的情况下，尤其是一些污点证人和有检举揭发欲望的犯罪嫌疑人，由于害怕形成录音录像资料后会被他人知晓其揭发行为而受到报复，很多犯罪嫌疑人还因为害怕供述后自己家人受到报复，宁愿接受刑罚也不愿或不敢供述罪行。

讯问活动中的心理学研究主要集中于讯问员与犯罪嫌疑人的心理活动过程与个性心理特征以及讯问员与犯罪嫌疑人的心理互动。在这个互动中，讯问员可以通过研究犯罪嫌疑人的个性心理特征找到讯问的突破口。反之，犯罪嫌疑人也在尽可能地解读讯问员的心理，双方都会处于持续的交锋中。在这个过程中，供述障碍与供述动机会同时或者交替存在。讯问的目的就是要让犯罪嫌疑人消除供述的心理障碍，产生供述动机。

2. 心理防御机制理论

心理防御机制（psychological defense mechanism）是指个体面临挫折或冲突的紧张情境时，在其内部心理活动中具有的自觉或不自觉地解脱烦恼，减轻内心不安，以恢复心理平衡与稳定的一种适应性倾向。心理防御机制是弗洛伊德提出的心理学名词，是指自我对本我的压抑，这种压抑是自我的一种全然潜意识的自我防御功能。

防御是精神分析理论中的一个重要概念，在人格结构中它属于自我（ego）的功能。当自我觉察到来自本我的冲动时，就会以预期的方式体验到一定的焦虑，并尝试用一定的策略去阻止它，这个过程就是防御，或称为自我的防御（defense of ego）。防御是自我用来驱赶意识到的冲动、内驱力、欲望和想法，它们主要是针对能引起个体焦虑的欲望和攻击性。一般来说，防御是在潜意识里进行的，因此个体并不会意识到它在发挥作用。有的职务犯罪案件中，家人也参与了犯罪行为，因为想到家人可能受到连累而引起的内心焦虑会比较强烈，要阻止这种焦虑，犯罪嫌疑人可能会选择供述自己的罪刑，争取减少对家人的影响。

3. 动力定型理论

动力定型理论是说当刺激形成了固定的顺序，反应也跟着形成了固定的顺序。大脑皮层对刺激的定型系统所形成的反应定型系统叫作动力定型。动力定型是人的习惯的生理基础。因为有了各种习惯，人常常不用花多少精力就可以把很多活动维持下去，这样我们可以把精力放到需要用心解决的新任务上，动力定型的破坏会引起人的消极情绪反应。比如，嫌疑人一直有午睡的习惯，讯问时就在午休时间进行，他就会表现得不耐烦、烦躁。同样，每一个讯问人员的心理、生理习惯也会有个体差异，只有依顺差异，才能维持已建立的动力定型规律。

以上三个理论偏重于谈论犯罪嫌疑人的心理，下面要谈的将侧重于分析讯问人员的心理，影响讯问效果的心理原因可能会很多，在这里重点论述两个心理学原理。

4. 自我效能感理论

侦查活动一旦进入讯问过程，侦查人员与犯罪嫌疑人就进入了面对面交锋。如果讯问人员在讯问之前对案件及犯罪嫌疑人的情况进行了全面审查与研究，对于讯问的内容、步骤、策略与方法等都做了充分的心理准备，因此自信在讯问中能够攻破被讯问人的心理防线，取得讯问的成功。在讯问与反讯问的激烈心理交锋中，绝大多数讯问人员都能牢牢掌握讯问的主动权，沉着冷静、不急不躁，既不被犯罪嫌疑人的强硬对抗态度所激怒，也不被他们的花言巧语所迷惑。但也有些讯问人员由于缺乏经验，对于犯罪嫌疑人的反讯问活动缺乏充分的心理准备，往往被他们的花言巧语和种种假象所迷惑，甚至被轻易削弱了讯问的主动权，轻信犯罪嫌疑人的虚假供述，造成工作失误。还有少数讯问人员有时会被某些犯罪嫌疑人顽固抗拒的反讯问态度所激怒，产生消极情绪，出现违反法律和政策的行为。

讯问人员的高度责任感和神圣使命感，使其在讯问中时刻牢记自己对犯罪嫌疑人进行审查、诘问，目的在于获取犯罪嫌疑人关于自己有罪的真实口供和无罪的辩解，为进一步查清犯罪事实，收集犯罪证据提供依据。使有罪的犯罪嫌疑人受到法律追究，无罪的犯罪嫌疑人得到解脱。这种高尚的情感体验，使讯问人员对讯问工作持认真严肃的态度，这在一定程度上激发了讯问人员的自我效能感。

从心理学的角度讲，讯问过程是在特殊环境氛围里讯问人员与犯罪嫌疑人进行正面较量的过程，也是通过与犯罪嫌疑人面对面地直接互动，对案件进行全面、深入的认识过程。由于交往的双方地位角色的不同，讯问人员与犯罪嫌疑人在讯问中会有不同的心理状态。讯问人员是讯问活动的主体，在讯问中处于主导的主动进攻的地位，其积极心理状态占主导地位。表现出来可能是较强的自我效能感，反之，如果讯问人员如果对自己是否能在镜头下成功运用自己的讯问才能顾虑重重，表现出来的就是低的自我效能感。

5. 心理定式

心理定式，指心理上的"定向趋势"，它是由一定的心理活动所形成的准备状态，对以后的感知、记忆、思维、情感等心理活动和行为活动起正向的或反向的推动作用。

思维定式，也称"惯性思维"，是由先前的活动而造成的一种对活动的特殊的心理准备状态，或活动的倾向性。在环境不变的条件下，定式使人能够应用已掌握的方法迅速解决问题。而在情境发生变化时，它则会妨碍人采用新的方法。讯问人员以前成功讯问的经历一方面可以增强自己继续成功讯问的自我效能感；另一方面，尽管案情是相似的但犯罪嫌疑人尤其是他的知情意组成、人格特点、气质类型都不同时，如果照搬以前的讯问策略，不去分析特殊的地方就会形成心理定式，这样会束缚对新的成功讯问策略的探索。

五、镜头下的职务犯罪讯问对讯问人员的心理学要求

讯问是公安、安全等机关为查明是否犯罪和犯罪情节轻重而对犯罪嫌疑人正面审查的一种侦查活动。"讯问活动自始至终体现着讯问人员追讯罪行同被告人逃避罪责之间的心理交锋，这种心理交锋是一个十分复杂的动态总体，是讯问员同被告人共同参与的认识、情感和意志信息流的循环过程。"[1] 这是一种复杂和多方面的心理交锋活动，需要解决由讯问目的所决定的各种思维问题。研究讯问人员的心理状态及其与被讯问者相互间的各种关系，预测各种心理关系的发展、变化及其产生的结果对讯问活动的利弊，能使讯问者对各种交手有心理准备，消除对讯问不利的心理过程和因素，从而使讯问人员心理积极化，为制定和实施讯问对策奠定心理基础。

（一）具备较高的综合能力和全面知识

在职务犯罪中，犯罪嫌疑人的认知能力包括感知觉能力、思维能力、理解能力、记忆能力以及语言表达能力普遍优于普通刑案的犯罪嫌疑人。所以针对职务犯罪嫌疑人，讯问人员自我要求应该更高，不仅要具备良好的政治素质和职业道德，还要具备必要的综合能力和全面知识。讯问人员的能力是指在讯问活动中表现出来并直接影响讯问活动顺利开展的个性心理特征，是顺利实现讯问目的的保证。因此，要求讯问人员要有高度的空间、时间想象力，以便准确地提出问题、推导结果，有助于将零星残缺的信息连成一个整体（就犯罪嫌疑人的心理变化和供述而言）；要有高度的注意力、敏锐的观察力，不放过犯罪嫌疑人任何一种与讯问有意义的心理现象；要有独立性和自制力，不为虚假现象所迷惑，不为无意义的信息而分心。由于要不断地给予心理影响于犯罪嫌疑人，激励其思维积极化，还必须具有坚强的意志活动力。一个出色的讯问人员，还应具备较丰富全面的知识，以便迅速及时地感知、判断和处理讯问中出

---

① 金瑞芳：《审讯心理学》，杭州大学出版社 1990 年版。

现的各类情况。讯问人员具备上述这些综合能力是讯问成功的前提。

（二）建立有效的心理接触

讯问过程是讯问人员与犯罪嫌疑人之间进攻与防守的特殊交往过程。在这一过程中，讯问人员为了获得犯罪嫌疑人的口供，处于主动进攻的态势；而犯罪嫌疑人为了逃避惩罚，处于被动防守的态势，对讯问人员怀有戒心和强烈的对立、排斥心理。讯问人员为了取得讯问的成功，必须针对犯罪嫌疑人的心理状态和个性特点，施加积极的心理影响，消除或削弱讯问人员与犯罪嫌疑人之间的心理隔阂，使二者之间建立起心理联系。这种建立心理联系的过程，称为心理接触。讯问人员与犯罪嫌疑人建立有效的心理接触有以下要求：

1. 高尚的人格力量

讯问人员应以自己实事求是、公正执法、廉洁无私的高尚品质，关心犯罪嫌疑人的身体健康、家庭生活情况、设身处地为他人着想的人道主义精神等人格力量，感化被讯问人，赢得其尊重和信任。

2. 善于创造良好的心理接触气氛

针对职务犯罪嫌疑人的特殊性，讯问人员应有意引导其回忆自己历史上闪光的一面等感兴趣的话题，以拉家常等不拘形式的谈话方式，以关心其生活和个人前途，倾听和同情其生活中的不幸遭遇的态度，缩短与犯罪嫌疑人之间的心理距离，消除和缓和其恐惧、紧张、对立情绪及对讯问人员的戒备心理，从而创造施加积极心理影响，建立心理接触的良好气氛。

3. 找到心理接触的突破口

讯问人员应针对犯罪嫌疑人的气质、性格等个性特点和心理状态，选择心理接触的突破口，施加积极的心理影响。例如：胆汁质气质、情绪型性格的人，一般比较重感情，采用感化作为心理接触的突破口容易奏效。黏液质气质、理智型性格的人，采用晓之以理的方法作为心理接触的突破口容易奏效。当被讯问人特别挂念家人、孩子，处于十分焦虑不安的心理状态时，主动向其传递家人、孩子平安的信息，以缓解其焦虑不安的心理状态，容易成为其心理接触的突破口。

（三）管理好情绪、情感

尽管情绪和情感是不同的心理状态，情绪发生变化快，情感相对稳定而长久。但是很多时候不做细致的区分，两者可以换用。情绪管理（Emotion Management）是指通过研究个体和群体对自身情绪和他人情绪的认识、协调、引导、互动和控制，充分挖掘和培植个体和群体的情绪智商、培养驾驭情绪的能力，从而确保个体和群体保持良好的情绪状态，并由此产生良好的管理效果。

在特定的讯问室内，有同步录音录像监督，有难以对付的犯罪嫌疑人无理狡辩、翻供甚至蓄意威胁，讯问工作遇到瓶颈难以取得突破性进展时，讯问人员往往会处于情绪极度焦躁状态。这是一种消极情绪，会使人失去理智与冷静，给讯问工作带来负面影响。学会情绪管理应该是讯问人员必做的事情。

情绪情感是人对特定环境、特定事件所反映的内心体验。它以需要为中介，如果客观事物符合人的需要所产生的态度体验就是愉快的。相反，如果客观事物不满足人的需要，所产生的态度体验就是消极的。正面的情绪情感使人健康、充满信心，不仅能提高大脑及整个神经系统的活力，而且会通过对个体认知、行为等方方面面的影响来促使个体的发展。强烈而持久的消极的情绪情感不但会造成心血管机能紊乱，弱化消化系统、内分泌系统的功能，甚至会导致精神思维紊乱，导致精神疾病的产生。

（四）克服自身的心理障碍

在镜头下讯问，讯问人员容易产生心理障碍。录像过程中，有的讯问人员担心同步录音录像会束缚自己的手脚，产生负面的作用，影响讯问效果。从根本上讲，产生这种心理障碍主要有两个因素：一方面是侦查人员已经习惯于以往的审问方式，突然间将自己讯问时的言行举止全部暴露在摄像头下，难免一时不适应，因高度紧张、期望值过高等，导致产生心理障碍。具体到讯问中，就是讯问思路不清晰，提问缺乏条理性，甚至无所适从。另一方面，"口供第一"的观念还不同程度存在，刑讯逼供、诱骗口供等违法取证的问题并未根除。在一些侦查人员看来，对犯罪嫌疑人打两下、吵两句都很正常，不会出现问题。

在讯问时，讯问人员认为同步录音录像会限制他们的行为，从而产生抵触情绪。对此，要正确对待，努力提高自己的综合能力，借鉴心理学中消除心理障碍的调适方法，诸如回避法、自助法等。通过积极的心理调节，变压力为动力，消除紧张、焦虑、不适应等心理障碍。

（五）消除心理定式

心理定式指心理上的"定向趋势"，它是由一定的心理活动所形成的准备状态，对以后的感知、记忆、思维、情感等心理活动和行为活动起正向的或反向的推动作用。是由先前的活动而造成的一种对活动的特殊的心理准备状态，或活动的倾向性。在环境不变的条件下，定式使人能够应用已掌握的方法迅速解决问题。

心理定式是我们解决问题的准备，它的存在节省人们对不确定问题的探索时间，有其积极意义，但是在讯问中，在情境发生变化时，讯问人员的心理定式则会妨碍其采用新的方法。消极的思维定式束缚创造性思维。讯问相同背景的犯罪嫌疑人，由于心理定式的影响，可能导致讯问人员"先入为主"，精力不集中，流于表面，倾向于找相同经验，思维的广度和深度由此受到限制。讯问人员需克服自身的心理定式，拓宽认知和思维的角度，才能积极有效地推进讯问。

（六）培养意志力、克服畏难心理

由于职务犯罪案件隐蔽性强，所涉社会关系复杂，犯罪者的身份特殊，不仅要求讯问人员精力高度集中，进行复杂的记忆、思维和联想活动。还要求讯问人员有着超强的意志力。在讯问中，一旦遇到不开口说话、沉默面对讯问人员，或胡乱编造，虚假供述，或智商、情商、意商都超强的犯罪嫌疑人，讯问工作就会陷入僵局。这时，讯问人员难免有畏难心理，感觉讯问难度大、阻碍多，产生畏缩退却消极的心理状态，对进一步的讯问工作丧失信心。克服畏难心理的方法有以下几种：一是讯问工作积极主动。主动的意志力能让你克服惰性，把注意力集中于未来。在遇到阻力时，想象自己在克服困难之后成功侦破案件所带来的成就愉悦感，从而积极投身于实现自己目标的具体实践中，集中精力讯问，变消极为积极。二是讯问目标明确，有不侦破案件就不罢休的气概。三是讯问方法得当。讯问的方法很多，有时候不是只用一种方法，有时候有一种方法是起决定作用的。四是讯问计划合理，在讯问之前，讯问人员应该对犯罪嫌疑人的背景、成长环境、工作家庭状况以及人格特点做大量的研究工作，做到知己知彼，有的放矢。

六、镜头下的职务犯罪侦查讯问的心理学对策

在职务犯罪侦查中，讯问具有直接、快捷、经济等其他侦查手段所无法比拟的优势和特点。在讯问实践中，认真分析犯罪嫌疑人的心理过程和个性心理，有助于巧妙地运用策略技巧。成熟的讯问技巧一定是不自觉地运用心理学原理的结果。

（一）"错误认知"诱导策略

诱导不同于诱供。首先，根据《关于办理刑事案件排除非法证据若干问题的规定》以及新《刑事诉讼法》第五十四条第一款规定，采用刑讯逼供、诱供等所取得的证据属于非法证据，应当予以排除。由此可认为，刑讯逼供和诱供的危害程度是应该相近的。如果威胁的程度较为严重且相当于刑讯逼供的，这种证据应当予以排除；对于威胁程度轻微的，不应当排除。所以，一般来讲，诱导不会达到逼供的程度。其次，讯问人员采用诱导的手段实际上是侦

查谋略①的一部分，只要尚属于谋略而不属于威胁就应该原则上不予排除。

讯问工作是否成功取决于犯罪嫌疑人对讯问人员掌握证据程度的认识。犯罪嫌疑人对犯罪事实是否暴露的判断，来源于自己的认知。这种认知一部分来源于过去经验的记忆，另一部分来源于在讯问室里捕捉的信息。所以，这种认知可能是正确的也可能是错误的。正确的认知包括两个方面：自己认识到自己的犯罪事实已被讯问人员掌握或自己的犯罪事实尚未充分暴露，而实际情况亦如此，那么这两种情况都是真实的。错误的认知同样包括两个方面，自认为自己的犯罪事实没有暴露但实际上已经暴露，或者自己的犯罪事实实际已经暴露但自己以为没有被讯问人员掌握。如果实际上已经获得了犯罪证据只是犯罪嫌疑人并不知晓，那就应该有理有据，强化讯问的严肃气氛，适当出示证据，打击犯罪嫌疑人的气焰。现实中存在更多的是正确认知里的后一种情况，这种情况会给讯问工作带来阻碍，因为如果讯问人员提供给犯罪嫌疑人的信息是讯问人员还没有掌握犯罪嫌疑人的犯罪证据，需要依赖讯问工作获取犯罪信息或者寻找案件侦破的突破口，那么犯罪嫌疑人就可能尚存侥幸心理而不主动供述自己的犯罪事实，表现出来的就是抗审，或者虚假供述。在这种情况下，讯问人员应该想办法促使犯罪嫌疑人产生错觉，即错误认知，也即错误地认为讯问人员已经掌握了自己的犯罪事实。如何促使犯罪嫌疑人产生错觉具体方法可以通过虚张声势、声东击西、语气肯定、态度坚决等。

比如，犯罪嫌疑人对"利害关系人"产生认知错误，利害关系人可能掌握或了解犯罪嫌疑人的犯罪事实，因此，犯罪嫌疑人特别关注利害关系人的状况，如受贿案中，利害关系人可能是行贿者或中间人，犯罪嫌疑人最担心的是行贿人是否被抓获了？是否交代了行贿事实？中间人是否已作证人？如果讯问人员传递的信息是肯定的，嫌疑人就会认为自己对抗的条件已经丧失，抗审便失去了意义。

要注意的是，讯问人员出示证据要慎重，尽量少出示，对把握不准的证据尽量不出示，出示证据把握的一个原则是，每一次出示都能增加或强化犯罪嫌疑人对讯问人员已掌握正确的错误确信。

当然还有种错误认知，是需要讯问人员运用类似于认知行为疗法的正确认知讯问法，如有些犯罪嫌疑人认为，"只要不开口，神仙难下手""没有口供定不了案"，故讯问时往往是沉默不语，顽固抵抗讯问。此时，讯问人员要耐心使用正确认知讯问法，给犯罪嫌疑人说明相关的法律规定，让犯罪嫌疑人改变自己的错误认知。

---

① 参见王传道：《侦查谋略学》，中国政法大学出版社2004年版。

（二）"攻其不备，出其不意"策略

《孙子·计篇》中的"攻其无备，出其不意"的战术，是指在敌人意想不到、毫无准备的情况下，对敌人实行突然袭击。军事上的这种战术，在讯问中同样适用。犯罪嫌疑人为应付讯问，一般都作了程度不同的心理准备，但其所作的准备往往是有限的，而无备则是绝对的，必然存在某些漏洞和疏忽。特别是在刚刚被拘捕后，由于其身份、地位、环境、人际关系的变化，又与外界信息隔绝，处于紧张、恐惧、焦虑不安的不稳定状态，他们必然降低防御能力，往往不能准确地判断侦查人员掌握哪些犯罪事实和证据，心理设防漏洞较多。利用其刚刚被拘捕这一有利时机，寻找心理防御的空白或弱点，进行突审，往往能收到良好的讯问效果。

（三）针对不同气质和性格对象的讯问策略

人的气质和性格都是个性特征中比较稳定的心理因素，不同气质、性格的人，对抗讯问的方式也会有不同。胆汁质气质的人属于情绪型、外向型性格，表现急躁、易怒、好冲动，不善于控制自己的情绪，容易抗拒讯问。在讯问中显得强势。对于这种犯罪嫌疑人，应采取"以柔克刚"的感化策略或"激将法"，促使其感情冲动，干扰其思维，使其理智下降，等待供述中出现矛盾和漏洞。然后利用矛盾争辩或在关键之处使用证据，瓦解其抗拒讯问的信心，破坏其心理防御体系。

多血质气质的犯罪嫌疑人，性格外向，情绪稳定，能言善辩。属于智商情商都较高的类型。讯问中，对于讯问人员发出的信息反应敏感，一般不采取正面硬顶硬抗的方法，往往采取编造谎言和无理狡辩的方式对抗讯问。对于这类人讯问中可采用"跳跃式"的发问方式，或利用其"言多必失"的特点，抓住把柄、进行反击。

黏液质的犯罪嫌疑人，情感发生得慢且不外露，属于理智型人，对外界的刺激反应速度慢。开口是经过深思熟虑后形成的，较为稳固，不易攻破。对于这种人，要施加一定的心理压力，促使其神经紧张，打破其按部就班、步步为营的防御体系，促使其在供述中出现矛盾，迫使其供述。

抑郁质和内向型性格的犯罪嫌疑人，沉默忧郁、孤僻、顾虑重重。首先，对于这类人要特别注意掌握好讯问的速度和用语，讯问速度要平缓，给犯罪嫌疑人充足时间理解讯问人员的提问。讯问语言要减少刺激性，使其紧张的情绪得以放松，戒备心理得以缓解。其次，要加强心理接触，耐心开导，多做感化工作，对其在讯问中的点滴进步要及时鼓励，指明出路，使之消除冷淡情绪，产生积极向上的热情和正视罪刑的勇气。最后，要选择犯罪嫌疑人愿意谈或容

易回答的问题入手，以提高其谈话的兴趣。

现实中，单单属于某一种典型气质类型的人是极少数，多数人的气质类型属于混合型，即介于不同类型的中间类型，或以一种气质类型为主混合其他气质类型。所以讯问策略只是就典型性气质类型提的建议，具体个案要综合分析。预审人员在适当给予心理压力后，还要多做感化、开导工作，指明出路，打消幻想，促使其坦白交代。

（四）情感感化的讯问策略

犯罪嫌疑人与讯问人员作为博弈的双方，极易导致犯罪嫌疑人的敌对情绪。这时候，讯问人员要注重情感的影响和感化。情绪情感的影响主要是从三个方面，首先，讯问人员在讯问过程中，运用暗示或其他方法消除犯罪嫌疑人紧张情绪；其次，采用激将法；最后，用情绪感染法。

情感感化的首要方式是共情，共情（empathy），也称为神入、同理心。共情由人本主义创始人罗杰斯所阐述的概念，却越来越为现代精神分析学者所重视。共情广泛运用于人际关系之中，共情要求一方带着同理心走入对方的世界。共情的具体含义包括：深入对方内心去体验他的情感、思维；借助于知识和经验，把握对方的体验与他的经历和人格之间的联系，更好地理解问题的实质；把自己的共情传达给对方，以影响对方并取得反馈。讯问人员要对职务犯罪的嫌疑人过去的委屈、遭遇表示理解、说明其他人在相似的情况下也很有可能会干出同样的事情来，犯罪嫌疑人所做事情有其原因，如此让犯罪嫌疑人心理减压，减少负罪感，自愿配合讯问工作。如某涉嫌挪用公款罪的犯罪嫌疑人，当讯问人员了解到犯罪嫌疑人挪用公款是为了给儿子买新房，本来是打算还的，但是儿子随后又发生其他不幸事情，行为人第一次挪用的钱还没还上，又继续了第二次、第三次的挪用行为，但该犯罪嫌疑人在其他方面并没有违法乱纪行为。讯问人员讯问时就可以对犯罪嫌疑人的挪用行为表示理解，认为挪用行为体现的是一个父亲护犊心切。需要注意的是，表达共情一定应把握时机，共情应该适度，讯问中不宜过多使用共情。

另外，情感感化可以采用错误归因的方法。讯问人员为犯罪嫌疑人的所为提供一种更容易在道德上被接受的动机和原因，例如，贪污的动机是家庭经济收入拮据、父母有病或子女急需用钱或者为上级领导供奉等，或者在挪用公款中，挪用公款是为了解决自己发小的燃眉之急等，尽管这些原因不足以赦免罪行，但是可以用这种错误归因的方式，减少犯罪嫌疑人的消极情绪，只要犯罪嫌疑人承认了实施了这些行为，不管他供述自己的行为是因为什么原因，讯问人员就可以固定证据，开展下一步工作。

（五）关注微表情策略

情绪以表情形式表现出来，包括面部表情、言语声调表情和身段姿态表情。面部表情是情绪表现的主要形式。面部表情模式是在种族遗传中获得的。面部肌肉运动向脑提供感觉信息，引起皮层皮下的整合活动，产生情感体验。对表情的细微变化进行研究，就是微表情研究。

微表情，是个心理学名词。不同的内心感受表达出不同的表情，在表达的过程中，会"泄露"出其内心信息。"微表情"最短可持续 1/25 秒，可见它的变化之快。如果人为地要隐瞒自己的真实感情的时候，那么其面部表情也会明显地表现出来。因此，通过观察犯罪嫌疑人神态变化而掌握其内心真实想法对讯问策略的及时调整，具有重要意义。

犯罪嫌疑人在说谎或想要说谎时，由于心里想的和表达出来的言语会有矛盾，心里就会有冲突，情绪会紧张，表现出来的就是一系列的生理反应和表情变化。这种细微的表情转瞬即逝，但能反映犯罪嫌疑人的真实心理，所以讯问人员应积极关注这种情绪情感的反应，也就是笔者要说的微表情研究。一个眼光敏锐的讯问人员会特别注意这些细微的表情变化，通过犯罪嫌疑人的言语内容和面部表情以及肢体语言等的变化，可以判断犯罪嫌疑人的真实意图或动机。当犯罪嫌疑人面部、颈部变白或变红、呼吸急促或时快时慢，鼻尖、发际等部位直冒汗，目光不与讯问人员对视，两眼望天花板或者手上、地上，可以判断嫌疑人在撒谎，但是也要注意嫌疑人一贯的说话风格，如果嫌疑人一向都是欲言又止，左顾右盼的就不能下这个结论。在讯问时不能判断他平时的情况，就用不相关的问题来找基线，如果犯罪嫌疑人在论述相关事实时与论述其他不相关的事实时有差别反应，比如论述不相关的事实时目光又与讯问人员相交流，这时可以判断犯罪嫌疑人的真实心理。由此，识别微表情应该首先确定基线表情。

惊讶是持续时间最短的情感。什么时候感觉惊讶？当意外的事情发生时，或者事物的发生突然，人会感到惊讶。在我们明白发生了什么之前，惊讶只持续几秒钟，显现在面部的表情也只有几秒钟。惊讶时眉毛会高高耸起，眉毛下方的皮肤会露出更多，年长的犯罪嫌疑人，前额还会有水平的皱纹。眼睛睁大，上眼皮抬起。嘴巴微微张开、下巴垂下。嘴巴张开的程度依赖于刺激物带来的惊讶程度。如果讯问人员突然说到某个事件时，犯罪嫌疑人出现了惊讶表情，说明犯罪嫌疑人对讯问人员说的事没有意料到，或者觉得太突然了。如，无辜犯罪嫌疑人因为没有经历犯罪事实，对与犯罪行为相关的记忆会空缺。如果在讯问中，犯罪嫌疑人不时地流露出这种惊讶表情，讯问人员就应该更加慎重。一方面，应该继续关注犯罪嫌疑人接下来的表情；另一方面，应该仔细分析案情和其他证据。

悲伤或哀痛是持续时间最长的情感。悲伤的标志性表现形式是脸部肌肉的松弛。悲伤时的眼睛，在睁开的时候会有变化。上眼睑的提升由于被下压的双眉所抑制，皮肤上会形成一层褶皱，但没有恐惧的时候那么明显。这个细微的差别是睁着眼睛的悲伤和恐惧的关键区别。下眼睑比平时遮住更多的眼球。眼轮匝肌部分收缩，主要是下部分收缩，造成下眼睑提升变直。这个微妙的变化，会起到很大的作用——虹膜被遮盖的区域增加，上下缘都被遮住更多的部分。这样一来，眼睛的警觉状态就瞬间消失，眼神也失去了光彩，显得暗淡无力。这是由于黑白对比的减弱，以及眼球反光面减少而造成的感觉。

紧闭嘴唇的形态在很多悲伤的脸上都会出现，紧闭嘴部形态还会出现在吞咽非常苦的药水时，因此也可以将这样的嘴部形态简称为"苦涩的瘪嘴"。苦涩的瘪嘴如果单独出现，没有其他形态特征配合的话，可能反映出行为人心中有惭愧、内疚等轻微情绪。

另外，根据犯罪心理学的研究，我们也能获得这种微表情的解析,[①] 如不自信时候更容易单肩抖动（并不是所有的单肩抖动就是不自信）或者双手摩挲或者有抿嘴动作；人撒谎的时候会有摸脖子的机械反应；惊讶表情超过一秒就可能是假惊讶；如果犯罪嫌疑人不能将打乱顺序的事情讲述一遍，那么事情肯定是编造的。因为事实只有一个，无论怎样打乱发生的顺序，犯罪嫌疑人都应该能按正常顺序讲述。回答时生硬地重复问题很有可能是典型谎言；把手放在眉骨之间，可能表明该人内心羞愧，因为当人感到羞愧的时候，把手放在眉骨或者是额骨附近，或者用手摸额头可以用来建立一个视觉阻碍；或者下巴扬起，嘴角下垂，表明自责心理。如果眼睛向左看通常是在回忆，向右看通常是在思考谎话；还有掩饰真相的揉鼻子动作，人在情绪波动的时候，鼻子里曲静脉血管丛扩张，人会感觉有点痒痒的不舒服，就会去揉鼻子以此来缓解不舒服感；眉毛向上，拉紧，瞳孔放大表恐惧、愤怒。如涉嫌食品监管渎职罪中，犯罪嫌疑人看到因食品中毒死亡的被害人照片，瞳孔放大，显现愤怒时，讯问人员应该在继续关注情绪变化的同时结合共情方法讯问；另外，两边脸上的不同程度的情绪反应也可以反映虚假的表情；说与做的时间也能反映出行为人的内心，例如犯罪嫌疑人在听到讯问人对某件事情的陈述时，突然大声说话，然后再用手脚猛拍桌子或用脚猛踩地板，这是对可怕事情反应的手势时间差。说明犯罪嫌疑人不是真的气愤，因为人的言行应该是一致的，如果是真的发怒，这两个动作就会同时进行。

---

① 参见吴克利：《职务犯罪案件侦查讯问实务》，中国检察出版社 2013 年版。

（六）联想反应讯问策略

过去的犯罪事实有可能已经相隔数年，但是遇到相似的某一事件、情景时，犯罪嫌疑人能回忆起自己当时的犯罪过程包括情景情绪等。就如我们日常生活中碰到类似的人景物事件，我们会说，你让我想起了我当年……这便是联想的作用。所以在讯问中很多时候需要强化犯罪嫌疑人的心理事实。[①]

犯罪嫌疑人经历过的事情会存在潜意识里，适当地刺激强化细节，比如事情发生的时间、地点、知情人以及犯罪嫌疑人特定情绪的记忆。这些细节的一遍遍强化，存在犯罪嫌疑人潜意识里的东西就会浮出水面，变成显意识的内容。

联想反应讯问法主要是根据心理学中联想的原理来揭示犯罪嫌疑人供述的真伪，根据犯罪嫌疑人对无关刺激词和相关刺激词的不同反应，判断犯罪嫌疑人是否有罪。联想是由一个事物的观念想到另一事物的观念的心理过程。联想是一种不可抗拒的心理活动。利用联想可以探索人的心理状态。客观事物是相互联系的，事物之间的不同关系反映到人脑中，使个体在反映某一事物的同时也会对另一事物做出反映。联想反应讯问法，是指利用联想规律获取犯罪嫌疑人的真实供述的一种讯问方法，它主要使用多数与该案无关的话语和与案件有关的刺激语相混合，一次一个词地讯问犯罪嫌疑人，要他将联想到的第一个词迅速说出，作为反应，借以判断其是否有罪。对刺激语的联想有罪嫌疑人与无罪嫌疑人是不一样的。从心理学上讲，当刺激语作用于有罪犯罪嫌疑人时，他往往会出现两种矛盾的心理：一是自感危险，出于掩盖罪行，不顾一切予以否认。如受贿案件中，有罪嫌疑人会否认与行贿人的特殊关系或直接否认一般关系的存在。二是产生据实供述的冲动。在据实供述和虚假供述两种矛盾心理冲突下，会出现以下几种值得注意的情况：第一，对刺激语的反应比对一般语的反应慢。这是因为，在对刺激语的反应上，犯罪嫌疑人不能不假思索地自由联想，为掩盖其与犯罪有关的事实需要寻找其他反应语，从而在反应速度上体现出来。第二，出现与犯罪有关的刺激语时，如果犯罪嫌疑人有罪，他一听到刺激语，就会在瞬间联想起与犯罪有关的事情，假如说得很快，犯罪嫌疑人就容易说出与犯罪有关的事情。第三，由于犯罪有关刺激语使其产生烦恼，常常引起犯罪嫌疑人的情绪混乱，导致荒诞动作的出现，这无形中显露了内心隐情。

[①] 吴克利：《吴克利讲讯问》，中国检察出版社 2014 年版，第 272—273 页。

（七）心理测试辅助讯问策略

多道心理测试仪俗称"测谎仪"。是一项应用于司法实践领域的侦查技术，它已经被世界上包括美国在内的许多国家的侦查部门应用于司法实践，且不少国家如日本、以色列等早就已经将心理测试的结论作为法庭审判的证据使用。在中国，此项技术虽然起步比较晚，发展却十分迅速。经过近 30 年的发展，不仅独立自主研发成功国产的心理测试仪，如 PGA 系列心理测试仪，而且还逐步形成和完善了适合中国司法机关办案实际需要的测试理论、方法和技巧。

根据最高人民检察院《关于 cps 多道仪心理测试鉴定意见能否作为刑诉证据使用问题的批复》（1999 年 9 月 10 日）规定①，它不能直接作为证据使用，但是根据刑诉法 2012 年的修改，专家证人改为具有专门知识的人，由此，多道仪的地位又向前迈进了一步。

心理测试讯问法，就是根据犯罪嫌疑人在接受心理测试时的一系列表现来判断其是否犯罪的一种讯问方法。即根据案件现场情况以及侦查人员侦查到的其他相关事实，事先编辑好题目，向犯罪嫌疑人提问，形成新的刺激，触发犯罪嫌疑人的心理反应，与此同时用心理测试仪记录下犯罪嫌疑人的生理反应，再通过对其生理反应的分析，了解犯罪嫌疑人对被测问题的心理反应，最后，通过比较犯罪嫌疑人对每个问题反应的大小来得出结论。多道仪心理测试的基本技术主要有准绳问题测试（Control Question Test，CQT），相关/不相关问题测试（Relevant/Irrelevant Test，RIT）和隐蔽信息测试（Concealed Lnformation Test，CLT）② 这三类基本技术。无论理论基础还是实测编题，中国心理测试技术都不同于美式"测谎"，它以心理科学中的认知唤醒理论、心理痕迹理论为基础，采用自我认知检测、违法犯罪过程检测、现实心态检测的认知综合编题技术，将整个测试过程分为犯罪心理痕迹动态分析、认知综合法编题、测前谈话、实测操作与评图、图谱综合评判、测后谈话和讯问六个阶段，每一个阶段都非常注重心理学原理、原则、方法的指导和运用，整个测试过程遵循客观、中性、公开的原则。经过检测和探查，主测人可以了解和掌握被测人的心理状态、活动以及与案件相关的心理信息，主要包括以下几个方面：案发时

---

① 该批复规定：CPS 多道心理测试（俗称测谎）鉴定意见与刑事诉讼法规定的鉴定意见不同，不属于刑事诉讼法规定的证据种类。人民检察院办理案件，可以使用 CPS 多道心理测试鉴定意见帮助审查、判断证据，但不能将 CPS 多道心理测试鉴定意见作为证据使用。从该批复中可以明确了多道仪的作用与地位。

② 参见陈云林、孙力斌：《心证之道——心理测试技术新视角》，中国人民公安大学出版社 2012 年版，第 185—211 页。

间、作案人数、作案人的犯罪动机、动机的发动时间、作案的准备性、作案方式、作案人当时的心理活动和内心体验、作案人现实的心理状态，如内疚、负罪感、后悔等。

测试后，应当根据测试结果所反映的心理信息，"因人施审"，即根据每个人不同的心理矛盾和弱点而采取不同的方法和技巧。主审人员应该在测试后积极与主测人沟通，详细了解测试结果和把握嫌疑人的心理变化。而测试后的讯问策略更为重要，概述如下。

1. 讯问的准备要充分

测试结束时不要立刻进行讯问，最好是将嫌疑人单独关在一间屋子里，让其好好"反省"。在这段时间里，嫌疑人会不自觉地回想心理测试中的问题和所实施的犯罪行为，这样会增强嫌疑人自身的负罪感，利于讯问的开展。此外，根据测试所获取的有关案件的关键信息，如作案时间、赃款赃物的去向、作案地点等，向被讯问者施压，掌握的信息越多，对讯问越有利。

2. 减小嫌疑人的心理压力

掌握嫌疑人的犯罪动机后，讯问人员应先表示理解其犯罪动机，可将作案动机强化或转移的因素适当地归咎于另一方（作为讯问策略），使嫌疑人觉得在当时的情境下，任何一个人都会实施类似的犯罪行为，他所作出的行为放在任何一个人身上都很正常。在其犯罪动机得到宽慰以后，再从情感上予以宽容和理解，进一步减小其内心的压力，让嫌疑人觉得，犯罪行为虽不合法，但也是可以理解的，既然已经做出违法行为，就应该直面自己的过失和错误，把事实说清楚、讲明白，争取得到法律的宽大处理，从轻量刑。

3. 坚决打击嫌疑人的侥幸心理

嫌疑人心存侥幸，一方面是想进行最后一搏，以逃避侦查和打击，这也是人们趋利避害的正常心态，可以理解。另一方面，嫌疑人也是在通过这种方式试探讯问人员，到底掌握其有关案件多少材料和证据。对于这种情况，讯问时的语气必须坚定。讯问之初，嫌疑人经常用"这件事真不是我干的""你们冤枉我了""我没干"等来否定犯罪事实，讯问人员可用一句话来回应他们："没测试前你可以这样说，但心理测试后再这样说一万遍，只能证明你的态度不好。"直至嫌疑人不再矢口否认犯罪事实，即使不交代有关案情，也是讯问的进步。对付侥幸心理，主测人切不可犹豫不决、优柔寡断，本身先怀疑测试的科学性和客观性。一旦这样，就会动摇讯问人员的心理基础，使嫌疑人的侥幸心理得逞。

4. 乘胜追击，强化供述动机

经过心理测试后，一些嫌疑人会出现较大的心理起伏，一方面是由于嫌疑人想主动交代，以争取宽大处理；另一方面又惧怕供述后受到法律的严惩，由此引起强烈的动机冲突。在这种情况下，讯问人员应当对嫌疑人"动之以情、晓之以理"，说明利害关系，即主动供认后所能得到的最大减刑程度，强化这种萌芽状态的供述动机；同时，也要将拒供以后所带来的不利说清，弱化已有的拒供动机强度。"说与不说都是你的权利，即使你不说我们公安机关也有别的渠道和技术手段把你的事情弄清楚，但你立功减刑的机会将会随之消失，到时候将会对你十分不利，"这是讯问人员瓦解拒供心理最常说的一句话。适当的时候，再向嫌疑人出示相关的实物证据以此来进一步弱化拒供的动机强度。

　　当然，每个嫌疑人的情况都不尽相同，讯问策略也要因人而异。应该充分应用心理学原理、原则和方法、技巧，结合心理测试后所掌握的嫌疑人信息和嫌疑人前后的心理变化，做到攻心为上、避免刑讯，充分发挥心理测试技术的优越性。

第五章 镜头下的职务犯罪侦查讯问的技术科学研究

现行刑事诉讼法与检察机关的司法解释等相关法律法规对职务犯罪的讯问提出了非常严格的要求，即讯问必须符合法律规则与必要的道德伦理底线。然而，职务犯罪特别是其中占有很大比例的贪污犯罪案件，因其特殊的案情、特殊的犯罪主体与特殊的证据供给构成的独特案件结构，决定了以获取口供为目的的讯问依然是并将长期是检察机关侦破此类案件的重要手段。于是可以看到，在案件讯问需要与法律规范之间存在明显冲突。解决这一冲突的关键措施之一，就是提高职务犯罪讯问的科学技术化程度，利用现代最新的心理生理科学以及相应的仪器设备辅助讯问人员提高讯问技巧与能力。其实，这也是当今所有讯问受到限制的法治发达国家共同走向的刑事讯问之路，即强调心理精神强制和测谎等类似技术。当然，职务犯罪讯问的技术化，可能仍然面临刑讯逼供遭遇的类似问题，即制造冤假错案，给当事人造成过度的精神痛楚。因此，职务犯罪讯问的技术化，同样需要国家法律明确区分可为与不可为的界限。

一、职务犯罪侦查中讯问方法需要科学技术支撑的前提

如前所述，尽管存在诸多不足，刑事诉讼法、司法解释以及相关规定已逐步确立起职务犯罪讯问的法律控制机制。

（一）讯问"过程—结果"的双重控制

职务犯罪讯问空间的封闭与讯问者的角色预期，可能为刑讯逼供以及其他非法讯问提供了广阔的舞台。有效控制与监视讯问过程，是遏制刑讯逼供等非法讯问的重要一环，甚至可以说，是杜绝刑讯逼供的最佳突破口。因此，国家若要控制非法刑讯，仅仅采取"结果控制"的策略是远远不够的，而要首先规范与监控"讯问过程"。大体来说，到 2013 年，中国已经初具对检察机关职务犯罪讯问的"过程—结果"的双重控制规模。在讯问的"结果控制"方面，2012 年刑事诉讼法及其后续中央司法机关的司法解释或其他意见或规定一起，确立起较为完整的非法口供排除规则体系。同时，国家也反复强调对非法讯问者的法律责任追究以及错案终身负责制。

同时，国家在职务犯罪讯问的过程控制方面举措频频，尽管存在诸多缺陷，但亦初步形成了过程监控体系：明确了合理的讯问时间与地点，特别是对于羁押后的嫌疑人、被告人必须尽快送入看守所，且只能在看守所讯问；规定讯问行为的合理中断；规定对所有的讯问过程必须进行录音录像，部分地区还实行侦查人员讯问时的律师在场制度。与其他政法机关相比，检察机关对职务犯罪嫌疑人的同步录音录像，形成了最为系统化的制度体系。由此可见，讯问过程的同步录音录像制度对刑讯逼供有着明显的遏制作用，这就要求检察机关改变既往的办案方法，寻求讯问方法的突破。

（二）讯问"权力—权力"与"权利—权力"的双重制衡

基于职务犯罪的讯问几乎处于封闭状态，且讯问者单方支配嫌疑人，现代法治国家对刑事讯问采取了嫌疑人权利与国家权力的双重控制机制。如英美等国家，在20世纪60年代相继赋予嫌疑人讯问时的沉默权与律师帮助权后，80年代以来，又陆续建立了警察讯问时的同步录音录像制度，以强化国家权力对警察讯问权的控制与监督，以有效减少非法讯问的可能。

在犯罪嫌疑人的权利保障方面，国家首先在刑事诉讼法中明确规定"尊重和保障人权"，并规定不得强迫嫌疑人与被告人自证其罪。同时，刑事诉讼法还完善了侦查阶段的辩护权，明确了律师的辩护人身份，并保障律师对受到羁押、监视居住的犯罪嫌疑人的自由会见权。其次，刑事诉讼法确立了非法证据排除规则，明确规定通过刑讯逼供获得的口供应予排除。但总体来说，通过犯罪嫌疑人控制讯问的机制相对不足。

与此同时，检察机关推进了基层检察院执法规范化、队伍专业化、管理科学化、保障现代化建设，[①]　如内部责任追究制度与2005年推行的讯问时的录音录像制度；再结合2012年修改后的《刑事诉讼法》，通过相应制度确立讯问期间的饮食和休息制度、拘留后的送押制度、羁押讯问地点法定化制度以及讯问时的同步录音录像制度，分别从讯问参与者、合理中断讯问过程、限定羁押讯问场所、羁押场所与讯问人员的适度分离等方面控制检察机关的讯问权力。上述制度共同构成了对检察机关讯问权力的控制机制。

当然，在上述所有控制检察机关职务犯罪讯问的法律措施中，讯问过程的

---

① 参见2013年3月曹建明所作的《最高人民检察院工作报告》，中央政府门户网站，http：//www. gov. cn/2013lh/content_ 2359180. htm，最后访问时间：2014年8月22日。

同步录音录像最具有革命性意义。① 实践已经证明，检察机关对讯问过程实施全程同步录音录像，客观上不仅能够重现犯罪嫌疑人接受讯问时的场景，直接将办案执法行为置于实时监督之中，使讯问的每个细节都表露无遗，而且这种实时监督在必要时能够在法庭上重现，对侦查人员采取非法手段获取口供必然产生强大的威慑作用，从而最大限度地防止以非法的手段获取口供，最大限度保障犯罪嫌疑人的合法权利。

除此之外，职务犯罪主体作为国家工作人员，都是经过层层遴选在各自相关专业领域具有一定优势的高素质人员，整体文化相对较高，并且在犯罪实施前隐蔽自己的犯罪行为，犯罪实施后毁灭罪证，具有高度的反侦查意识，加之证实犯罪以后其将失去社会地位以及由此而附带的庞大利益，对其影响之大而决定了犯罪嫌疑人在侦查讯问过程中与侦查人员殊死相抗，绝不供认，由此对职务犯罪嫌疑人的讯问比其他类型犯罪的讯问存在更大的难度。

因此，现行刑事诉讼法对职务犯罪讯问的法律规范越来越强，这意味着传统的一些讯问方法将面临合法性危机；同时，职务犯罪讯问面临的特殊对象——国家工作人员，共同决定了在讯问过程中引进科学的讯问方法，改变既往的讯问策略，已经成为当前职务犯罪讯问转型的必然途径。

二、镜头下的职务犯罪讯问中运用科学技术的种类

借助现代科学技术方法，突破职务犯罪讯问乃至整个刑事讯问困境，通过合乎法律的方法获取犯罪嫌疑人的口供，应该说是当前国内外讯问领域研究的重要理论与实践主题。当前，仅就职务犯罪讯问来说，科学技术的运用主要集中在三个领域：

（一）法律利用科学技术对职务犯罪讯问过程的规制

这种规制体现在如何有效利用录音录像等设备对讯问过程进行客观记录，如何提高记录的清晰度、完整性，从而打破讯问过程的封闭性与秘密性，避免讯问过程中的违法行为，特别是刑讯逼供行为。

---

① 早在 2005 年，最高人民检察院就通过了《人民检察院讯问职务犯罪嫌疑人实行全程同步录音录像的规定（试行）》，开始在检察系统试验推行全程同步录音录像制度；从 2007 年 10 月 1 日起，最高人民检察院已经规定全国各级人民检察院在办理职务犯罪案件讯问犯罪嫌疑人时必须实行全程同步录音录像。而 2013 年 1 月 1 日起实施的《刑事诉讼法》第一百二十一条才选择性地规定对一些案件进行录音录像："侦查人员在讯问犯罪嫌疑人的时候，可以对讯问过程进行录音或者录像；对于可能判处无期徒刑、死刑的案件或者其他重大犯罪案件，应当对讯问过程进行录音或者录像。""录音或者录像应当全程进行，保持完整性。"因此，检察机关事实上在系统内部对审讯过程的录音录像的规定明显要早于和高于刑事诉讼法的相应规定。

同时，全程录音录像也能够保护侦查人员，避免被告人在法庭上翻供。如《检察日报》报道，自 2006 年 1 月 1 日起，南京市检察机关便开展了对职务犯罪案件讯问全程的录音录像，全年共对 172 起案件进行了全程录音录像。实行全程录音录像以来，职务犯罪侦查案件翻供率由原来的 15% 左右，下降为现在的不足 5%，对干警办案行为的投诉率也下降了 15%。①

（二）科学技术运用于讯问过程可以防止犯罪嫌疑人的自伤、自残与自杀

当前，利用现代科学技术预防职务犯罪嫌疑人在讯问过程中的自杀、自伤与自残等特别重要。对于职务犯罪的犯罪嫌疑人来说，因为身份、地位的戏剧性变化，极易造成心理与身体上的极大反差与失衡，何况讯问过程施加的必要的心理与精神压力也可能导致犯罪嫌疑人突然休克、死亡，造成讯问过程失控，带来无法预期的法律、社会与政治后果。因此，近年来，一些地方利用"身心监测仪"等电子跟踪技术，适时测度犯罪嫌疑人的相关情况，以防意外。②

（三）讯问人员利用科技原理与知识增强讯问效果与提高讯问能力

应该说，职务犯罪讯问方法科学化的主要理由，还是为了增强讯问效果与提高讯问人员的讯问能力。这也是本书研究的主题。就当前来说，职务犯罪讯问科学技术化主要表现在如下几个方面：

首先，利用技术科学知识，制造必要的讯问环境压力，形成一种独特的讯问"气场"，使犯罪嫌疑人主观感到精神与心理压力，从而愿意交代案件事实。

其次，利用科技知识的帮助使犯罪嫌疑人产生一种错觉，认为讯问人员掌握了案件的某些细节与证据，从而选择吐露案件真相。

再次，利用现代一些精神科学、心理科学，透析犯罪嫌疑人的心理及其演变轨迹，讯问人员可以充分掌握主动权，采取或说服教育，或刺激施压等各种技术性、谋略性讯问方法。

最后，利用现代科学知识及其相应的物质载体，如各种仪器设备，帮助讯

---

① 参见崔洁、肖水金：《南京：案件侦查全程录像使翻供率下降10%》，载《检察日报》2007年2月25日第1版。

② 在职务犯罪侦查过程中，犯罪嫌疑人患有心脏病、高血压、糖尿病等疾病的现象比较普遍，在办案区的紧张气氛中，容易导致上述疾病的突发，严重威胁着办案安全。身心监护仪通过全程监控犯罪嫌疑人的血压、脉搏、血氧饱和度等数据，形成生理指标动态分析曲线图反映在办案人员的电脑上。血压、脉搏等生理指标一旦明显超出正常范围，身心监护仪就会立即启动预案模式，法警可以进行有针对性的操作，有效避免意外事件的发生。参见《跟踪科技应用新动向　打造侦查讯问新利器——浙江省宁波市北仑区人民检察院率先创新研发"身心监护仪"》，载《法学杂志》2013年第1期，封底。

问者测度、辨认、甄别犯罪嫌疑人是否在说谎，以便为进一步的讯问策略提供技术支持。

当然，在条件成熟且相应的科学技术的可靠性经过实践检验后，可以逐步实现相应科学技术测度的信息向证据转化，即现代科技知识不仅可以帮助讯问，而且其本身可以作为定罪量刑的证据事实。不过，在本节中，我们主要阐述科技对职务犯罪讯问的意义。为此，我们需要介绍职务犯罪讯问中运用科学技术的原理。

三、镜头下的职务犯罪讯问中运用科学技术的原理

在职务犯罪讯问过程中，之所以可以利用现代科学技术，其主要原理在于：

（一）创造压力型讯问环境

压力型讯问环境的要素主要表现在：时间、空间、场景布置、讯问者与被讯问者之间的物理位置关系。

1. 讯问时间的选择

在讯问实践中，讯问时间对心理强制讯问策略效用的发挥有着至关重要的影响，[①] 一方面，讯问人员有可能操纵犯罪嫌疑人做出供述。另一方面，犯罪嫌疑人识别讯问人员的各种精心设计的心理强制讯问策略的能力受到损抑，这就为各种心理强制讯问策略效能的发挥提供了很好的条件。讯问时间的设置，与犯罪嫌疑人的性别、生理状况、作息规律等因素相关，因此讯问必须在合法的条件下，具体设计恰当的讯问时间。

2. 讯问空间的设计

心理学研究表明，空间的大小对个体心理有制约关系，不同的空间能够对人产生不同的压力。空间的三维量（空间的长、宽、高）是引起个体心理感受压抑与否的主要原因。一般来说，20平方米左右的讯问室是较为合适的。讯问室的布置应从简从洁，符合严肃庄重的要求。[②]

---

① 心理学的研究表明，长时间审讯带来的疲惫、无助与对睡眠、食物和其他生理需求的剥夺相结合，不仅增强了人们的易受影响性，而且还能损害人们做出复杂决定的能力。与长时间审讯相伴而来的易受影响性的增加、复杂决定能力的损害以及逃避动机的增强，为审讯人员的心理强制审讯方法提供了便利。

② 审讯实践表明，审讯室过大，会使讯问空间显得松散，容易分散讯问双方的注意力，不利于造成严肃的讯问气氛，增加了审讯人员对讯问过程控制的难度。但审讯室过小，使审讯空间显得狭窄，形成的讯问气氛过于紧张，会对犯罪嫌疑人的情绪产生不良影响，容易产生心理障碍，不利于犯罪嫌疑人供述案情。参见毕良珍：《侦查讯问场论》，载《江苏警官学院学报》2004年第3期，第48页。

3. 讯问道具的布置（包括灯光、颜色）

讯问室除了办公用品，诸如字画、标语、桌椅等应尽量减少，以免分散讯问双方的注意力。同时，讯问室的照明，即灯光，主要是通过对环境光线的控制，形成明暗层次，造成暂时与外界隔绝信息交换的特殊空间，烘托讯问气氛，起加强注意的指向和集中的作用。讯问室的光线应当是明亮但不刺眼，将光线集中于犯罪嫌疑人一方，以保证观察到其面部表情和姿态变化，适时捕捉讯问战机。①

当然，在讯问中对颜色的心理效应的运用，也是讯问实践的一个组成部分。它主要是针对立案后犯罪嫌人的各种复杂心理，运用相应色彩对其所引起的效应、布置出相应的讯问场所和特有的讯问色彩环境、结合相应的讯问策略等，采取有效的攻克措施。犯罪嫌疑人的年龄不同、性别不同、犯罪经历不同、气质不同等，其心理各不相同，讯问中色彩的运用也是不同的。②

4. 讯问者与被讯问者相对位置关系变化

早在 20 世纪 50 年代，西方国家的科学家们就开始了对交际空间语（也称界域语）的研究。1959 年，美国著名人类学家艾德华·T. 霍尔教授出版了题为《无声语言》一书，尔后又出版了《医学和人类学中的人类形象》一书。这两本书首次向人类详细地介绍了人类的空间关系，并且深刻地揭示出人类对空间的需求与支配行为。我国学者汪福祥，对人与人交往、互动的空间距离细分为四个不同的区域：③ 密切区域、个人区域、社交区域和公共区域。

在职务犯罪讯问这一特殊的交往场所，讯问人员与被讯问者之间的间隔距离一般保持在社交区域的距离间隔。这是一种公众的社交距离，双方拥有一定的独立空间，利于讯问人员观察犯罪嫌疑人的神情姿态以及情绪变化。一般情

---

① 参见毕良珍：《侦查讯问场论》，载《江苏警官学院学报》2004 年第 3 期，第 48 页。

② 色彩对人的心理影响是很大的，它具有感染力和吸引力，对人的情绪有强烈的影响。不同的色彩给人以不同的感觉。黑色庄重、严肃；白色纯正、洁净；绿色恬静、鲜明；红色温暖、焦躁；蓝色空旷、深沉。由于职务犯罪的审讯室的总体要求是体现神圣、庄严、洁净的心理效应，为此，中和色是比较理想的颜色。审讯室一般以浅色为主，即以光洁度较弱的乳白色作为审讯室的主色调，四周墙面和天花板的颜色以乳白色为宜。毕良珍：《侦查讯问场论》，载《江苏警官学院学报》2004 年第 3 期，第 48 页。

③ 密切区域的距离间隔在 15—46cm 之间。在所有的分区域中，人们像保护自己的财产一样保卫着这个区域。在这一区域，只有感情相近的人才能允许彼此进入。个人区域的距离间隔在 4.6—1.2m 之间。朋友之间非正式接触时，比如聊天，相互之间喜欢保持这样的距离。社交区域的距离间隔在 1.2—3.6m 之间。这是在正式社交或者公事交往场合所保持的间隔，比如上下级间的正式谈话、接见来访者、正式的商务谈判等。公共区域的距离间隔超过 3.6m。这是人们在较大的公共场合所保持的距离间隔，比如作报告。参见汪福祥：《奥秘的人体语言》，中国青年出版社 1988 年版，第 29—31 页。

况下，讯问人员与犯罪嫌疑人的位置相对固定在这一区域。①

（二）施加心理强制

心理强制的讯问方法在讯问实践中一直存在，但在相当长的一段时间内，一方面，因为大部分讯问人员缺乏心理学知识而未能在讯问实践中有意识地展开；另一方面，则是因为身体强制的讯问方法见效快、讯问人员不需要特别的专业知识也能进行操作。随着法律对犯罪嫌疑人权利保障的加强以及对讯问权的全方位控制，当代各国的讯问实践中，心理强制的讯问方法已经逐步替代身体强制。

对于心理强制或强迫方法，有学者认为是对犯罪嫌疑人的认知、情感施加影响，促使犯罪嫌疑人按照讯问人员预设的方向回答问题，这种对犯罪嫌疑人的心理活动施加影响而促使犯罪嫌疑人产生供述意向的现象，即是心理强迫。也有人认为心理强制的方法是采用使犯罪嫌疑人形成错误认识的心理学方法来诱使犯罪嫌疑人做出供述。实际上，犯罪嫌疑人在被拘禁、与外界隔绝的情况下，对侦查人员所掌握的犯罪事实和证据并不了解，处于信息隔绝状态，所谓"错误的认识"就是在这种信息不对称情况下所做出的"错误判断"。实践中，此类的讯问方法有造势用势法、暗示法、造成错觉法、冷置法等，此类方法技巧性较强，大多运用了心理学的原理，利用了犯罪嫌疑人在特殊环境下的心理现象而发挥了作用。②

---

① 但是，二者的空间座位距离应该随时进行变化：当需要营造一种促膝谈心的氛围时，可以适当拉近距离，布置出一种办公室里交谈的轻松环境。这样，就利于形成一种缓和的气氛，便于审讯人员与犯罪嫌疑人的情感交流和心理接触，使之受到感化，减少抵触情绪。当然，如果犯罪嫌疑人负隅顽抗，同样可以通过逼近或拉开与犯罪嫌疑人的空间距离，制造压迫感或疏远感，让犯罪嫌疑人产生心理压力。因此，充分利用现代心理科学，创造审讯时审讯人员与犯罪嫌疑人之间的空间距离感，可以产生超乎想象的审讯压力与审讯效果。参见陈闻高、邓翔：《模拟审讯室的设计》，载《江西公安专科学校学报》2007 年第 4 期，第 47—49 页。
② 参见毕惜茜：《审讯中的心理学运用》，载《国家检察官学院学报》2014 年第 4 期，第 169—170 页。然而，心理强制的审讯方法容易导致错误。美国学者通过实证研究发现，以下两大心理强制审讯策略最容易导致虚假供述：一是虚构证据。在侦查讯问中，讯问人员会想方设法让犯罪嫌疑人感觉到侦查机关握有证明其有罪的"铁"的证据，以迫使其做出供述。因此，在审讯实践中，审讯人员一旦占有证明犯罪嫌疑人有罪的证据，他们便夸大证据的类型、数量或者证据的证明强度。在没有证据的情况下，审讯人员经常虚构一些看上去客观并且不可反驳的证明犯罪嫌疑人有罪的虚假证据。二是"最小化"策略。在侦查讯问实践中，为了减少犯罪嫌疑人对于犯罪后果的预期，从而减少其畏罪心理和抗拒心理，审讯人员经常向犯罪嫌疑人"弱化"其犯罪本身的性质、严重性以及犯罪的道德可责性。最小化策略在扫除犯罪嫌疑人的畏罪心理和抗拒心理障碍并促使其进一步选择做出供述方面具有举足轻重的作用。但是，有些最小化策略容易诱发无辜者做出虚假供述。实验发现，这种策略使得 18% 的无辜者做出虚假供述。参见吴纪奎：《心理强制时代的侦查讯问规制》，载《环球法律评论》2009 年第 3 期，第 102—103 页。

（三）对犯罪嫌疑人生理、心理反应的观察与检测，以判断其是否说谎

心理生理检测，是一项综合运用现代心理学、生理学及其他相关学科研究成果及其相应的检测仪器设备，辅助讯问人员对犯罪嫌疑人进行讯问的技术。应该说，在当前刑事办案面临层层法律制度与人权话语严格规训的时代，通过现代科学技术的研究成果，发现犯罪嫌疑人在讯问中的生理、心理反应，以及通过观察与判断其生理反应的蛛丝马迹，捕捉其心理活动以及甄别其言语真伪，可以说是未来职务犯罪讯问乃至刑事讯问突破重重困境的必然路径。

目前，讯问实践中运用最多的是利用心理测试技术或测谎仪对犯罪嫌疑人进行测谎。同时，在我国一些科研院校，已经开始研究微表情、肢体动作等细微的行为反应，帮助检察机关讯问办案。当然，在国外，特别是美国，还利用其他一些技术手段辅助警察讯问。但所有方法的基本目标都是一致的，就是通过心理或生理反应，主要检测犯罪嫌疑人是否说谎以及其内在的心理活动、个人气质等情况。

1. 心理测试技术

它通过向刑事案件中的讯问人员呈现言语或视觉刺激，诱发犯罪嫌疑人产生一定的心理反应，导致其生理活动发生变化，并利用多道仪记录人的多项心理生理反应（诸如呼吸、脉搏、血压和皮电等），进而评判被测人与案件的相关程度。[1] 心理测试技术的核心在于"心理刺激与生理反应的对应关系"，即只要有某种心理刺激，就会有相应的生理反应出现。心理测试依赖于被测试人一组生理指标的变化。尽管多年来，科学家一直在试图找到新的可供检测的人体生理指标供心理测试之用，但是目前仍主要以皮肤电检测、呼吸检测和血压（脉搏）检测为主要依据。[2]

心理测试技术具有几个方面的意义：测试的结果对于讯问人员针对不同的嫌疑对象、不同的案件选择最简洁、最客观的讯问方法最有意义；有助于讯问人员迅速排除无辜者的嫌疑，突出侦查与讯问重点。

2. 肢体动作反应

肢体动作又称肢体语言，是指经由身体的各种动作，从而代替语言借以达到表情达意的沟通目的。在此处，肢体动作只包括身体与四肢所表达的意义（至于面部表情，我们在下处称作微表情）。现代科学研究发现，肢体动作具

---

① 参见张小霞、付有志、闫潇潇：《浅析犯罪生理心理检测技术基本原理》，载《广州市公安管理干部学院学报》2007年第4期，第38页。

② 参见陈云林、刘殿超：《心理测试技术——从"测谎"到"拆谎"》，中国人民公安大学出版社2007年版，第7、12页。

有显著的受内在心理影响的特点，它是内心活动的外在表现。通常情况下，人们相同的情绪心理，会表现为相一致的行为动作或者表情，这些动作是人的心理的外在密码。

3. 微表情反应

微表情（microexpression），即不受个体意识控制，表达试图压抑与隐藏真正情绪的身体外显反应。[①] 微表情是一种特殊的面部表情，具有短暂时间性、生理自发性和真实情绪性三大特性。这种特殊表情的发现对于侦查讯问工作具有尤为重要的实战意义。微表情分析技术具有确定嫌疑程度、掌控应讯心理、识别口供真伪、审核证据材料、扩大取证线索五大应用价值。[②]

4. 笔迹心理分析

笔迹心理分析是近年来国内外研究的热点，属于应用心理学的一种。它以笔迹特征为研究对象，分析书写者的心理和性格特点。笔迹是人们书写活动的结果，书写的产生是客观世界的各种刺激作用于视觉、听觉，并由相应的传入神经传到中枢，然后经过大脑一系列的心理和生理综合分析，发出指令，再由相应的传出神经将指令传至手部，至此完成书写动作。由此可见，人类大脑是笔迹形成的物质基础，笔迹是人类大脑心理活动的结果。[③]

有人认为，通过笔迹来分析个人性格具有很高的准确率，而且应用领域很广泛，诸如应用于公安司法领域、人事管理与人才开发领域、文化教育领域、心理咨询领域以及其他领域。

客观地说，笔迹应该是与书写人的人格具有关联性，国外也有以此作为讯问的辅助性工具。但是，由于笔迹与性格或人格的关联密码目前尚未被有效破译，因此直接运用于讯问领域，可能还不是非常妥当。当然，随着笔迹心理分析科学性的增强，在未来也未必不会成为讯问人员判断犯罪嫌疑人的辅助工具。

---

① 参见邵磊：《微表情在侦查实践中的运用》，载《江西警察学院学报》2013 年第 6 期，第 34 页。

② 参见彭玉伟：《微表情分析技术在侦查讯问工作中的应用研究》，载《中国刑事法杂志》2015 年第 2 期，第 95 页。

③ 已经有心理学家将一些笔迹与人格关系研究的结论汇总如下，如第一，女性群体中，字体大而舒展的人社会掩饰性较高；字体既不紧缩又不舒展的个体间，男性要比女性的社会掩饰性更高。第二，字体既不是很圆润又不是很有棱角的个体间，女性要比男性更为外向；在男性群体中，笔画短的个体比较外向，而笔画写得不短不长的比较内向；在女性群体中，笔画长的个体比较外向。笔画既不是很短又不是很长的个体间，女性要比男性更加外向；同样长笔画的字，女性比男性更加外向。第三，在男性群体中，笔画既不短又不长的个体比笔画长、笔画短的倔强固执；笔画既不是很短又不是很长的个体间，男性要比女性更为倔强固执。参见江勇、董巍：《汉字笔迹整体特征不同水平书写者人格特质研究》，载《心理研究》2013 年第 3 期，第 49 页。

5. 其他一些技术

在国外、尤其是美国警察的讯问实践中，还出现了其他一些所谓的科学讯问技术，当然这些技术的目的，都雷同于测谎，只不过选择测试的途径不同，但这些技术的可靠性受到严重质疑。

第一，声音紧张度分析。声音紧张度分析的原理是，当一个人说谎时，他的声音会释放出我们无法听见，但却可以为 CVSA（Computer Voice Stress Analyzer）有效检测到的震动，即所谓的"微颤"。说真话者的声纹在计算机屏幕上纵向波动，而说谎者的声纹则是块状、方形的线条。据美国真相确证研究所提供的数据，全美有 1700 多个执法机构正在使用 CVSA。

然而，专家指出，没有证据证明人类的声音中存在无法听到的细微震动，更别说 CVSA 能够将其测度出来。因此没有证据或理由让人相信 CVSA 能够辨识出从人的声音中反映出来的紧张因素，以及测试人员能够根据测试图谱来推断犯罪嫌疑人所说是事实还是谎言。即使 CVSA 可以测度出声音反映出的紧张度差异，测试人员也无法知道究竟是欺骗还是其他因素导致了犯罪嫌疑人声音里的紧张。[①]

第二，陈述分析。在美国，警察讯问人员还转向通过分析犯罪嫌疑人的书面语言来判断其是否说谎，然后将其判断结果作为获取犯罪嫌疑人供述的基础。陈述分析法不仅由美国政府、军方和联邦执法部门所采用，也为澳大利亚、加拿大、以色列、墨西哥、新西兰、南非、英国、比利时以及荷兰警方所采用。陈述分析法的理论预设是：

首先，大多数说谎的犯罪嫌疑人并不会明目张胆地撒谎，甚至有时候只是未能说出全部的事实真相。换言之，大多数有罪的犯罪嫌疑人都只是忽略了案件的真实信息而不是提供全然虚假的东西。

其次，说谎的与讲真话的犯罪嫌疑人在口头表达、书面叙述上都不同，二者的书面叙述结构、内容、体系以及风格方面都有差异。按一些人的说法，"撒谎的犯罪嫌疑人是通过想象，而讲真话的犯罪嫌疑人是通过记忆来叙述的"。

最后，受陈述分析法训练的人可以独立于案件事实分析书面内容和结构来识别真假。

然而陈述分析法却被认为是一种垃圾科学。因为没有理由认为说实话者和说谎话者可以表现出书写与言谈有重大差异，并可以通过陈述分析法予以识别。没有理由认为第三方可以依靠任何案件信息，或者不了解个人背景与历史

---

① 参见［美］理查德·A. 利奥：《警察审讯与美国刑事司法》，刘方权、朱奎斌译，中国政法大学出版社 2012 年版，第 79—80 页。

的情况下，仅从个人书写前叙述的言辞或书面表达的特征即可推断其所言是否属实。而且，陈述分析法完全忽视了人们如何说话的语言学研究成果。①

除声音紧张度与陈述分析之外，在美国运用的还有已经被禁止的诚实血清法，即给犯罪嫌疑人注入诚实血清（通常是莨菪碱，也有采用吗啡、氯仿、安米托纳等），待其进入半睡眠状态进行讯问。这种方法在1963年美国联邦最高法院汤森诉塞恩一案判决后被放弃。根据该案判决，通过对犯罪嫌疑人使用诚实血清后所获得的供述是一种非自愿性供述，违反了美国联邦宪法。

四、镜头下的职务犯罪侦查讯问运用科学技术的相应要求

科学技术运用于职务犯罪的讯问中，尽管带来了讯问方法的巨大变革，能够取代刑讯逼供或其他非法讯问方法，但同时也带来一些问题。因此，需要对职务犯罪讯问的技术科学提出一些要求。

（一）职务犯罪讯问运用科学技术面临的问题

第一，技术科学方法可能违背法律与人性。职务犯罪讯问过程中，利用科学技术对犯罪嫌疑人产生心理压力，这种压力过大，可能制造一个讯问人员完全控制局面的印象，由此削弱犯罪嫌疑人否认其罪责的意志，让其感觉无力回天，或者消极，然后被迫招供。② 因此，这种利用科学技术的讯问方法，仍然可能违背犯罪嫌疑人的供述意愿。当然，任何讯问方法都不能不产生供述压力，但如果这种供述压力过大，给犯罪嫌疑人造成巨大的精神痛苦，就有可能被视为违背现代法律与人性的要求。然而如果讯问人员制造的压力过小，犯罪嫌疑人则不可能陈述或据实陈述。因此，职务犯罪利用科学技术方法进行讯问，必须掌握一定的合理限度。

第二，导致虚假供述。讯问压力过大，可能对犯罪嫌疑人形成精神与心理强制，逼迫其虚假陈述。美国学者通过实证研究已经发现，与身体强制的讯问策略不同，利用现代科学技术产生的心理强制的讯问策略不仅具有导致强迫顺从虚假供述的潜在危险，而且还可能诱发新的虚假供述类型——强迫内在化虚假供述。③ 心理强制的讯问策略之所以容易导致强迫顺从性虚假供述，是因为

---

① 参见［美］理查德·A. 利奥：《警察审讯与美国刑事司法》，刘方权、朱奎斌译，中国政法大学出版社2012年版，第87—89页。

② 参见［美］理查德·A. 利奥：《警察审讯与美国刑事司法》，刘方权、朱奎斌译，中国政法大学出版社2012年版，第101页。

③ 所谓强迫顺从虚假供述是指无辜者出于工具性的目的，例如，避免令人厌恶的处境、逃避各种明示或者暗示的威胁、获得或明或暗的各种好处，而对其根本未实施的犯罪做出自我归罪性陈述，尽管犯罪嫌疑人知道自己是无辜者。

心理强制的讯问策略，常常使犯罪嫌疑人形成一种错觉，即讯问人员有充足的证据证明其有罪。而且与身体强制诱发的强迫顺从性虚假供述容易引起讯问人员自身的警觉不同，由心理强制引发的强迫顺从性虚假供述很难引起其警惕，这是因为由心理强制诱发的强迫顺从性虚假供述的产生过程与犯罪嫌疑人的真实陈述的产生过程一样。特别是，在利用科技进行心理强制时，对于虚假供述的辨识更加艰难。[①]

第三，导致讯问人员形成思维定式。运用于职务犯罪讯问中的技术科学方法，本身存在几个问题：一是该科学技术是否可靠；二是该技术方法是否按照合理的程序操作；三是利用该技术方法获得的犯罪嫌疑人生理心理反应信息是否得到合理解读。上述任何一方面存在问题，都可能加重讯问人员对犯罪嫌疑人没有真实陈述的偏见，或者形成犯罪嫌疑人有罪的前见。无论犯罪嫌疑人是否在说谎，还是其是否有罪，只要讯问人员一旦作出不合理的推测，都可能影响其进一步行为，从而通过其他证据或进一步的讯问策略突破犯罪嫌疑人的防线。

第四，这些方法的科学性与可靠性问题。事实上，在上面介绍的诸多讯问方法中，显然可以看到，很多所谓科学的方法，其实仅仅是并没有经过经验有效证实的偏见，以致除心理测试外，很多被讯问人员利用的所谓技术，其实都被视为垃圾科学。它们的可靠性没有经过检验，但由于被称为科学的讯问，往往误导检察官、法官以及当事人双方，从而形成一些冤假错案。

（二）合理规范

因此，需要对运用于职务犯罪讯问的科学技术方法进行合理的规制。

首先，掌握必要的限度，不能给犯罪嫌疑人制造过度的精神痛苦与心理压力，违背底线伦理法律原则，以及导致产生虚假陈述。因此，如何把握讯问过程中科技手段运用的"度"，在侦查讯问最佳效果和保障犯罪嫌疑人合法权益两种相互冲突的价值取向中寻求平衡，可以说是职务犯罪侦查工作面临的一个重要问题。

然而，在侦查讯问实践中，由于各案具体情况不同，犯罪嫌疑人的情况千差万别，在理论上和实践中都难以确定一个统一、明确的标准。但是总体原则是，法律应该为其确定一个原则和底线，即一方面不能制造过度的心理压力，严重影响犯罪嫌疑人的供述自由或强制其迎合讯问人员；另一方面，应不导致犯罪嫌疑人的虚假供述。如果讯问中采取的科学技术方法的讯问手段过度而影

---

① 参见吴纪奎：《心理强制时代的侦查讯问规制》，载《环球法律评论》2009年第3期，第99页。

响了犯罪嫌疑人的意志自由，并可能导致其作虚假供述的，则被认为超过了"度"的界限，在讯问中应予禁止。当然，在把握"度"的方面，讯问人员需要结合犯罪嫌疑人涉嫌犯罪的严重程度、其他证据情况综合判断。换言之，职务犯罪科学讯问方法的设计，一定要遵循比例原则，这具体体现在：第一，讯问人员对犯罪嫌疑人涉嫌犯罪的心理确信程度；第二，其他证据证明犯罪嫌疑人涉嫌犯罪的程度；第三，犯罪嫌疑人涉嫌犯罪的严重程度。

其次，对犯罪嫌疑人进行分析。因为运用各种科技手段于职务犯罪讯问中，其目的只是帮助讯问人员确定犯罪嫌疑人是否有罪；确定犯罪嫌疑人是否说谎；给犯罪嫌疑人制造心理压力，让其选择陈述；给犯罪嫌疑人制造适当的错觉，让其判断失误而作出真实陈述。因此，讯问人员在讯问之前非常重要的工作，就是对犯罪嫌疑人的性格、气质、心理素质、生理素质、职业、人际关系、案件背景等情况做一个全方位的详细调查，然后在此基础上对其作出一个合理的判断并选择合理的科技讯问手段。然后在采用科技讯问方法时，才能正确运用与解读犯罪嫌疑人的生理心理反应信息，也能根据讯问过程及时调整讯问手段。

最后，保障科技讯问方法的可靠性。虽然前面我们只是简单介绍与勾勒了几种科学讯问手段，但事实上，其方法众多。如在美国犯罪讯问中，至少包括利用测谎仪、诚实血清、声音紧张度分析、行为分析、陈述分析等众多所谓科学的分析方法来推测嫌疑人是否有罪。然而，这些方法中很多并非是科学，如陈述分析被利奥视为垃圾科学，毫无科学可言。① 因此，我国检察机关职务犯罪侦查讯问中运用的科学技术，必须在科学方法上具有可靠性，否则只能产生众多误导，形成虚假供述并导致冤假错案。同时，必须对使用科学讯问方法的讯问人员，特别是测谎人员进行严格的训练。目前一些地方积极鼓励新的科学讯问方法，但由于讯问人员基本没有经过培训或仅仅是简单培训后，就立即上马对犯罪嫌疑人测谎，这必然导致众多问题。当然也要注意，在通过科学手段给犯罪嫌疑人制造出心理压力并获得生理反应后，讯问人员应该结合其他证据、犯罪嫌疑人的背景资料进行综合判断，也需要结合其他讯问人员的经验以

---

① 利奥说，所有的陈述分析法，特别是科学内容分析法的理论基础不说其空洞，至少也是模糊不清的。含糊不清的陈述分析法理论似乎认为，因为说实话者与说谎者所根据的回忆不同（前者根据的是真实存在的事实，后者根据的是不存在的凭空杜撰），因此二者在叙述时所使用的语言也不同。然而，即便确实如此，也没有理由认为仅此就导致二者的书写与言谈有何不同，并可以通过陈述分析法予以识别；没有理由认为第三方可不依靠任何案件信息，或者在不了解个人背景与历史的情况下，仅从个人书写前叙述的言词或者书面表达的特征即可推断其所言是否属实。参见［美］理查德·A. 利奥：《警察审讯与美国刑事司法》，刘方权、朱奎斌译，中国政法大学出版社 2012 年版，第 89 页。

及该讯问方法的错误率进行分析。

五、镜头下的职务犯罪侦查讯问的讯问环境类别

随着科技的进步和人道主义精神的深入人心，讯问活动早已抛弃了将犯罪嫌疑人囚禁在一间黑屋子里刑讯逼供这种原始手段，由于肉刑及变相肉刑停止使用，且新刑事诉讼法中提出对讯问过程进行录音录像，讯问人员顾忌增多，讯问手段受到限制，在这种新形势下如何更有效地促进嫌疑人供述罪行成了每一个讯问人员都必须思考的问题。

环境对人的心理与行为有着制约作用。环境是指与有机体发生联系的外部世界，这个广阔的"外部世界"有着丰富的内涵，包括物理环境、社会环境、心理环境等。作为人类行为的一部分，讯问活动的进行也受到环境的影响，环境是侦查讯问系统中的重要一环，那么讯问人员是否可以通过对环境的安排与设置来达到使犯罪嫌疑人供述罪行的目的呢？答案是肯定的。多年来，我国多位实践工作者和学术研究人士针对如何通过控制环境促进讯问顺利进行提出了各种各样的建议，可谓百家争鸣。

（一）空间环境

我国学术界真正开始关注环境在侦查讯问中的作用是在 20 世纪 90 年代中期。姚力提出良好的讯问环境是创造有力讯问气氛的重要因素，所谓的讯问环境是指开展讯问活动的场所，即空间环境，并在《讯问环境初探》一文中，将讯问场所分为讯问室内和讯问室外两方面，详细阐述了讯问场所对讯问气氛的影响。此后一段时期内其他学者的研究纷纷将焦点放在了空间环境上，因此我国从空间角度出发来把握讯问工作的资料最充足、研究最成熟。

1. 讯问室的"三维特性"

（1）讯问室的大小。讯问室过大或过小都会影响讯问正常进行，产生不利的讯问气氛。空间过大，给人一种空旷、自由的感觉，易使犯罪嫌疑人注意不集中，思想开小差；过小又给人一种沉闷、压抑的感觉，易使讯问人员精神疲劳，情绪躁动，易发无名火。

讯问空间不宜过大也不能过小，这是普遍接受的观点，但具体多大最合适存在不同的看法。关于讯问室三维特性的看法中最常见的是长×宽×高为 4.5m×4.5m×3m，也有人主张把讯问室的三维量变为 4m×4.5m×3m、4.5m×4m×3m 以及 4.5m×3.5m×3m 等。

（2）讯问室的形状。环境的形状应与犯罪嫌疑人的心理相联系。比如，如果嫌疑人的气质外向、直率，感情冲动外露，则适宜在椭圆形的环境里进行

讯问；而气质表现内向的，则宜在方形的环境里进行。

2. 讯问室的照明及色彩

（1）讯问室的照明。将自然采光和人工照明作对比，自然光可较准确地观察犯罪嫌疑人的面部表情和细微变化，再现事物的真实形态，但较难控制，受时间、气候的影响较大；而灯光照明利于控制，可根据需要调节色彩、强弱和层次。许多人认为基于安全和保密，且不分散犯罪嫌疑人的注意力等理由，讯问室最好不要有窗户，这时人工照明就更为必要了。

人工照明的具体应用是一个复杂而精细的过程，如灯具宜用钨丝类灯泡嵌顶隐置，主体照明用45度角聚光灯，辅助照明用中角度散射灯，而不宜使用冷色灯、日光灯等灯具，这类灯具会改变物体原有的颜色、形状，造成错觉。

研究者普遍认为应将较强的灯光集中于犯罪嫌疑人一方，既便于侦查人员的观察，又使犯罪嫌疑人产生暴露了的感觉；侦查人员所处位置的光线应该稍微暗一些，这样可以起到一定的掩护作用。总体来说，光线要明亮但不刺眼，既不能过强也不能过弱。

（2）讯问室的色彩。不同的色彩带给人不同的感受，冷色调可以使讯问室显得庄严，从而增加犯罪嫌疑人的心理压力；使用暖色把讯问室布置得朴素、舒适可以减轻犯罪嫌疑人的心理压力。要使犯罪嫌疑人在一定的压力状态下接受讯问，但又不能过分紧张导致思维混乱、无法集中注意力，几乎所有的研究者都认为乳白色等中和色是不错的选择。

在讯问室色彩方面，需要达到洁净、庄严、神圣的效果。室内面积较大的墙壁、天花板应以乳白色为主的中和色涂料为宜，地面可用浅灰显得亮堂，或用深灰显得厚重。中国人情绪一般不外露，较稳重，可使用柔和的黄色作为讯问室的辅色调，涂抹于桌、椅和门这些面积较小的地方，提高刺激度，使犯罪嫌疑人的神经适当兴奋。

3. 讯问室的常规布景

（1）桌椅的布置。桌椅的布置是一门艺术，而桌椅的布置又分为讯问主客体座位的距离、座椅的设置等方面。下面笔者将对关于桌椅布置的各种观点进行详细的梳理：

第一，讯问主、客体座位的距离。

社会心理学家认为，个体之间在进行交往时通常保持一定的距离，这种距离受到个体之间由于相容关系不同而产生的情感距离的影响。

一般可分为四种人际距离：①亲密区（0.2—0.4m）。通常用于父母与子女之间、情人或恋人之间，在此距离上双方均可感受到对方的气味、呼吸、体温等私密性刺激。②个人区（0.5—0.8m）。一般是用于朋友之间，此时，人们说话温柔，可以感知大量的体语信息。③社会区（1.2—2.1m）。用于具有公开关系而不是私人关系的个体之间，如上下级关系、顾客与售货员之间、医生与病人之间等。④公共区（3.7—7.6m）。用于进行正式交往的个体之间或陌生人之间，这些都有社会的标准或习俗。这时的沟通往往是单向的。

讯问人员与犯罪嫌疑人之间恰当的距离应为1.2—2.1m，即社会区的范围。有时侦查人员也可以有意识地缩短这种距离，强行贴近犯罪嫌疑人，故意侵占他的个人空间，这样将使犯罪嫌疑人的安全感下降，焦虑感上升，特别是当侦查员位移至犯罪嫌疑人身后时；另外，还可以通过空间距离的拉近达到心理距离的缩短，实现有效的心理接触与沟通。疑犯与讯问桌之间不应该有物品遮挡，也是出于相似的理由，即既方便讯问者随时切入案犯跟前，使之产生不安全感，必要的时候又有利于实现心理接触和沟通。

讯问主、客体的距离不宜太远，否则为了使对方听清必须提高音量，有时还得重复，这样会拉远心理距离，增加沟通难度。

第二，座椅的设置。

犯罪嫌疑人的座位应该位于讯问室的中间，不能紧靠墙壁，这是专家们公认的准则，李西亭和姚健利用"角落心理"现象对这条准则做出了解释：

"角落可因天然之势起到保护的作用。凡怕暴露自己某些方面弱点的人，往往都会将自己置于角落之中，希望在角落中得到保护。侦讯人员切记不要随意将被讯问者推到某一角落里，置被讯问对象于被多面墙壁或其他物体的保护之中，让他得到心理的某些宽慰，形成不利于讯问的心理，而应让被讯问对象置于四周容易被他人进攻之中，让其感到自己在众目睽睽之下……注意不要让被讯问对象的背部靠在墙壁或有依托的物体上，形成靠的感觉，而让其背面虚空，有腹背受敌之感，形成心理劣势……"

犯罪嫌疑人的座位最好不要靠近门。一般以讯问台靠近出口，疑犯在讯问者的对面为宜，这样侦查员也就守住了出口，犯罪嫌疑人不易夺门而逃。有专家的看法与上述观点相反，认为应安排犯罪嫌疑人后背对门，犯罪嫌疑人后背对门可以避免因关注门外事物导致注意力分散。对此我们可以听到反驳的声音，有人指出实际讯问中是不大可能开着门的，所以这种担心并不成立。

人们对犯罪嫌疑人与讯问人员的座位高低是否应该一致也持有不同的看法。大多数专家提议讯问人员的座位应比犯罪嫌疑人的座位略高，这样的安排一方面可以有效地观察犯罪嫌疑人的一切外部动作和情绪变化，另一方面又可利用向下看的俯视眼光造成犯罪嫌疑人的心理压力，创造有利的讯问气氛。少数学者认为应使讯问双方处于同一水平线上，以表示平等。香港为了以示平等，将讯问桌设置为三角形，两边相等，侦讯人员与犯罪嫌疑人各坐一边，形式上平等，体现尊重犯罪嫌疑人的合法权益。

讯问手册《刑事讯问与供述》中建议让犯罪嫌疑人坐在一张不舒服的椅子上，使他无法接触到诸如电灯开关之类的任何控制器，以便加剧其不适感，诱发其依赖感，陈闻高和邓翔对该策略进行了补充。陈闻高认为使用无靠背、无扶手的坐凳使犯罪嫌疑人无法长时间保持舒服的姿势，当其心理紧张时，脚手和身体不由自主的动作就会暴露无遗。

（2）讯问室的简洁性。讯问室应该无杂物堆积，无字画、挂饰等装饰物，以免分散犯罪嫌疑人的注意力。基本上每一篇与空间环境相关的研究都提到了布置简洁的重要性。如果讯问室内有杂物，犯罪嫌疑人会通过对这些杂物予以关注来分散自己的注意力，达到克制供述欲望的目的，如注意墙上的字画、把玩桌上的小物件等。

（3）宣传标语。不少讯问室里贴有"坦白从宽，抗拒从严"的标语，宣传标语是否必要是一个一直存在争议的话题。讯问室挂有标语可体现法律的威严，实际上，改革开放早期讯问的人犯大多数是一些反革命分子，种类单一，这一横幅确实起到了制造有利讯问气氛的作用，但当代犯罪成员的结构较复杂，这些标语有时会引起犯罪嫌疑人的逆反心理，增加其对供述的抗拒，所以标语的运用是否得当，应根据犯罪人员的具体情况具体分析。

（4）其他应注意的地方。例如，有研究者认为可在讯问室里悬挂国徽以彰显法律的威严，起到震慑犯罪嫌疑人的效果；出于安全和保密的需要，讯问室一般不应该有窗户，就算有窗户也应该用深色布帘遮住，避免窗外景物分散犯罪嫌疑人注意力和讯问室内活动泄露；讯问室内不宜安装电话等；应该减少加热或排风系统的噪声等。

（5）特殊讯问室。特殊讯问室是为适应特殊对象而创设的讯问室。此类讯问室的布置与以上要求不同，而是自然、舒适，有会客厅般的风格，这是为了淡化侦讯中的角色感，给犯罪嫌疑人轻松的受尊重的感觉，以赢得信任，建立心理接触。

4. 讯问室的非常规布景

《论审讯环境技巧及其效应》中，刘谋斌（2005）给出了"布景术"的含义：通过对审讯环境的巧妙布置，寓情于景，借景创意，从而发挥环境的微妙作用。

马李芬教授在《审讯场所的选择和布景》一文中提出了"非常规布景"的说法。所谓非常规布景，是指"针对某一起具体的案件、某一个具体的犯罪嫌疑人，利用与案件有关的物品、人物或其他途径来布景。"非常规布景包括利用物证布景、利用卷宗布景、利用录像资料布景、演绎布景等。

合理的使用证据可以打消犯罪嫌疑人的侥幸心理，起到突破一点影响全局的作用。一些典型策略如下：将赃物、作案工具和在犯罪现场找到的物品放在犯罪嫌疑人的视线范围内，若犯罪嫌疑人对这些物品给予过多的关注，则可以推断他和案件确实有关；以虚击实，当案件事实存在的可能性很大，讯问人员又没有掌握证据，可故意呈现与案情相关的物品营造证据已被查获的假象；将厚厚的卷宗放在讯问桌上，在讯问过程中时不时地瞅两眼卷宗，甚至还可以在首页写上犯罪嫌疑人的名字，犯罪嫌疑人会将这些行为解读为检方已经掌握了大量证据，心理防线产生动摇；讯问团伙成员时，讯问人员把其他案卷拿来作出对口供的样子，然后要求犯罪嫌疑人继续交代其没有交代的问题，言外之意是其他人已经交代了，顽固抵抗已是徒劳；可播放录制了检方办案过程的视频资料，这些视频往往会使犯罪嫌疑人感到检方对此案非常重视且已经获取大量证据，进而重新判断自己的处境，认为自己除了供述已无路可逃；对共同犯罪人实行差别待遇以分化瓦解犯罪团伙。

5. 讯问地点的选择

讯问地点包括犯罪嫌疑人的住宅、办公室、犯罪现场和专门的讯问室等几类，讯问地点的选择会对犯罪嫌疑人产生重大的影响。

安静、无异味的环境有利于讯问的顺利进行，因此讯问场所应远离工厂、锅炉房、食堂、大型厕所等地以避免干扰。

在选择讯问地点时，侦查人员倾向于选择犯罪嫌疑人不熟悉的地方，因为比起住宅、犯罪嫌疑人的工作地点，专门的讯问室更具威慑力。马李芬用"心理场"原理在一定程度上解释了这种现象：每个人都有特定的生活场所，这些熟悉的场所就是心理场，离心理场越远，就越缺乏安全感，因而讯问场所距离犯罪者的心理场越远，犯罪者的压力就越大，戒备机制受到的破坏就越大。但有学者认为，对于未成年人或者相对无行为能力的犯罪嫌疑人，可以选择在其居住地进行审问。

异地讯问是建立在"心理场"理论上的一种常用策略，即通过变更讯问地点和讯问人员制造紧张气氛。异地讯问适用于重、特大案件的犯罪嫌疑人和对讯问场所比较熟悉的惯犯、累犯，这些人往往在当地拥有强大的关系网，当地的讯问室对他们缺乏震慑力，因此有必要变换讯问地点和人员，使犯罪嫌疑人产生陌生的感觉，击碎原本的安全感，造成压抑气氛，从而使其不得不依靠如实交罪来缓和紧张压抑的气氛。与就地讯问相比，异地讯问的作用体现在：第一，可以在一定程度上动摇犯罪嫌疑人赖以抗拒讯问的支柱；第二，有利于制造心理压力，打破其原有的心理平衡；第三，有助于讯问策略、方法的调整，组织新的讯问攻势以及其他辅助措施的使用。

还可将犯罪现场作为讯问场所，现场讯问分为两种情况：一是当场抓捕当场讯问。犯罪嫌疑人突然被抓捕，心理紧张惶恐，来不及思考反讯问对策，便于检察机关人员乘虚而入，面对不期而至的侦查员和铁的事实与证据，多数人会做出供认，当然借助现场口供能够为侦查工作的全面、深入展开提供线索和机遇，比如解救被困人质、收缴作案工具或者赃款赃物等。二是配合常规讯问的现场讯问。所谓常规讯问即在讯问室或者临时选用的某一特定空间进行的讯问，配合常规讯问的现场讯问有助于唤醒犯罪嫌疑人沉睡的记忆，获取完整系统的陈述，还能暗示犯罪嫌疑人侦查员是充分知情的，企图蒙混过关是徒劳的。

综上，讯问地点的选择应符合"安全、保密、有对策"的原则。

（二）时间环境

20 世纪 90 年代对讯问环境的研究集中于空间环境，1999 年，陈闻高在《论侦讯环境》一文里首次将侦讯时间纳入侦讯环境的范畴，之后的研究者们纷纷开发新的研究领域，对时间等非空间的环境因素的研究逐渐增多。

1. 时间段的选择

讯问时间在上午、下午或晚上均可，最好不要在中午讯问。因为人的生物钟大都是早晨和上午精力充沛，思维活跃，对问题的分析判断准确，记忆和陈述能力较强；中午人的思维进入相对抑制状态，记忆力下降，对事物的观察和理解不够深刻，注意力的集中性较差，心理上也感到不适。下午，思维的兴奋状态得到了一定的恢复，但体能进一步耗尽，大脑的发散思维不够广阔，而且不够流畅，对事物的判断也不够准确。

夜间讯问受到学者和实践工作者的重视，夜间讯问的合理性从多个角度得到了论证。陈闻高从常时与异时侦讯的角度出发，提出常时讯问气氛较平稳，异常时间如夜间侦讯气氛较动荡，半夜突然提审容易被案犯疑为检方获得了新证据，从而使其紧张不安，气氛异常动荡；朱林兵肯定了陈闻高的观点，并给予了补充：夜间个体表现出容易听取别人意见的倾向；而马李芬认为人生来就对黑暗有恐惧感，这种感觉埋藏在潜意识中，无形中影响着人的意志。徐启明和陈欣立足于重特大案件的讯问，指出案情重大的案件如果白天讯问，晚上中断，给犯罪嫌疑人以太多思考、准备时间，可能失去战机。

显然，夜间讯问的种种优点是毋庸置疑的，然而研究者们对夜间讯问给予了总体上肯定的同时，也进行了反思。夜间讯问在一段时间内是理智的——犯罪嫌疑人感觉、知觉都较敏锐、精力集中、生理状态良好，但在正常的睡眠时间内通常会忍受来自外部的心理折磨（侦查人员施加的）与内部的生理折磨（生理规律造成的），在双重折磨的煎熬下，很容易造成心理失衡并趋于供罪，可见，夜间讯问不仅具有心理的强制性，而且由于犯罪嫌疑人休息、睡眠时间的丧失，使讯问过程增加了生理强制，这种基于生理强制的讯问不免有变相刑讯逼供的嫌疑，意味着犯罪嫌疑人权利受到限制甚至被剥夺，应当慎重考虑。

综上，夜间讯问既要考虑到侦查的效果，同时也应当避免违法，注意节制。

另有专家开创性地提出选择在特殊日期开展讯问有助于营造有利气氛。节日、生日、纪念日等对犯罪嫌疑人而言具有特殊意义的日期，通常容易引发犯罪嫌疑人的情感，唤醒其良知。如在节庆期间到房间当面向他发难，使他意识到，如果不合作，这可能将成为他与家人共度的最后一个节日。

2. 侦讯时机的把握

侦讯时机即最利于顺利展开侦讯活动的时间性的客观条件。在控制侦讯时限的基础上，及时把握侦讯时机对讯问活动也具有重要意义。在侦讯的每个阶段，都有其各自的侦讯时机，侦讯人员要审时度势，发现每个侦讯时间段中的侦讯时机，并给予把握和运用。

初讯是整个讯问流程的重要一环。初讯时犯罪嫌疑人的心理平衡被打破，在其思想混乱、情绪紧张、侥幸心理受到冲击之时，若能利用其在估测案情中试探摸底的心态扩展其心理的主观证据场，也就利于进一步的侦讯活动，直达突破案情。初讯的效果与"控制"手段的选择密切相关，通过"抓捕"而不是"通知""传唤"的手段给犯罪嫌疑人制造心理压力，是初讯成功的重要保障，由于"抓捕"显著的身体强制性特征，以及自由受限时间的不确定性，使得讯问过程具有相当程度的压迫性，这种压迫性是传唤程序本身不可能带来的心理效果。

侦讯活动也会受到其与案发时间的间隔的影响。如果案件久拖不结，就给犯罪嫌疑人和其家属提供了充分的时间来准备各种应对方式，如作伪证、统一口供等，从而增加侦讯的难度。相反，刚立案时就传唤犯罪嫌疑人对其进行讯问的话，由于事出突然，犯罪嫌疑人还没有做好心理准备，心理平衡较易被打破，有利于达到供述罪行的目的。

另有以下一些具体的侦讯时机可供参考：获取了犯罪证据，但犯罪嫌疑人还来不及编造谎言的时候；犯罪嫌疑人思想斗争激烈的时候；犯罪嫌疑人作案被当场抓获时；犯罪嫌疑人知道无法继续抵赖或者萌生悔罪心理时；在侦讯中，犯罪嫌疑人露出破绽，被抓住了把柄时；犯罪嫌疑人刚被采取强制措施时；等等。

关于侦讯时机的资料并不丰富，从这些零星的研究里可以看出专家们普遍认为在犯罪嫌疑人还未做好心理准备，即初审、突审或案发不久后进行讯问能取得较理想的结果。

3. 次数、频率的掌握

关于次数、频率的掌握有两种理解方法,一种是讯问人员总共对犯罪嫌疑人的拘传、讯问次数;另一种是在每一次拘传中,对犯罪嫌疑人讯问的次数和频率。下面,对这两方面分别进行分析。

我国刑事诉讼法规定不得连续两次拘传,却没有说明拘传的总次数和每次拘传相间隔的时间,只是要求以日常生活的经验为准。由于法律并没有具体的规定,导致在实践过程中,出现侦讯人员滥用拘传、变相羁押的情形。

对于第二种理解,有学者认为,讯问次数和频率会对犯罪嫌疑人的心理造成重大影响,具体来说,随着讯问的频率、次数增加,犯罪嫌疑人的情绪更为复杂,承受的压力也比较多;随着讯问次数的减少,犯罪嫌疑人的心情也随之放松,承受压力也较小。

讯问的次数和频率的安排对于营造讯问气氛非常重要。讯问人员可以通过讯问的次数和频率的变化,应对不同心理的犯罪嫌疑人。例如,对于存在侥幸心理的犯罪嫌疑人,就可以增加讯问次数和频率,摧毁其侥幸心理;对于有经常受讯经验的犯罪嫌疑人也要增加讯问次数和频率,使其承受较大的心理压力,放弃抵抗。由此推导,对于紧张、恐惧的犯罪嫌疑人或是初犯,可以适度降低讯问次数和频率,缓解其焦虑情绪,使其能以健康的心态来面对讯问。一般来说,两次侦讯的间隔时间不宜太长,以免罪犯想好对策阻碍讯问,然而应对性情急躁、心直口快的犯罪嫌疑人,可在一定时间内不予理睬,同时对其周围的人不时地讯问,使其焦虑,产生不吐不快的情绪,从而主动要求交代罪行。可见,针对不同类型的犯罪嫌疑人最合适的讯问次数、频率也是不同的。

(三) 案件背景

案件背景这一要素由陈闻高教授于 1999 年在《论侦讯环境》一文中引入讯问环境。陈闻高提出,侦讯环境的主要构成有案件背景、人物关系、侦讯场地、讯问时间,对侦讯环境的这一全新诠释具有划时代的意义,增加了实践工作者和学术界在考察讯问环境时的思考角度,扩展了环境概念的内涵。侦讯环境不再局限于讯问活动正在进行的时空维度,而是扩展到了犯罪客观要件和侦查活动的大背景,从微观到宏观,从此刻到过去。

案件背景是一种客观存在,侦查开始之前就已形成,侦查工作的进行要以案件背景为出发点,在案件背景中寻找、确认与案件有联系的犯罪嫌疑人和相关证人。案件背景一般由案件构成、案侦经过、证据透明度这三个方面组成,每个方面在侦讯人员的侦讯过程中都要进行运用,才能通过案件背景查明案件事实。

案件背景和讯问活动有着密切联系，讯问活动是侦讯人员与犯罪嫌疑人之间斗智斗勇的过程，侦讯人员想要在这个没有硝烟的战场胜利，必须要从案件背景出发，充分了解案件相关信息，并在讯问中加以运用，瓦解对方的心理，提高侦讯成功的概率。

（四）人物环境

"人物环境"是一个大概念，包括人势环境、人物关系和人际环境等。

"人势环境"一词由李西亭和姚健提出，他们认为人多势众会给人以威胁和压力，势单力薄往往容易形成孤立无援的感觉，因此讯问人员与犯罪嫌疑人的人员对比至少应当满足2:1，必要时可用人势创造一种情境。一些学者提到的增人术和减人术亦是运用人势环境创造符合需要的情境。

人物关系的构成较为复杂，具体包括：

1. 案件背景中的人物关系，这时侦讯活动还未展开，但侦查活动已在进行，作案人、受害者、知情人、证人和参与验尸、鉴定的人员都属于这个范畴。

2. 侦讯背景中的人物关系，顾名思义，即所有出现在讯问场所中的人物的关系，毕良珍的"讯问人际场"概念类似于此。

3. 主体与对象的相互条件，即讯问主体和讯问对象的自然属性和社会属性，如双方的性别、年龄、籍贯、文化程度、仪表等，也有学者将人物关系称为"人文环境"。

徐启明和陈欣是这样界定人际环境的：侦查人员与犯罪嫌疑人在互动过程中进行信息交流，形成心理上的反映，在某些特殊情况下由于其他人员介入询问活动，也影响着侦查人员与犯罪嫌疑人的心理。他们还分析了侦查讯问中的人际关系的特点，并在此基础上提出了在侦查讯问中有效运用人际关系的建议，如明确双方的关系应是心理相容而不是尖锐对立、合理利用权威效应、必要时安排证人或者同伙进行质证等。

（五）语言环境

姚力首次提出语言在讯问中的作用，他认为语言艺术影响讯问气氛，语言艺术包括讯问人员的语言表达能力和运用无声语言刺激的技巧。不过此时的"语言"因素并不是作为环境的一部分存在，而是一个与环境平行的概念。

其后，陈闻高同样站在语言影响讯问气氛的角度分析了侦讯语言。他认为侦讯对话的气氛是双方创造的，但侦讯人员居于主导地位，侦讯人员可以根据自己的实际需要通过讯问技巧、问答用语创造出适合自己讯问目的的侦讯氛围。

毕良珍提出了"讯问语境场",这个概念类似于语言环境。她认为,侦查讯问过程是一种独特的通过语言的运用作用到犯罪嫌疑人心理的交际活动。一个良好的讯问语境场需要技巧的讯问用语,有效的体态语言和合理的证据使用。通过这些要素的构成,使讯问语境场作用于犯罪嫌疑人的心理,使犯罪嫌疑人的心理因此受到波动。

刘谋斌在《论审讯环境技巧及其效应》中将审讯环境分为时空环境、人际环境和语言环境。语言要素被正式引入审讯环境。

其后的学者对语言环境作了深入研究。语言环境由语气、语调、语速这三个方面构成,讯问人员只有将这三个方面协调起来,营造一个良好的语言环境,才能得到较好的讯问效果。

1. 语气因素

侦查人员在大多数情况下都应使用严肃的语气。侦查讯问是侦查人员与犯罪嫌疑人之间的激烈较量,具有很强的对抗性、攻击性。讯问双方的矛盾导致讯问人员必须使用严肃的语气给犯罪嫌疑人造成一定的心理压力,以在这场唇枪舌剑的战斗中取得优势。

强硬的语气能给犯罪嫌疑人造成强烈刺激,促使其改变不当态度。强硬语气宜在以下情况使用:犯罪嫌疑人采取各种手段抗拒讯问时;犯罪嫌疑人气焰嚣张、态度恶劣时;直接使用证据时;掌握证据后实施重点突破时。

通常情况下侦查人员的讯问语气是严肃强硬的,但在侦查人员与犯罪嫌疑人进行心理接触、感情联络时,必须使用缓和的语气,避免不必要的情绪刺激。犯罪嫌疑人畏罪心理严重时也宜采用缓和的语气,这时他们害怕供述罪行后受到严厉的惩罚,怕听到刺激性强的词语,缓和的语气得以帮助犯罪嫌疑人循序渐进地转化思想认识。

2. 语调因素

对待不同的犯罪嫌疑人应该采用不同的讯问语调。对于惯犯、累犯或者态度较顽固的罪犯,可综合运用重、中度语调、短句和强硬语句加以打击;而对于情感脆弱、不够成熟的青少年犯、女犯或者初犯,当他们出现懊悔、内疚等情绪时,可降低语调,以消除其恐惧心理,平复心情。

3. 语速因素

面对老奸巨猾、能言善辩的犯罪嫌疑人,侦查人员应该提高讯问频率和加快讯问速度,一气呵成,句句紧逼,使犯罪嫌疑人穷于应付,没有时间思考编造虚假口供;而对心理压力过大,畏罪心理严重的犯罪嫌疑人,则要降低讯问频率和语速,以缓解讯问气氛,使其保持正常的心理状态。

六、镜头下的职务犯罪侦查讯问的讯问环境研究的发展趋势

(一) 环境的内涵日益丰富

随着学者们对讯问环境的研究越发深入，讯问环境的内涵也越来越丰富。

起初，侦讯环境即空间环境，内涵单一，学者们纷纷扎堆研究讯问室的各类空间因素。1999 年陈闻高教授重新定义了侦讯环境：侦讯环境是连接整个侦讯系统的介质，其主要构成有案件背景、人物关系、侦讯场地、侦讯时间。侦讯环境的内涵开始丰富起来，随后语言等因素也加入了环境范畴。

虽然目前对讯问环境的研究重点仍然是时空环境，但研究角度日益多样化，对环境的理解正从微观向宏观，从此刻向未来转变。经历了二十多年的辛勤探索，如今研究者们笔下的讯问环境已是囊括了众多子因素的宏观环境，且这些子因素还有增多的趋势，笔者相信在思维更加发散、研究氛围更为开放的未来，讯问环境的内涵还会得到不断扩充，实践工作中值得借鉴的研究资料也会越来越丰富。

(二) 科技所占比重越来越大

随着现代科学技术的迅速发展，在讯问室中应用科技设备协助讯问人员构造适宜的环境已成为普遍现象。

理论来源于实践，20 世纪 90 年代早期，讯问室的布置较简单，没有录音录像设施、暖气、空调等现代科技产品，因此相关资料中也鲜有"科技"一词。90 年代末，越来越多的科学技术走进老百姓的生活的同时也走进了严肃的讯问室。1997 年，李西亭和姚健在谈论如何在侦讯人员和外围人员之间创造高效的信息通道时提到了幻灯、录音录像设备和无线电耳机的运用；1999年陈闻高在《论侦讯环境》一文里提出"技术审讯室"，所谓技术审讯室，即在普通审讯室的基础上还配置有现代先进科技手段的审讯室，闭路监视摄像头、测谎仪、电脑等都是技术审讯室的常客。

进入 21 世纪后，基于侦讯过程中对科学技术的大量运用，关于如何在审讯环境中更有效地运用科技手段的研究也越来越多，科技逐渐成为空间环境里的重要一环。尤其是新刑事诉讼法适用后，在法律强制下，录音录像设备在讯问室里有了非常广泛的运用，便利了讯问活动的同时也出现了新的困扰，如何在安装有闭路监控系统的环境下找到适应新形势的讯问策略引起了法学、侦查学、犯罪学等相关学科专家的重视，针对录音录像技术的研究资料自新刑事诉讼法颁布以来大量涌现。如王宇光和李孝辉从讯问场所建设的角度出发，对科学技术在讯问环境的作用进行了研究，他们认为在新刑事诉讼法的背景下，应

当优化讯问场所的硬件设施，具体可以从三个方面进行，一是安装一些高科技设备，比如录音录像设备；二是安装取暖降温的装置，给予讯问人员舒适的讯问环境；三是在讯问场所设立洗手间，供犯罪嫌疑人和办案人员使用，但是要对洗手间的一些零件进行一些处理，以保证犯罪嫌疑人的人身安全。

（三）对环境的人道主义反思

人道主义，源于欧洲文艺复兴时期的一种思想，提倡关怀人，尊重人，以人为中心的世界观，主张人格平等，互相尊重。多年来，我国在讯问的实践过程中一直存在对犯罪嫌疑人不够尊重、犯罪嫌疑人的人权受到侵害的情况，讯问人员片面追求讯问效果，长期忽略犯罪嫌疑人的人权问题，直到进入 21 世纪，随着社会文化和道德文明的进一步发展，部分学者才开始重新审视对待犯罪嫌疑人的种种强制手段，并对讯问环境中存在的一些不人道现象进行反思。

许永勤认为，侦讯人员通过控制犯罪嫌疑人的隐私空间、给予犯罪嫌疑人大量的心理压力等强制行为创造讯问环境的强制性，会给犯罪嫌疑人的心理造成不可磨灭的创伤。

马李芬指出，目前我国的审讯环境对犯罪嫌疑人不够尊重，保护力度还不够强。例如，在审讯过程中，犯罪嫌疑人会出现"如厕难"的情况，该情况出现的原因是由于审讯时间有限，审讯场所并没有提供犯罪嫌疑人上厕所的地方，审讯人员为了节省时间，避免因带犯罪嫌疑人去往其他场所上厕所而发生意外风险，通常都会忽略犯罪嫌疑人上厕所的请求，让犯罪嫌疑人无奈地承受因无法上厕所解决的生理痛苦，对犯罪嫌疑人的心理和身体健康造成伤害。

徐启明等人提出，我国的审讯实践中，审讯人员为了达到自己的目的，往往会损害犯罪嫌疑人的合法权益。例如，由于夜间讯问有利于侦查目的的达成，一些侦查人员剥夺犯罪嫌疑人的休息、睡眠时间，对犯罪嫌疑人进行夜间审讯的生理强制行为，违反了人道主义。

以及前面提到的朱林兵对侦讯时间的一些质疑。目前，学者们大多只对审讯环境中的不人道行为进行举例分析，几乎无人探讨如何兼顾审讯效率和保障人权，该研究领域目前处于空白状态，需要得到重视。

（四）研究对象专门化

早先，讯问环境的研究对象是所有犯罪嫌疑人，研究结果也适用于所有类型的罪犯。可是近年来社会结构改变，各种新型犯罪兴起，犯罪成员的结构日趋复杂，基于这样的背景，仅仅探索具有普适意义的讯问策略已不能满足社会需求，面对复杂的罪犯结构，必须坚持具体问题具体分析的原则，探索适合特定犯罪群体的特定讯问策略，这就对研究对象的专门化提出了要求。

何为"特定犯罪群体"？笔者认为可以从几个方面界定：犯特殊罪名的犯罪嫌疑人；身体、心理状况和其他人相比有区别的犯罪嫌疑人；可能判处无期徒刑、死刑的犯罪嫌疑人。

目前与讯问环境的设置相关的研究大多是针对第一种理解下的"特定类型"，即犯特殊罪名的犯罪嫌疑人，而这里面又以职务犯罪者为重点。例如，近年来职务犯罪在我国刑事案件中占据较重的比例，贪污腐败现象难以根除，而职务犯罪人与其他类型罪犯相比拥有较高的文化修养和自尊，针对职务犯罪者这个特殊群体，应如何设置讯问环境使其符合他们的心理需求以便促进讯问顺利进行，有学者提出建立特别讯问室的建议，近几年也出现了专门以职务犯罪者为对象的研究，如王宇光和李孝辉的《浅谈新刑事诉讼法实施下的看守所职务犯罪审讯场所建设》，以及张朝东和王苗的《职务犯罪审讯问题研究》，等等。

对于第二种理解下的"特定类型"，绝大多数研究是从心理学等学科出发，几乎没有环境学方面的研究资料，因此这里不再例举。

至于第三种理解下的"特定类型"，由于刑事诉讼法新增规定要求对于可能判处无期徒刑、死刑的犯罪嫌疑人的讯问过程应当全程录音录像，目前学者在该方面类型的研究多从全程录音录像制度出发，下文将对此作出具体阐述。

七、镜头下的职务犯罪侦查讯问的讯问环境的新兴研究方向

（一）镜头监控下的讯问环境策略

新修改的刑事诉讼法中第四十三条增加了一项规定，即侦查人员在讯问犯罪嫌疑人时，可以对讯问过程进行录音或者录像；对于可能判处无期徒刑、死刑的案件或其他重大犯罪案件，应当对讯问过程进行录音或录像；录音或者录像应当全程进行，保持完整性。刑事立法中正式确认的讯问录音录像制度，给侦查讯问带来了新挑战，关于镜头监控下的讯问环境的策略引起了学者们的兴趣。

1. 镜头下的挑战

全程录音录像制度颁布之前，讯问环境的设置以攻破犯罪嫌疑人心理防线为主要目的，为讯问人员取得供述创造了有利条件，然而新刑事诉讼法将讯问环境置于镜头监控之下，对讯问人员达到讯问目的产生了一些不利影响。

（1）讯问人员顾忌增多、讯问锐气减少

正如前文所述，侦查讯问过程通过语言的运用使犯罪嫌疑人的心理产生波动，然而，在有视听监督的环境下开展讯问工作，部分讯问人员因害怕言

语出错而心生紧张情绪，继而出现发问不利索等情况，语言环境无法发挥积极作用。

（2）受审对象压力减小、侥幸心理增强

全程录音录像提高了讯问过程的透明度，讯问的神秘感和对于被刑讯逼供的恐惧减少了，受审对象的心理压力也继而减小，在这样一种相对轻松的气氛下，侥幸心理自然增强。

（3）讯问条件要求更高，讯问概率降低

由于全程录音录像对操作人员、技术设施等方面都有特殊要求，在条件不具备的情况下不能进行讯问，这就必然形成虽然需要立即或多次讯问却因条件不达标而无法执行的情况，使得讯问的频率降低，突破口供的机会减小。

（4）讯问节奏受到影响，讯问连续性差

因录音录像条件受限，甚至是停电等原因，会导致讯问中断或不能及时转入新一轮讯问，而这段间歇很可能是即将突破口供的临界点。

（5）讯问操作程序烦琐、现场干扰增多

讯问包含讯问人员分离、原带当场封存、复制录音录像等备案等需要在现场完成的操作程序，而在需要注意力高度集中的讯问环境穿插这些事项，必然会对讯问现场造成干扰，继而对讯问造成一定的负面影响。

2. 同步录音录像制度的价值和作用

一种新制度的推行必然以其能对社会起到积极作用为前提，同步录音录像制度也是如此。

（1）有利于防止非法取证。新《刑事诉讼法》规定："采取刑讯逼供等非法方法收集的犯罪嫌疑人、被告人供述和采用暴力、威胁等非法方法收集的证人证言、被害人陈述，应当予以排除。""严禁刑讯逼供和以威胁、引诱、欺骗以及其他非法方法收集证据，不得强迫任何人证实自己有罪。"全程录音录像制度正是对法律的响应。录音录像使侦查人员的讯问过程得以在法庭上重现，犯罪嫌疑人的供述取得是否合法可以通过录音录像得以确认，限制了讯问人员对非法讯问方式的使用。

（2）有效固定言词证据，防止翻供。被告人选择在庭审阶段对侦查阶段的口供进行更改或翻供是常见的现象，法庭不得不对侦查阶段被告人口供的真实性进行核实，拖延了诉讼。同步录音录像既能固定口供，有效锁定证据，又能弥补笔录的缺陷，增加记录的准确性和同步性，提高诉讼效率。事实上，录音录像制度大大增强了犯罪嫌疑人口供的稳定性，据统计，2006 年到 2007 年各级检察机关在法庭上出示讯问录音录像资料达到 4800 余次，绝大部分翻供理由都被认定为不成立，翻供率明显下降。

3. 应对镜头下的讯问环境的策略

面对录音录像制度带来的挑战和积极意义，讯问人员一方面要做到化利为弊，另一方面要将录音录像的价值最大化，使其为突破口供的讯问目的服务，这就要求讯问者们积极探索、开发适应新背景的讯问策略。

（1）在讯问前，可广泛收集证据，将犯罪侦查从传统的"由供到证"的口供依赖模式向"由证到供"的证据主导模式转变，重视案件线索的初查和涉案信息的收集，树立牢固的证据意识，重视口供但绝不依赖口供，善于从获取证据上下功夫。简单来说，就是要在讯问前通过收集大量的证据为镜头下的规范讯问做足准备，打牢基础。

（2）将测谎技术配套运用到讯问实践中。现代视听记录给讯问工作带来了挑战，我们应以更高新的科技保障来顺应这种挑战。在科技高度发达的今天，技术测谎被成功应用到我们的侦查工作中，它是综合运用心理学、生理学、生物电子学等学科内容来检测被测者回答不同问题时不同的生理反应指标，由此判断被测者是否说谎的技术。测谎结果虽然不能直接作为证据使用，但它起码可以增强讯问人员的信心和提供讯问参考依据，对敦促犯罪嫌疑人交供也可起到积极作用。

在镜头下进行技术测谎，需要注意以下问题：①测谎的主体为具有一定专业水平，能熟练使用测谎技术的侦查人员；测谎的对象为确实有测谎必要，身心条件允许且本人同意的犯罪嫌疑人。②重视测谎题目的编制，把握好无关题目、相关题目和目标题目三种题目的编排顺序和内容。③针对测谎结果及时调整侦查方向，如果之前判断正确，就要乘胜追击，不断深入突破案件，如果前期判断失误，就要及时改变调查方向，调整目标。

（3）利用录音录像促进讯问小组之间的交流。犯罪嫌疑人害怕承担沉重的法律责任，往往抵死不从，这时讯问人员只有制订讯问计划，利用录音录像进行讯问小组间的交流，保证讯问人员间沟通渠道的畅通，促进讯问工作顺利进行。

（4）通过对录音录像资料进行反复研究，找出犯罪嫌疑人的谎言线索和心理弱点。讯问人员在讯问时既要组织合适的讯问言辞，还要应付临场出现的各种情况，难以有足够的时间和精力去发掘犯罪嫌疑人的各种漏洞和矛盾，导致经常错失重要线索。而录音录像的实施，为进一步发掘犯罪嫌疑人的辩解漏洞和谎言提供了可能性。一个人说谎的时候，会在语言和行为上下意识地流露出某些线索和特征，但是这些线索的驻留时间极其短暂，很难当场捕捉，只有在讯问结束后通过对视听资料的反复回放研究，才可能抓住一些蛛丝马迹。

（5）镜头下的问题和不足

全程同步录音录像制度还处于起步阶段，实践中暴露出不少问题有待修正。

实践工作者对全程同步录音录像的认识存在偏差。一些侦查人员对全程同步录音录像的重要性认识不到位，在思想上有抵触情绪，认为自己的讯问活动受到了限制，导致讯问水平的下滑；没有认识到全程同步录音录像制度是对侦查行为的监督，少数侦查人员在讯问过程中仍然言行不规范，甚至讽刺挖苦或侮辱犯罪嫌疑人的行为时有发生；侦查与技术部门缺乏相互制约与监督，少数案件中存在侦查部门先录像后向技术部门提出委托的问题，违反了工作流程规定。

同步录音录像没有覆盖全程。具体表现为同步录音录像没有从犯罪嫌疑人进入讯问场所开始，讯问人员和技术人员没有事先沟通，有时录音录像设备尚未开始运行，犯罪嫌疑人就已经被带入讯问室，在犯罪嫌疑人进入讯问场所到开始录像期间的情况无法记录；对犯罪嫌疑人书写供词的过程没有进行录音录像，有些讯问人员习惯于打"擦边球"，认为检察院没有明确规定对犯罪嫌疑人书写供词要进行录像，为达到完善犯罪嫌疑人供词的目的，有时会指导犯罪嫌疑人写供词；犯罪嫌疑人如厕等特殊情况需暂时离开讯问场所未在录音录像中同步反映，且犯罪嫌疑人如厕期间往往有侦查人员陪同，这期间双方是否有所互动无任何记录予以证明；犯罪嫌疑人对全程同步录音录像的资料密封签字确认过程无录音录像记载，然而这是保证视听资料合法性的重要环节；录音录像设备遇到故障的情况无法排除，一旦发生故障，对设备进行维修必然会对讯问造成干扰，使其失去连贯性。

讯问笔录与录音录像的同步性存在不足。讯问笔录时长与录音录像时长不一致，有些侦查人员为了省力，习惯于将之前制作的笔录内容大篇幅复制粘贴到本次讯问笔录中，以致发生录音录像时长明显少于完成讯问笔录必要时间的不合理现象；讯问笔录的内容与录音录像的内容不一致，如笔录人员的记录速度跟不上，要点归纳不准，从而发生"你审你的，我记我的"的现象；讯问笔录不能客观、完整、准确地反映犯罪嫌疑人的供述，侦查人员在有罪推定的思维定式下，挑选犯罪嫌疑人的有罪供述加以记录，而忽视或回避记录犯罪嫌疑人无罪或罪轻的辩解。

全程同步录音录像监督与制约机制不足。虽然高检院明确了审录分离的原则，但侦查人员和技术人员同属于一个单位或一个分管检察长领导下，很难发挥其制约与监督的效能。除此之外，实践中录音录像有时还会成为讯问人员为刑讯逼供披上合理外衣的工具。

综上，录音录像制度是一把"双刃剑"，讯问人员只有不断积累经验才能创造出即使在镜头的监控下也能最大限度地为我方服务的讯问环境，而这正是当前的热门领域，具有高度的现实意义，值得各位学者们深入探讨。

（二）针对职务犯罪的讯问环境研究

1. 职务犯罪的特殊性

首先，犯罪主体是国家工作人员，无论是社会地位还是文化素养都高于普通犯罪者；其次职务犯罪无犯罪现场可供勘查，物证较少；最后，属于智能型犯罪，在犯罪预谋、作案手段以及案后反侦查行为上都表现出明显的智能型特点。职务犯罪性质的种种特殊性决定了对职务犯罪者进行的讯问的特殊性。职务犯罪讯问与普通讯问相比，难度更大，要求更高，因此不难理解为什么对职务犯罪的研究在特定类型犯罪中占有较重比例。

2. 职务犯罪者的心理特征

讯问环境的设置应以职务犯罪者的心理特征为基础。由于此类案犯在案发之前事业较为成功，历来都是身边人员羡慕的对象，自尊心较为膨胀，而自尊心又导致其存在比普通罪犯更为强烈的抗拒性。一旦被判罪，以往的名誉、形象、地位将不复存在，其心理落差必然大于本身就难以在社会立足的其他类型罪犯，因此抗拒性也更加强烈。矛盾心态也是职务犯罪者在讯问过程中的常见表现，他们一般具有较高的文化素质和认知能力，倾向于一边接受讯问一边权衡利弊，然而，在紧张的环境下很难做出具有前瞻性的抉择，使得职务犯罪者们在供述与不认罪之间左右摇摆，产生矛盾心态。有学者认为，这种矛盾心态正是讯问工作最重要的突破口。

职务犯罪的主体除了国家工作人员还包括行贿人，杨杰以行贿人的心理动态为视角，归纳了职务犯罪者共同具有的心理状态，即畏罪心理、优势心理、侥幸心理、戒备心理和对抗心理。其中优势心理和侥幸心理是职务犯罪者相对于其他类型罪犯所特有的，所谓优势心理，即行贿人过高估计了关系网的作用，认为侦查人员面对自己的身份地位无能为力；而侥幸心理源于自认为作案手法高明，隐秘性强，不会留下证据，相信受贿人不会出卖自己，等等。

除职务犯罪者的心理特点以外，布置适宜的讯问环境还需了解当前的环境存在哪些不足。目前律师会见犯罪嫌疑人、法院送达文书、公安机关的预审、检察机关的证据复核等都一律在看守所的讯问室进行，人员较多较杂；看守所讯问室条件大多比较简陋，没有进行隔音处理。由于职务犯罪者的社会关系比较复杂，一旦被立案侦查，就会千方百计动用一切关系网阻碍侦讯的进行。另外，职务犯罪存在窝案串案的概率较大，一旦有人被调查，同案人必定会打探案件进展情况，不仅不会配合调查取证，可能还会销毁证据。有的案发单位担心"拔出萝卜带出泥",也会给侦查施加压力。因此保密工作极其重要。

3. 对职务犯罪讯问环境建设的建议

针对以上心理特征和不足,不少学者给出了职务犯罪讯问环境建设的建议。这些建议主要分为两方面:隔音等保密工作和特殊讯问室的建立。为确保信息不泄露,可考虑为反贪、反渎部门单独设立讯问室,与会见律师、法院送达文书、公安机关的预审和检察机关的证据复核隔离开,这样一方面解决了保密问题,另一方面也便于侦查人员的讯问活动不被打断;在单独设立讯问室的前提下,还应对讯问室进行隔音处理,如在墙壁上包裹软塑料材料,这样既可以加强隔音效果,又能够提高讯问室的安全系数。为了适应职务犯罪者自尊心和对抗性较强的特点,可建立特别讯问室。所谓特别讯问室,主要指具有自然、安静、会客厅般风格的讯问场所。在这种相对轻松的气氛下,讯问室庄重严肃,使讯问者与受讯问者的角色感得以淡化,犯罪嫌疑人感到轻松、自然、受尊重,从而对讯问人员产生信任,建立心理接触。一般认为职务犯罪讯问应安排在特殊讯问室,然而也有学者持相反的看法,马李芬主张,对于在本地有一定影响力或者特殊身份的犯罪嫌疑人,尤其是贪污贿赂案件的犯罪嫌疑人,如果有条件应当提请异地讯问,他们之所以敢于在当地讯问时公然对抗、否认罪行,一个重要原因就是他们有赖以支撑的强有力的精神支柱——他们认为有人会"打招呼"把他们"捞出去",但是一旦将他们由熟悉的环境转移到陌生的场所,一个犯罪嫌疑人自己从没去过的不容易被发现的地方,孤立无援的感觉便油然而生,其原有的精神支柱遭到冲击,心理平衡被打破。从另一个层面讲,对于该类犯罪嫌疑人实行异地讯问确实能起到避免一堆人"打招呼"的作用,有利于侦查顺利进行。因此,对职务犯罪者究竟是否应该设立特殊讯问室,应综合考虑利弊,视具体情况加以衡量。

由此看来,在犯罪结构复杂化和新刑事诉讼法实施的背景下,职务犯罪人和录音录像制度已成为当前的研究热点,同时实践中涌现出了很多问题,使得这两个领域还有许多潜在空间可以开发,感兴趣的研究者们可以在前人的基础上继续推进。

(三)如何维持侦讯效果与合法性之间的平衡

如前面所述,自20世纪90年代以来,我国已有不少专家就如何利用对环境的安排与设置提高侦讯效果发表了自己的意见,对讯问手段的合法性的思考也渐渐起步,但是暂时还没有人将这两者结合起来就如何维持侦讯效果与合法性间的平衡做过系统研究,有兴趣的学者可以尝试填补这个缺口,从讯问环境的角度说明如何维持两者之间的平衡,避免顾此失彼。

讯问环境的类别包括空间环境、时间环境、案件背景、人物环境和语言环境五大元素。随着社会进步和科技发展，讯问环境的研究出现了一些具有时代特色的发展趋势，具体表现为环境的内涵日益丰富、科技所占比重越来越大、对环境的人道主义反思以及研究对象专门化。职务犯罪和全程录音录像制度的高度专门化催生职务犯罪侦查讯问的环境研究。讯问环境、职务犯罪和录音录像制度三个领域将不断融合，讯问的环境学策略必定会越来越适应变化着的社会现状和法律体系。

第六章　镜头下的职务犯罪侦查讯问的实践性研究

一、镜头下的职务犯罪侦查讯问笔录存在的突出问题和新要求

口供，自古被称为"证据之王"，尽管现代的法学理论以及侦查理论提出要将办案中"由供到证"的传统模式转变为"由证到供，以证促供，供证结合"的互动模式，更加注重书证、物证等其他证据的作用，尽量减少口供在整个证据体系中的作用，但由于职务犯罪案件的特殊性、隐蔽性以及目前侦查手段还比较单一、落后的客观现状，口供仍然是整个职务犯罪案件证据链中最重要的一环，因而作为口供重要载体的笔录，其质量好坏直接影响整个案件的质量。再强的讯问人员，如果没有优秀的记录人员及时将讯问成果转化成笔录，固定证据，讯问能力再强也徒然，只是纸上谈兵。

2012年修改的新刑事诉讼法，首次从立法层面明确规定了讯问可以或应当在"镜头"下进行，这是对"讯问笔录"这种"古老"的固定言词证据的手段的一个巨大挑战。讯问笔录的规范制作直接影响到证据的可采性，影响到案件的质量，影响到检察机关的司法公信力和执法权威性。

（一）镜头下记录存在的突出问题

目前，镜头下讯问笔录的规范制作已成为各方关注的焦点，检察机关对于笔录的重要性、规范性越来越重视，镜头下的记录总体上趋向规范，但也存在一些普遍性的问题可能会引发讯问笔录证明力风险、非法证据排除风险，其中比较突出问题是"三不同"：

1. 时间不同。全程录音录像制度的核心在于"全程"，但实践中，存在审开再录或审开再记的问题，导致笔录上记录的讯问起止时间与实际讯问的起止时间不同步。另一种突出的问题是讯问时间太短而笔录太长，例如，有的笔录七八页甚至十几页纸，但笔录上记录的讯问起止时间才十几分钟，不到半个小时，这是不可能的。一般来说，人们说话的正常速度是每分钟170字左右，专业的速录人员录入速度是每分钟180字左右，而从事职务犯罪侦查的检察书记

员绝大部分都不是经过专业培训的速录人员[①]，这么短的时间，单是说这么多内容时间都不够，何况还要归纳、整理记录，也就是说，同步录音录像显示的讯问用时远远少于制作笔录应该需要花费的时间，这种笔录的真实性就会受到质疑。

2. 内容不同。录音录像有，笔录无。犯罪嫌疑人曾提出无罪或罪轻、此罪或彼罪等辩解，但笔录却没有相应记录，与录音录像内容严重不符。录音录像无，笔录有。有些关键性供述内容犯罪嫌疑人在"镜头"前没说，笔录里却有记录，或者是录像里的供述是有利于犯罪嫌疑人的，而笔录记成了不利于犯罪嫌疑人。

3. 讯问方式不同。慑之以威、示之以据、许之以利、惑之以计等讯问策略，不可避免地带有一定程度的威胁、引诱、欺骗成分，但讯问策略与非法讯问之间并无明确法律界限，也没有明确规定是否需要将讯问策略记录在笔录中。实践中，对于讯问策略记录人员一般选择不记、少记或者简单记录为"进行思想政策教育多少时间"。此外，不少侦查人员的执法理念和办案能力水平还跟不上全程同步录音录像工作的要求，讯问方式存在一些突出的问题，一是使用带有指供、诱供嫌疑的语言，如"把问题交代清楚，我保证你没事，可以回去"等；二是使用带有威胁、胁迫嫌疑的语言，如"如果你不知道，你的家人应该知道吧，要不我们找他们来谈谈"等。记录人员在记录时一般会对这些敏感、有争议的地方进行技术处理，导致讯问方式在笔录和录音录像中反映不一致。

（二）镜头下记录的新要求

同步录音录像有四大特点：同步性、直观性、客观性、再现性，因而对镜头下的记录也提出了新要求。

1. 向同步性记录转变。在镜头下，讯问活动由封闭走向公开，事先制作笔录现场"演"记笔录或者别人说一套，我们记一套，将讯问过程美化或异化的做法都是不行的。镜头下的讯问，对问话人的现场控场能力和记录人的现场同步记录能力要求就提高了。同步性记录并不是对方说什么，一字不落地记什么，而是要以客观性、逻辑性为原则，紧紧围绕讯问目的，结合犯罪嫌疑人现场交代情况，认真捕捉供述的关键点，及时进行整理、取舍和归纳。特别是现在电子笔录使用方便，实践中"孪生笔录"现象严重，记录人员过分使用复制粘贴，笔录出现大量内容、问话顺序、文字表述雷同的问题，甚至在错别

---

① 薛伟宏：《检察笔录制作方法与技巧》，中国检察出版社 2009 年版，第 221 页。

字上高度一致，导致笔录的可信性下降。也有部分办案人员逐渐意识到这个问题，复制粘贴的手段也转型升级了，例如，把之前笔录后面的内容调到前面；存在多宗犯罪事实的，打乱顺序来记；把主语和宾语调换过来改写；稍微删减或增加一些无关紧要的内容……从形式上看高度雷同的情况少了，但从实际上看，一涉及犯罪事实经过、细节等关键内容基本是原封不动复制粘贴的。事实上，每个人对同一事实的交代每次都不可能一模一样，这样做是不符合镜头下记录要求的。

2. 向动态记录转变。实践中，很多笔录是突破后才开始记，通常仅记载认罪后讯问双方就案件内容的问答，单从笔录上看，好像每个犯罪嫌疑人认罪态度都很好，一过来检察院就主动把犯罪事实一五一十说清楚。这种做法显然忽视了讯问活动的客观规律，讯问是一个长期而逐渐变化的动态过程，充斥着对抗、供述、反复等复杂状况，而且也没有意识到打破犯罪嫌疑人侥幸心理的过程恰恰是最有证明力的犯罪供述。镜头下的记录除了要记录案件事实，还要重视对讯问整个过程的动态描述，深刻反映讯问谋略与技巧、讯问对抗与讯问心理强制等实时状况，例如，记录犯罪嫌疑人特殊反应、心理的变化过程、对无罪或罪轻的辩解……简单来说，就是记录要有现场感，这样使讯问笔录与全程同步录音录像资料相一致，使笔录更形象、全面地反映整个讯问过程，增强笔录的真实性。

二、职务犯罪侦查讯问笔录与录音录像间需处理好四种关系

由于固定方式不同，讯问笔录作为一种静态的固定方式，不可能像全程同步录音录像那样把整个讯问过程和犯罪嫌疑人陈述的所有内容都记录下来，而且讯问过程本身会掺杂着跟案件无关的内容。讯问笔录作为指控犯罪的证据，对于记录与录音录像内容一致的范围应当界定在涉及定罪和量刑的内容、环节、细节等方面的记录一致，没有矛盾。

《刑事诉讼规则》第一百九十九条规定：讯问笔录应当忠于原话。忠于原话并不是指跟问答内容一字不差，而是记录必须如实反映讯问人发问以及犯罪嫌疑人供述和辩解的原意，不能加入办案人员的个人主观意志，不得任意夸大、缩小或变通。记录与录音录像内容的"一致"应该指讯问双方意思表示原意的一致。例如，实际对话：

问：你说说事情经过？

答：2016年春节前，张某某约我和李某某、王某某一起去沐足，离开时，张某某私下给了个礼品袋给我，里面好像有三万元或五万元人民币。

问：其他人呢？

答：我想张某某可能也有给礼品袋李某某、王某某，但我不清楚。

问：李某某、王某某的礼品袋里是多少钱？

答：如果有给的话，可能跟我差不多。

笔录记录：

问：你说说事情经过？

答：2016年春节前，张某某约我和李某某、王某某一起去沐足，离开时，张某某私下给了个礼品袋我，里面有五万元人民币。

问：其他人呢？

答：张某某也给了李某某、王某某礼品袋。

问：李某某、王某某的礼品袋里是多少钱？

答：跟我一样，也是五万元。

对照可见，犯罪嫌疑人言语中的"好像""我想""可能""我不清楚""如果"等不确定的表述被技术处理成肯定的表述，表面上是增强了对事实的证明力，但由于现在讯问活动在镜头下进行，讯问过程具有再现性，这份笔录由于跟录音录像内容不一致就无法使用。

记录要做到与录音录像内容相一致，要注意处理好以下四种关系：

（一）口语、方言与书面语、专业语的关系

《中华人民共和国国家通用语言文字法》第十六条第一款规定，国家机关的工作人员执行公务时确需使用的，可以使用方言。也就是说，国家不禁止使用方言土语制作笔录。但讯问笔录作为指控犯罪的证据之一，必然要求记录用语的严肃性、规范性、客观性，不能通篇口语、方言，也不能过于法言法语，镜头下的讯问记录应正确使用口语、方言、书面语、专业语，并灵活处理口语、方言、书面语、专业语之间的关系，做到记录与录音录像内容相一致：

1. 一般原则：对口语、方言进行必要的转化，以符合法律要求的方式来表述。由于语言和文字的自身差别，讯问笔录和录音录像记录允许出现一些不重要的表面性差异，但绝不能是本质内容方面的重大差异，同时也要防止书面语的过度使用。转化的基本原则是不改变原意，用语尽量符合当事人的身份、知识水平和语言风格。例如，对一个文化程度不高，涉嫌行贿的包工头的交代记录为"建设局许局长利用职务之便，为我谋取不正当利益，从而收受我给的财物共40万元人民币……"这样记录虽然没有违背对象原意，但一个文化程度不高的包工头一般是不会说出"利用职务之便""谋取不正当利益"如此专业的法言法语，这样记录就缺乏真实性。

与案件关系不密切、无信息量的口语、方言口语省略不记。例如，犯罪嫌疑人的语气词"哦""嗯""啊"等，这种话记再多也没意义，重要的是记有信息量的语言。

2. 特殊情况：适度保留方言、口语和专业语。对于关键情节的表述，例如，涉及犯罪动机、犯罪目的、主观故意等关键情节，为了能真实反映出地方语言特色、习惯和对象的语言特征，就尽可能保留方言、口语，但对于难以理解的方言、口语应直接在方言后面用书面语作注释或者在记录原话后增设问题进行追问，以消除歧义。另外，记录时适当保留方言、口语可以增强笔录的真实性，防止翻供现象的出现。例如，"请他帮忙个人进步"，既不影响"行贿行为""谋利目的"等认定，也更容易使对方接受。

对于专业领域的人士，可以使用专业语，专业语的使用必须符合说话人的知识背景，例如，对于侦查人员的发问可以单独使用法律术语，或在使用法律术语的同时使用通俗语言加以解释。对于是医疗系统、供电系统等专业领域的犯罪嫌疑人的回答也可以单独使用行业术语，或在使用行业术语的同时使用通俗语言加以解释。

（二）归纳与重复的关系

讯问过程中，讯问人员和被讯问人员始终处于动态的博弈状态，问答通常不是一气呵成的，重复、跳跃、遗漏、故意绕圈子、反驳、交代反复、追问……各种状况交织在一起，如果遇上被讯问对象表达能力差、思维逻辑性不强的，供述的内容就会条理混乱，甚至语无伦次、答非所问。所以归纳是必要的，那么在对讯问内容进行语言提炼、取舍的过程中，如何做到记录与录音录像内容相一致很重要。归纳的原则是在保持原意的基础上，保持完整性，包括表达的完整性、案情的完整性。归纳的方法有：

1. 合并归纳法。将连续性或相类似的问答进行归纳，综合成一次性的问答[1]。同时，归纳要注意问答之间的逻辑对应关系，做到问其所答、答其所问。

问：你叫什么名字？

答：……

问：你的父母叫什么名字？

答：……

问：你的妻子、小孩又叫什么名字？

答：……

---

[1] 徐进辉主编：《贪污贿赂犯罪案件侦查实务》，中国检察出版社 2013 年版，第 284 页。

以上 27 个字，其实将内容合并归纳，用八个字"你家庭的基本情况？"记录就可以了。

2. 归纳概括法。将相对不太重要，或虽然重要但水分较大需要浓缩的内容①，归纳概括成一个整体。简单来说，就是按照所表达的原意以一句话、一段话、一件事的方式完整记录。记录要完整、彻底，不能一个地方没记完整，就记另外一个地方。例如：

答：吃饭时，李四也在场。饭后，张三塞了一个礼品袋在我副驾驶位。

问：李四是谁？你们怎么认识的？

答：李四是某某单位的局长……

问：某某单位的性质？李四跟张三之间有什么往来？

……

记录要完整、彻底，不能一个问题没记完整，就记另外一个问题。如上例，礼品袋里是什么？该行为是否构成犯罪？要完整记录固定。其他部分不能僵化地一字不差原话记录，必须是按照所表达的原意一句话、一段话、一件事地完整记录。

讯问过程中，问和答出现重复的现象比较常见，重复内容是否需要进行归纳合并处理不能一概而论。重复内容的处理原则：一是不必要的重复可以省略不记。不必要的重复指与案件无关、无目的、无信息量的重复。二是与案件有关的、必要的重复一般按照上述归纳法将重复的多次叙述合并成一次性的问答，如之前的问或答的内容已经涵盖了之后的问或答而出现的重复、机械的重复等。三是特殊情况下，必要的重复是一种讯问策略需要，需要在笔录中重复记录。重复记录主要使用在以下方面：（1）暴露犯罪嫌疑人供述矛盾的重复提问和回答应该重复记录，如犯罪嫌疑人供述前后的矛盾、同案犯供述之间的矛盾、供述与其他证据之间的矛盾。（2）强化证据证明力的重复应该重复记录。对于犯罪动机、犯罪目的、共同犯罪犯意的形成、如何利用职务之便、赃款的去向等重点问题、重点环节、重点内容，在记录完基本犯罪事实后应单独或从多角度重复记录，可以防止关键情节淹没在大段的犯罪过程叙述中，提高言词证据的证明力。

（三）追寻与模糊的关系

追寻，一是指对当次讯问或前后讯问中出现不一致的新情况，要注意追寻原因，将前后交代的矛盾归于一致。例如，原来不交代的犯罪嫌疑人选择自愿

---

① 徐进辉主编：《贪污贿赂犯罪案件侦查实务》，中国检察出版社 2013 年版，第 284 页。

供述后，要追问："你以前为什么没有交代？"对曾翻供又恢复交代的犯罪嫌疑人，要追问："刚才（或在之前的笔录）你为什么要翻供？为什么现在又恢复了之前的交代？""就某某问题，你曾经有过几种说法，究竟哪次交代才是真实的？""为什么你说这次交代才是属实？"等。二是指对于涉案关键细节要追寻到底，记录与犯罪嫌疑人的交代相一致。有关时间、证人、物证、书证的细节记录要尽可能详细，这关系到能否找到证人，能否收集到相关物证、书证，关系到这些人证、物证、书证的证明效力，关系到各种证据之间能否相互印证，关系到全案证据能否形成完整的证据链条。但职务犯罪一般时间持续长、跨度大，作案次数多，犯罪嫌疑人对犯罪时间、地点、每次收钱的金额等犯罪细节难免出现记忆模糊，无法做出明确的交代。如果一味深究细刨，强行记成具体化、明确化，就会跟犯罪嫌疑人现场交代不一致，也容易跟事实不符，弄巧成拙，给笔录证明力留下后患。在记录时，对于犯罪嫌疑人确实记忆模糊的地方可以模糊表述，但应当通过追寻来进行适度的限定，将模糊性限定在一定的范围之内，并尽量通过其他细节来辅助证明，例如，对时间的记录可以通过记录季节（冷、热）、衣着（短袖、毛衣……）、特殊节假日、对犯罪嫌疑人有纪念意义的特殊日子等来限定在一定范围内；对地点的记录可以通过记录方位、参照物（附近建筑物、酒店、饭店……）等来限定在一定范围内；对于人的记录可以通过口音（本地人、外地人……）、年龄、发型、高矮胖瘦等来限定在一定范围内。《中华人民共和国刑法修正案（九）》和《最高人民法院、最高人民检察院关于办理贪污贿赂刑事案件适用法律若干问题的解释》，提高了贪污罪、受贿罪的定罪量刑档次及数额标准，追诉时效也相应发生了变化，例如，以前贪污罪、受贿罪犯罪数额在五千元以上，追诉期至少是十年，现在无法定情节的话，犯罪数额不满二十万元的，追诉期是五年，二十万元以上，追诉期才至少是十五年，所以对于犯罪嫌疑人记忆不明确，且接近追诉期的犯罪时间在记录时要特别注意将模糊性限定在一定的范围之内，以确保犯罪事实在追诉期内。模糊表述同时要注意排除跟其他证据之间的矛盾。特殊情况的模糊处理更符合记忆的客观规律。

（四）供述与辩解的关系

由于讯问笔录有着极强的犯罪追诉倾向，受"有罪推定"的传统办案思维的影响，记录过程很容易受到办案人员主观意志的影响，可能出现对犯罪嫌疑人的交代断章取义，在可能影响到罪与非罪、量刑轻重等关键性问题上不记、少记或往有罪方向记，甚至可能出现捏造、伪造内容的情形。在镜头下这样记录，笔录可能被作为非法证据排除的风险很大。现代司法强调树立人权保障观念、实现惩治犯罪与保障人权的有机统一，记录人员要转变执法理念，全面、客观地记录。要做到记录与录音录像内容相一致，不仅要对犯罪嫌疑人的供述客观记录，还要对其合理的辩解以及其翻供和狡辩进行客观记录。

三、镜头下的职务犯罪侦查讯问笔录记录的技巧

（一）记录人员与讯问人员的配合

记录人员不是机械被动地记录，不是毫无准备的上阵，记录人员同时要有侦查意识，要积极跟讯问人员沟通，从而达到良好的配合关系；反之，记录人员跟主审人员达不成默契，记录的效果就不尽如人意。

1. 与讯问人员沟通，熟悉案情和对象。

一是熟悉案情，特别是涉及的关键人名、地名、特殊物品等情况，对案件的关键环节作出预判，这样就能掌握记录的侧重点，用有效的记录堵死犯罪嫌疑人可能的退路，必要时还可以提醒讯问人员遗漏了哪些关键问题。反之，如果记录人员对有关情况不熟悉，例如，涉及地点、人名、工程名称等时，在记录时总是要问这个字怎么写，这样对方就可能觉得侦查人员并不掌握他的犯罪情况，讯问效果就会大打折扣，甚至会影响到案件的突破。如佛山市顺德区人民检察院 2014 年办理的一医院副院长李某受贿案，初查时掌握的证据只有一个行贿人交代送给他 3 万元贿赂的证言，没有其他证据材料，在讯问过程中，办案人员一直造势，营造出已经掌握他很多问题的假象，到案几个小时后李某不但交代了办案人员已经掌握的 3 万元，还主动交代了共收受另外两个行贿人十几万元的事实，但这两个行贿人的姓名、基本情况办案人员之前都没掌握，如果这个时候问对象行贿人的姓名怎么写，就会暴露办案人员的底牌，这个案子就无法再扩展，办案人员急中生智，假装淡定地对他说：你的问题远远不止这些，你这个态度我们不跟你谈下去，你自己好好想清楚，把自己的问题一五一十写清楚。说完，递了一张白纸给他。最后李某除了写了上述情况，又多写了收第四个行贿人 10 万元好处费的事实。由此可以看出，对情况熟悉是多么地重要。

二是熟悉被讯问人的情况，包括性格、心理状态、家庭情况和背景、工作阅历、社会经历、社会交往关系等，使用文字恰当，体现人的身份，可以使犯罪嫌疑人产生认同感，促使其顺利地在笔录上签名确认。否则，笔录中的文字使用不恰当，可能引起犯罪嫌疑人的反感、抵触，影响讯问活动进程。另外需要注意的是，初查阶段，侦查人员掌握被讯问人的性格情况不一定准确、全面，随着讯问活动的推进，被讯问人的心理也会产生变化，记录人员需要在记录过程中注意现场观察，并有针对性地及时调整记录用语。

2. 与讯问人员沟通，以问题为导向记录。不同笔录要解决的问题不同，有的是突破犯罪嫌疑人，有的是深挖扩线，有的是排除与案件有关的各种矛盾问题，有的是核实犯罪细节，有的是补充完善证据……可见每份笔录的针对性很强，记录人员要跟主审人积极沟通，了解本次讯问需要解决的问题是什么，了解讯问策略，以问题为导向进行记录，这样可以增强笔录的目的性、条理性和逻辑性。

3. 记录时不能随意打断主审人员的话，以免影响讯问人员的思路和讯问进程。记录过程中，对于不清楚、来不及记等内容，可以先留空或用缩写、符号代替，事后再跟主审人员沟通予以补充完善。对于关键内容，特别是证据薄弱环节，记录人员跟主审人员沟通时要注意不要让犯罪嫌疑人听见，以免引起犯罪嫌疑人警觉。

4. 记录时注意讯问人员的暗示，保证记录的高质量。一是肢体语言暗示。当犯罪嫌疑人交代到关键内容时，讯问人员以眼神、动作等方式给予的特别提示是记录的重点，要及时记录下来。例如，讯问人员悄悄用手或脚碰一下记录人员、用手指轻敲桌面等肢体语言都是暗示行为。二是语言暗示。讯问人员归纳总结或重复犯罪嫌疑人交代的那部分内容一般是记录的重点，要及时记录下来。

5. 记录后，与讯问人员沟通进行审查。笔录记录完后，在交由犯罪嫌疑人阅读之前一定要自行检查，并交由讯问人员审查，发现存在关键内容不清楚、有遗漏、有矛盾以及证据薄弱环节等问题，及时通过追问予以补充完善，确保在同步录音录像中同步反映。

（二）现场记录技巧

1. 共性记录。不同的案件、不同的犯罪嫌疑人使用的讯问方法可能不同，正面讯问、侧面讯问、反面讯问、交替讯问……而且讯问过程充斥着抗审与配合、狡辩与交代，既有有用信息，又有无用信息。制作笔录不是盲目记，不是问到哪里就记到哪里，不是怎么说就怎么记，根本不考虑所记的内容是否与犯罪事实有关。讯问情况千变万化，但万变不离其宗，每个案件都是由犯罪事实的基本要素、犯罪构成要件等共性的东西组成的，共性记录的技巧可以总结为一个口诀："一条主线、五何要素、一张网"。

（1）一条主线。不同的主审人有不同的风格和特点，记录人除了要跟主审人有默契，自己内心还要有记录思路，记录要抓住一条主线来记，即紧紧围绕犯罪构成的四个要件（犯罪主体、犯罪客体要件、犯罪的主观方面、犯罪的客观方面）来记，重点抓住"人、权、财物"这三个关键环节，这是贪污贿赂案件的特点决定的。具体来说，在记录时做到"五清楚、五排除"①：

　　主体身份清楚，排除犯罪嫌疑人为非国家工作人员；

　　犯罪故意清楚，排除犯罪嫌疑人不明知的可能；

　　利用职务便利清楚，排除犯罪嫌疑人非职务理由的可能；

　　赃款来源清楚，排除赃款为借用或其他来源的可能；

　　赃款去向清楚，排除赃款为用于业务活动的可能。

　　（2）五何要素。社会生活的复杂性和多样性决定了案件事实的复杂性和多样性，世上没有一模一样的案件，但千差万别的案件事实的共性都是由五何要素构成的。

　　19 世纪 80 年代，美联社提出新闻应具备 when（何时）、where（何地）、who（何人）、what（何事）和 why（何故）。同样，制作笔录时，只要记清五何要素，对犯罪事实的叙述就完整了。

　　何时，要记清案件发生的时间和持续时间。记录时要注意围绕犯罪构成要件，重点记录几个关键环节的时间：犯罪形成的时间、犯罪预谋的时间、犯罪实施的时间、犯罪结果出现的时间等。特别是对影响到犯罪追诉期的时间要记清楚，如犯罪行为有连续或继续状态的或者追诉期内又犯罪的。以实施犯罪的时间脉络来记录，可以清晰地将案件事实从犯罪预备、实施到结果等全面展示出来。

　　何地，要记清犯罪行为发生的场所及其他与犯罪有关的场所。要记清地点及空间状态，这些场所可能保留有相关证据。此外，记清犯罪行为发生地，有时候对于确定管辖权非常重要。《人民检察院刑事诉讼规则（试行）》第十七条规定，几个人民检察院都有权管辖的案件，由最初受理的人民检察院管辖。必要时，可以由主要犯罪地的人民检察院管辖。

　　何人，要记清实施犯罪行为的人及与案情有关联的人。首先，要记清犯罪主体（自然人、法人或者组织）的基本情况，确定主体适格。如果案件涉及多人，要记清他们之间的关系，确定他们各自应承担的法律责任。其次，职务犯罪案件中人的"职务之便"是很重要的，我们除了要记清人的基本情况，还要记清其主体身份、职务、职权、职责、共同犯罪人身份和彼此之间关系等。记清记全人员的相关信息，有时对于案件突破有着重要作用。如佛山市顺德区人民检察院在办理一医疗系统案件中，办案人员掌握了其涉嫌在任副院长期间收受医药代表好处费，犯罪嫌疑人到案后，以自己任副院长不到一年，跟医药代表不熟为由拒不承认存在受贿问题，讯问一度陷入僵局。办案人员从记

---

① 钟永芳：《浅析侦查讯问笔录制作的技巧及应用》，载《中国检察官》2012 年第 17 期。

录的工作任职情况发现其曾经被调去一个社区卫生服务中心当负责人，从医疗行业的潜规则来分析，作为单位一把手，权力大，权钱交易的空间很大，于是调整讯问策略，由此入手，最后成功突破，犯罪嫌疑人交代了在社区卫生服务中心任职期间收受医疗器械商十万元贿赂的犯罪事实。

何事，要记清案件发生的过程、环节、细节。记录要完整、全面，以区分此罪与彼罪，准确对案件进行定性。

何故，要记清案件发生的原因（犯意）、结果。案件的因果关系具有复杂性和多态性，既有一因一果，也有多因多果；既有一因多果，也有多因一果；既有直接因果关系，也有间接因果关系……在记录中应当记清。记清因果关系，有利于对案件准确定性。另外，还要注意记录作为酌定情节的原因、结果，有利于分析犯罪嫌疑人犯罪的主观恶性程度。例如，犯罪动机是基于家人病重缺钱还是追求腐化生活？后者主观恶性相对大于前者。又如犯罪后的态度，是否存在悔过、退赃、赔偿损失、采取措施消除或减轻危害结果等这些情节，这些情节对日后量刑会有影响。

（3）一张网。记录的首要目的是固定犯罪嫌疑人的供述和辩解，另外还要防止日后出现翻供现象，故需要提前对可能翻供的环节作出预判，及时全方位记录到位，堵塞漏洞。

一是针对案件事实进行撒网，堵塞漏洞。

不同类型案件，犯罪构成要件不同，记录时要紧扣"罪与非罪""此罪与彼罪"的界限，预判日后可能出现翻供的方向、环节，提前撒网，堵塞漏洞。

贪污案件重点是记清钱的去向，钱如果是用于公务活动用途，可能只是违纪问题，钱如果是单位大家一起分可能就构成私分国有资产罪。所以记录时不要以为记到钱以各种方式从单位套出来就行了，一定要记清赃款去向。

贿赂案件中重点是记清"利用职务之便"，其中非法收受即被动受贿还要以"为他人谋取利益"为构成要件。有些人对这部分认识不足，只记录收了别人钱就以为可以了，没有记清职权。若无利用职务之便，则可能为诈骗。另外，部分受贿笔录中在"为他人谋取利益"此要件上常会记作"为与某某搞好关系"来表现，这样记录容易辩解为这是"礼尚往来"，实际上只要在笔录上再追问一句"搞好关系为了什么？"行贿人一般自然会回答：为得到受贿人在某某方面的帮助或关照等。这样就严格吻合了犯罪构成要件。

另外，在贿赂案件中，讯问初期，在进入主题前一定要记清受贿人有没有跟他人存在合伙经营或存在债权债务关系，把收受财物狡辩为借款、分红等漏洞堵死。在"以借为名"的受贿犯罪中，要记清事前和事后的行为或语言，以进一步分清是"借款"还是"受贿"行为。

挪用公款罪是从贪污罪中分离出来的，且在一定条件下可以转化为贪污罪，记录时重点记清主观故意是想暂时占有公款，并准备归还，还是想非法占有公共财物，企图永久排除权利人对公共财物的所有权。

单位犯罪案件重点记清有没有体现单位意志，有没有经单位决策机构或决策人同意。

共同犯罪重点记清有无共同犯罪故意和共同犯罪行为。

二是针对犯罪嫌疑人身体状况进行撒网，堵塞漏洞。

讯问开始问清对象的身体状况："你现在身体状况如何？思维是否清晰？有无不适应接受讯问的情况？"在实践中，后期翻供的犯罪嫌疑人经常提出的理由是"当时自己身体不好，头脑不清醒，笔录所说的不是事实"。如果还能提供当时相关的就医证明，就可能降低笔录的效力。至于这个问题在讯问开始时问还是结束时问，实际中并无统一做法，也存在不同的观点。笔者建议在讯问开始时问，理由如下：第一，当时对象一般不会意识到其中的意义，会如实回答能正常接受讯问。佛山市顺德区人民检察院办理的一宗贪污案件中，在讯问结束时，办案人员程序性地问犯罪嫌疑人："你现在头脑是否清醒？思维是否清晰？"结果提醒了对方，对方就顺杆而上说："我今天身体不舒服，头脑不清楚，刚才作出的辨认都是我乱编的。"犯罪嫌疑人刚刚从 300 多页账册资料中辨认了造假的工程情况和数额，这样一来，讯问就陷入被动的局面。第二，给对方感觉到侦查人员关心自己，缓解对方的抵触情绪。第三，若的确存在影响接受讯问的疾病，就实事求是记录在案，及时终止讯问。

讯问结束时问清对象讯问过程中的饮食和休息保障情况。《刑事诉讼法》第一百一十七条规定："传唤、拘传犯罪嫌疑人，应当保证犯罪嫌疑人的饮食和必要的休息时间。"但对于疲劳讯问的界限目前并无明确的法律规定，建议在讯问结束时提问："在本次讯问过程中，检察机关有没有保证你的饮食和必要的休息时间？"以反映检察机关依法办案，以防犯罪嫌疑人日后在庭上以疲劳讯问等理由提出翻供。

2. 个性记录

除了上述共性的东西，每个职务犯罪案件都有其独特的特点，即个性化的东西，包括案情的个性化和讯问对象的个性化。

（1）案情的个性记录。

一是注意记录"亲历性细节"，即非亲历的人不能讲的细节，如现场环境布置、对话内容、财物的包裹方式、对方衣着等，尤其是犯罪嫌疑人为了掩饰犯罪而实施毁灭证据、归还财物等行为形成的再生证据的细节，如掩饰受贿行为伪造的借条、合同等。亲历性细节的记录可以使犯罪事实的认定变得不可逆转，可以提高笔录的真实性和证明力。佛山市顺德区人民检察院 2013 年办理的郑某受贿案，犯罪嫌疑人交代行贿人送了她一个金牌，退赃时其家人拿了一个镀金的金牌过来，这个价值跟足金的就差远了，幸好记录人员在笔录上记清楚金牌的细节特征，上有工商银行字样、重多少克等，后来其家人才把真正的金牌交出来。

同时，细节记录要注意防范"细节陷阱"。有的犯罪嫌疑人知道硬抵抗没用，采取"软抵抗"这种智能抵抗手段，通过揣摩讯问人员心态，交代出讯问人员所期望的"犯罪事实"，表面上是配合调查，实际上存在虚假供述内容，例如，虚构不在场证人、虚构犯罪地点环境布置等，这是一种高智商的翻供方式，也是一种发展趋势，所以要注意避免误入犯罪嫌疑人设计的细节陷阱。如佛山市顺德区人民检察院 2014 年办理的吴某受贿案，吴某交代一医疗器械供应商送了一箱四特酒给他，其中抽出两瓶放了 20 万元现金进去，并强调送的时间是在 2010 年下半年，因为跟另一笔贿赂是同一年收的。后来办案人员去他家搜查并扣押了那箱酒。酒都是完好没拆封的，外包装盒没有注明生产日期。办案人员比较细心，拆开核对了下生产日期，结果发现酒是 2011 年 6 月生产的，而犯罪嫌疑人交代收钱的时间是 2010 年下半年。如果当时没有发现这一问题，没有及时在笔录中予以纠正，犯罪嫌疑人就可能通过这一个"细节陷阱"来翻供，否认根本不存在这笔犯罪事实。

二是注意记录关联细节。关联细节指非直接指控犯罪的关联信息，但对讯问突破和深挖犯罪有着重要意义的细节。主要有：①关联人，如权利线和资金线上游和下游的人员，有可能是证人，也有可能是潜在的犯罪嫌疑人；业务对象可能是潜在的行贿人或受贿人……把这些人员信息记清楚，可以为下步深挖扩线做准备。②关联地点，要善于发掘关联地点或场所上跟案件有关的隐含信息，如常去的吃饭、娱乐地点……这些关联地点既可以作为讯问突破素材、炸弹，又可以用于深挖扩线。③关联现象，如业务量大小及异常变化跟是否存在权钱交易有着密切联系，佛山市顺德区人民检察院在办理一供电系统案件中，一犯罪嫌疑人提及某家电力安装公司的业务量 2006 年开始突然增多，并逐年增长很快，2010 年开始减少，记录人员意识到这里面可能存在问题，记录下来，之后通过进一步调查发现该公司工程量的增长期跟该供电所前任领导任期吻合，而且在其调离后，工程量骤然下降，极有可能存在权钱交易的问题，于是将两人列入调查范围，最后成功立案。

（2）讯问对象的个性记录。

一是注意突出讯问对象语言个性化。每个人说话的用语都跟其职业、身份地位、文化层次、气质、性格等密切相关。记录要尽量使用犯罪嫌疑人的个性语言来表达，体现其语言风格，即一看就有"某人所说"的感觉，从而凸显笔录证据的客观真实性。例如，一名涉嫌行贿的"包工头"文化素质不高但社会阅历丰富，他说话肯定不会文绉绉，而是说话方式比较粗，带有"江湖气息"。如果我们的记录内容远远超过他的实际文化水平和语言表达能力，就会降低笔录的真实性。

贿赂案件比较依赖口供，在实务中，我们比较关注双方供述的一致性，往往通过"做工作"，使行贿人或受贿人按照对方的说法去说，甚至比照其中一人的笔录去做对方的笔录，但记录过分惊人一致也不行。例如，行、受贿双方的笔录都对犯罪事实记录为："2010 年、2011 年、2012 年、2014 年的春节前，冯某都送了 2 万元给我。"受个人语言习惯和思维方式的影响，行、受贿双方对于犯罪事实的叙述会有所不同，四年连续表达是一种个人的特殊表达方式，如果行、受贿双方的交代都是这样记录，笔录的客观真实性就会受到影响。

二是注意记录身体语言。在讯问过程中，被讯问对象身体内部会产生一系列的心理和生理反应，进而引起身体外部表现，这些身体语言是内心活动的外在表现，是含有一定意义的信息，可以作为判断说话人是否撒谎的依据或有利于侦查人员（特别是非现场参与讯问的人员）有针对性地制定和调整讯问方案。所以，在讯问过程中，对于能反映犯罪嫌疑人认罪态度、心理变化等状态的表情、神态、动作，如笑、哭泣、沉默、点头、叹气……应当记录，特别是要记录犯罪嫌疑人在某种状态下的习惯动作。如 2015 年佛山市顺德区人民检察院办理的张某受贿案，张某每当撒谎时，都会把双脚抬起来蜷缩在椅子上，双手抱膝，这种习惯动作应当记录。又如当被讯问人进行撞头、打耳光之类的自我伤害行为时，应问明原因并如实记载在笔录中，以排除刑讯逼供的嫌疑。

身体语言的记录原则是客观描述，不能加入侦查人员的主观意识，例如，犯罪嫌疑人搓手指、抖脚等动作大多数是出于紧张，但不能直接加入紧张这类带主观色彩的用语，可以通过追问，让对方回答为什么搓手指、抖脚，从而达到我们的目的。

三是注意记录对象的心理状态。讯问归根结底是一种心理较量，每个犯罪嫌疑人的心理状态都不同，如果仅记录对方认罪后的双方问答，虽然看起来整个事情经过很清晰，但没有血肉。一般来说，犯罪嫌疑人在讯问中的心理变化分为四个阶段：试探摸底、对抗相持、动摇反复、供述。[①] 对于相关的心理状态，我们在讯问笔录中应简要反映，既可以增强笔录的客观性、真实性，又有利于侦查人员分析犯罪嫌疑人的思想轨迹、认罪态度，为下步决策提供基础

---

① 徐进辉主编：《贪污贿赂犯罪案件侦查实务》，中国检察出版社 2013 年版，第 155—157 页。

信息。

下面以佛山市顺德区人民检察院办理的一供水系统案件的讯问笔录为例：

问：你购买粤 X＊＊＊＊天籁牌小汽车的27.5万元人民币是哪里来的？

答：我借的，已经还了。（表情气愤，头抬得高高的）

问：从哪里借的？

答：向一个朋友借的。

问：你说说你那个朋友的基本情况？

答：好像姓李，全名记不清了，其他情况也记不清了。

问：你们是怎样认识的？

答：很久之前的事了，好像是朋友介绍的吧，我记不清了。

问：你们平时怎么联系？

答：电话联系。

问：他的电话号码是多少？

答：（愣了几秒钟）丢了。

问：他住在哪里？在哪里工作？

答：都不知道。（声音明显降低）

问：上述27.5万元后来怎么还的？

答：我分多次还清了，记不清每次还的时间和金额了。（手抖）

问：请你仔细回忆清楚，这笔购车款究竟是怎么回事？

答：是借的，我还写了借条给他。

问：借条的书写时间可以鉴定，你清楚吗？

答：（愣了十几秒钟，脸色发白）借条是后来补写的，开始忘了写。

问：按你所说，你连借钱给你的人的姓名、工作单位都不清楚，那你们的关系也不熟。27.5万元可不是小数目，按常理，一个人会借给不熟悉的人这么多钱？说！钱究竟是怎么回事？

答：（沉默，额头上开始冒汗）……

问：你自己的事情自己心里很清楚，我们也很清楚。政策、法律，我们都向你交代清楚了，到了这个时候，如实交代才可以依法从宽处理。你好好考虑！

答：（犹豫，不语）……

问：我们很理解你，在一些事情上，你往往是被动的。（注：给台阶下）我们知道你并不是个贪财的人（注：情感注入），你在单位的表现和贡献大家都是认可的，我想一定是有什么原因？（注：继续给其台阶下）

答：（点头，默认）……

问：你准备以什么态度对待自己的问题？

答：唉！（叹气）我交代，这笔钱其实是翁某送给我的。我一开始是不想收的，他硬要塞给我，还说不收就不当他是朋友，我碍于情面就收下了。希望组织看在我一贯在工作上任劳任怨的份上能够对我从轻处理。

上述记录，全面反映了讯问过程中犯罪嫌疑人心理变化的三个阶段，从对抗相持阶段到犹豫动摇阶段，最后到供述阶段，增强了整个笔录的客观性、真实性。

（三）镜头下的"软记录法"

现在倡导的是"软讯问法"①，同样，记录也要重视"软记录法"。实践中经常会出现笔录制作完成后，犯罪嫌疑人不愿意签名确认或者突然警觉起来，对于某些关键环节想翻供，所以软记录有着重要意义。软记录是指以心理学和行为学作为基础，通过恰当、技巧地使用语言文字，使被讯问对象对笔录内容产生认同感效应。特别是在镜头下制作讯问笔录，软记录可以缓解讯问双方的对立矛盾，建立和谐沟通，巩固交罪心理，达到讯问目的。软记录法具体方法如下：

1. 性格记录法。有些人对笔录粗略一看就爽快签名，有的死抠字眼，反反复复看几遍，改来改去，即使记录的是他的原话，也要改，所以记录人员也要摸透对象的脾性，用语既要达到我们指控犯罪的目的，又容易让对方接受。例如，对于清高型的人，避免使用讽刺、挖苦、贬低对方等语句；对于敏感型的人，避免使用某些"忌讳语""刺激语"，技巧地使用文字，例如"犯罪"换成"做错事"，"受贿"换成"收了"，"行贿"换成"给了"，"撒谎"换成"说错了"；对于偏执型的人，在不影响到事实认定的时候要顺着对方的性子来记，如有的行贿人是以回扣的方式送钱，但他认为给回扣是很普遍的现象，给回扣跟行贿不一样，如果使用"行贿"的字眼，他就坚决不愿意签笔录，这个时候可以直接记录为"送回扣"。

2. 情感记录法。有意识地记录能降低对犯罪嫌疑人犯罪行为严重程度的评价，从而来减轻其罪责感。在讯问活动中，犯罪嫌疑人情感的产生是由两方面来决定的，一方面是讯问人员的情感输入；另一方面是犯罪嫌疑人的心理需

---

① 何家弘：《从"硬审讯法"到"软审讯法"》，载《人民检察》2008年第17期，软审讯法或"软审讯技术"，是建立在心理科学和行为分析基础之上的审讯方法；其基本模式是在分析被审讯人的心理特征和行为特点的基础上，通过语言或其他人体行为来说服犯罪嫌疑人如实供述；其与硬审讯法的主要区别在于，它不使用强迫的方法让犯罪嫌疑人供述，不是"硬逼着"犯罪嫌疑人供述，而是以"软"的方式说服犯罪嫌疑人，让其自愿供述。

求。① 主要做法有：一是记录犯罪嫌疑人的"合理化解释"，如强调现实性（行业潜规则）、强调行为的道义价值（好心办坏事）等。二是记录犯罪嫌疑人罪责减轻的内容，如被动受贿、因他人的作用犯错、从犯等。三是记录"利"和"弊"，迎合犯罪嫌疑人趋利避害的心理需求。四是记录犯罪嫌疑人的自我安慰，如"我在这个项目帮了他不少忙，他送点钱感谢我也是情理中，如果他请外面的公司人帮他制作申报材料花的钱更多"。

3. 淡化记录法。通过使用辅助性语句，缓解对立情绪或淡化敏感词句的视觉冲击力，不经意间固定关键环节。辅助性语句一般与定罪无关，目的是使对方配合完成笔录。例如，记录肯定和尊重犯罪嫌疑人人格的语句（我不是见钱眼开的人……）、正面评价犯罪嫌疑人工作表现的语句（我这么多年勤勤恳恳工作，为单位作出了不少贡献……）、反映犯罪嫌疑人悔罪的语句（我现在很后悔，希望能对我宽大处理……）等，又或者分散加入与定罪无关的其他语句，避免直接、集中记录关键、敏感情节，以隐蔽侦查意图，降低犯罪嫌疑人的警觉性。

（四）特殊状态的记录

1. 拒供状态的记录

完全拒供状态的记录。拒供的笔录由于不涉及具体的案情，简单记录即可，记录的重点是辩解不合理、矛盾的地方，同时把犯罪嫌疑人拒绝回答的表情、动作，特别是将反映撒谎的肢体语言记录在笔录上。拒供笔录的作用，一是为制定讯问对策提供信息支持。一个人说一句谎话要用更多的谎话去圆前一个谎，谎话会越说越多。办案人员，特别是非现场参与讯问的人员可以通过这些谎言发现弱点、漏洞和矛盾点，研究分析犯罪嫌疑人的抗审心理，找准讯问突破口。二是作为施压手段，营造讯问压力。因为认罪态度属于酌定量刑情节，拒供的态度记入笔录，只会给犯罪嫌疑人带来不利后果，基于人趋利避害的本性，拒供笔录会给犯罪嫌疑人造成供述压力。

不完全拒供状态的记录。不完全拒供指仅交代违纪行为或供述轻微的违法行为。犯罪嫌疑人在讯问中心理变化一般分为四个阶段：试探摸底阶段、对抗相持阶段、动摇反复阶段和供述阶段。犯罪嫌疑人刚到案时，通常是处于试探摸底阶段，极力回避或否认犯罪问题，或者抛点轻微违法违纪的情况来试探办案人员的底细。对于这些情况不能一概不记，要根据具体情况适时记入笔录中。例如，收受购物卡、小额过节礼、高档烟酒这些轻微违法违纪行为是带有

---

① 吴克利：《吴克利讲讯问：10 堂侦查讯问攻略课》，中国检察出版社 2014 年版，第 400 页。

贿赂性的行为，与贿赂犯罪之间存在共生性，在一定情况下可以转化为犯罪行为。这部分内容的记录不能过早，也不能过晚，记录人员要跟主审人员沟通好，选择合适时机来记录。不完全拒供笔录的作用，一是向犯罪嫌疑人传递信息：他是有"污点"的人，提高侦查人员的讯问优势地位；二是利用犯罪嫌疑人避重就轻的心理，不经意地累加数额至立案标准以上，固定犯罪证据，将其抗审心理防线撕开口子，进而迫使其交代更多的犯罪事实，扩大讯问效果。

2. 翻供状态的记录

以前没有同步录音录像的时候，遇到翻供情况，办案人员一般选择不记笔录或少记笔录，以维持有罪供述的稳定性。现在镜头下，这种技术处理的方法面临质疑。实践中，有不少这样的例子，犯罪嫌疑人翻供了，办案人员没有立刻给他记笔录，而是天天跑看守所给他做思想工作。到了公诉或庭审阶段，律师就提出质疑，犯罪嫌疑人侦查阶段曾多次提出辩解，办案人员为什么不做笔录，提审证上有多次进入看守所的记录，为什么没有对应的笔录？这时候，侦查机关就会很被动，就会被质疑没有保障犯罪嫌疑人辩解的权利，质疑是否存在镜头外的刑讯逼供等非法取证行为。

实践中，翻供主要集中在犯罪主观方面和犯罪客观方面：

在犯罪主观方面翻供，如辩解为"家属收受财物，自己不知情"等。

在犯罪客观方面翻供，如将贿赂财物辩解为"赠送、保管、借款"关系；将"利用职务之便""谋取利益"辩解为"合法劳动报酬"；将赃款去向辩解为用于单位公务活动支出；等等。

辩解的理由五花八门，记录人员不要怕犯罪嫌疑人"辩"，而是要让他充分地"辩"，记录的重点就是在"辩解"里找矛盾，事后针对辩解去寻找相关证据来反驳。细节是翻供的天敌，记录时要以翻供理由为主线，结合案件现有证据情况，以不同角度、不同顺序从每个情节重复追寻到每个细节，把暴露出来的矛盾细节记录下来，特别是记录清楚自我交代前后的矛盾、与其他证据之间的矛盾以及共同犯罪同案犯之间的矛盾。

为了有效防止翻供现象，侦查过程中要重视让犯罪嫌疑人亲笔书写自述材料，并对书写过程进行同步录音录像，可以有效反击犯罪嫌疑人提出遭受刑讯逼供、按照侦查人员的意思来交代、没看笔录等翻供理由。

3. 少答多问状态的记录

有些犯罪嫌疑人因为心理压力很大，少言寡语，对于关键内容经常只讲了前半句话就打住了，或者有些犯罪嫌疑人很狡猾，表面上说配合，认罪，实际一到录音录像时就故意回答得很简单，甚至只是"嗯、是"这样简单回应，不能达到办案想要的效果，这种情况下，如果记录人员强行将犯罪嫌疑人没有说或者没有表达的意思记录进去，是绝对不行的。少答多问的情况，可以灵活处理：（1）引述：当犯罪嫌疑人不正面回答问题或回答得很简单时，讯问人员可以复述他以前的交代内容，他如果没有提出辩解或否认，可以记录这部分内容。（2）导向：你的意思是？导向的内容尽量有适度的开放性，让犯罪嫌疑人有选择空间。导向的使用注意不能过度，避免指供、诱供的嫌疑。

四、镜头下的职务犯罪侦查讯问成功典型案例总结

法学兼具规范性和应用性特征，规范性研究着眼于价值分析，目的在于探讨规范设计的科学合理性，而应用研究更多地关注现有制度规范的效力发挥和效益提升。不论是以何种出发点和研究目的，经典案例的分析都是重要的研究依据和结论支撑。司法案例连接法律规范的价值预设和规范应用的现实效果，因而是评判法律本身和制度的法律效果及社会效果的最佳载体。

案例研究可以从两个角度展开。一是从经典个案出发，深度剖析在法律规范架构下各法律要素与司法实务要素在精神、价值、效益等层面的契合度，从典型性案件的实施中总结制度规范落实的支点和重难点，探究具体规范在实务应用中的技术性策略；二是从案例统计学的角度出发，选取一定范围的样本，从宏观和中观层面对法律实施的情况进行综合或分项检视，了解制度规范实施中的地方特色及影响因素，或者从时间维度出发探究法律规范适用状况的演变规律及影响因素。

在职务犯罪案件侦查讯问中实行同步录音录像，是我国检察机关从规范职务犯罪侦查权的运用，保障犯罪嫌疑人的人权，落实刑事诉讼程序理性，转变职务犯罪侦查模式的需要出发，从上到下推行的一项权力约束和规范机制。该项制度从试点到铺开施行都一直有不同声音，尤其是一些从事具体职务犯罪侦查工作的同志认为，鉴于职务犯罪案件及其犯罪嫌疑人的特殊性，讯问在侦查和案件证据的构成中具有比其他性质的刑事案件更大的作用，有时甚至是决定性的。而推行讯问的同步录音录像，无疑会助长犯罪嫌疑人对抗讯问的外在动因，从而增大案件突破的难度，这样势必会影响惩治职务犯罪的整体效果。还有的同志提出另一个层面的疑惑：讯问时的同步录音录像会使侦查讯问人员有一种"身处剧场"的心理效应，这种镜头下的讯问会使讯问人员受到场外因素的干扰，无法"自然"地组织和推进讯问，从而降低讯问效果；还有一种意见认为，讯问中的同步录音录像制度所涉及的讯问规范化的界限难以把握，可能会在一定程度上束缚讯问人员手脚，致使一些合理合法的讯问策略难以奏效，影响取证效果。

上述种种疑虑，在一定程度上不无道理。但是从另一方面讲，在没有现实

依据或研究结论前，这些疑问也仅仅是带有个人体悟或部门和地方经验的推断。

当然，我们认为，从整体价值而言，推行职务犯罪侦查讯问的同步录音录像制度是落实我国宪法、刑事诉讼法等关于人权保障精神和理念的具体体现，是司法文明化和规范化的大趋势及制度保障，也是推动职务犯罪侦查模式变革的外在动力。职务犯罪侦查机关和侦查讯问人员也需要有改革创新的勇气，要有打破惯有思维和模式的动力。

要验证和评析职务犯罪侦查中"镜头下讯问"的实际情况，我们就需要从正反两方面总结侦查实务，从而对职务犯罪侦查中接纳、适应、创造性运用该制度的状况和排斥、违反该制度的状况及其案件结局进行对比。比较分析的重点在于揭示制度落实的总体情况、同步录音录像对职务犯罪侦查模式的影响、对初查工作方式的影响、讯问功能的演变、取证导向、落实同步录音录像的配套措施、讯问策略的适度转变等情况。

本部分的研究主要以广东省检察机关近年来办理的一些典型职务犯罪案件为分析样本，这一研究取材主要是基于几点考虑：第一，广东省属于我国的经济发达地区，广东各级检察机关所查办的职务犯罪案件能在很大程度上代表我国职务犯罪案件的发案趋势，因而具有研究的典型意义；第二，据我们调研了解，广东省检察机关在落实同步录音录像制度方面是积极务实的，各级检察机关的职侦部门从领会制度精神、理解制度规范要求、落实相应软硬件条件、转变讯问方式和取证理念等方面都走在全国前列，因而对其正面经验有总结推广的价值，对其反面教训也有分析警示的必要。

（一）成功案例分析

1. 案例一：深圳市人民检察院职侦局一处与福田区人民检察院职侦局联合查办的"地税和房屋产权登记部门有关人员受贿'3·13'专案"

2010年10月，根据国务院统一部署，深圳出台"限购令"，将出具纳税证明、社保缴纳证明作为外地购房者取得购房资格的前提条件。一些社会中介人员与地税、房地产权登记工作人员互相勾结，利用其在办理房地产交易征税、转移登记业务中负责收文、经办（审核）等职权，通过修改征税系统数据伪造纳税证明，或借由企业向地税部门申请个人所得税汇总申报，将购房者作为企业人员进行补录纳税申报，开具虚假完税证明，或滥用审批职权，接收核准假离婚证、假社保缴纳证明等虚假材料，以及通过虚假诉讼等多种方式，使不符合条件的非深户籍人员突破"限购令"限制，顺利取得购房资格并办理房地产权转移登记手续。相关地税工作人员、房地产权登记工作人员从中每单收受几百、几千到几万元不等的贿赂。

　　2013 年 2 月 1 日，福田区院接到市地税局移送线索，称"福田区局工作人员勾结地产中介，出具虚假个人所得税完税证明，并从中谋取私利"。接报后，福田区院立即在综合成案可能性的基础上开展重点初查。随后经市检察院统一部署，成立"3·13"专案组，由福田区院和市检察院侦查一处联合展开前期侦查行动，之后又将侦查规模逐步扩展到全市反贪、反渎部门的整体联动。

　　在初查过程中，相关侦查机关和部门采用了信息化初查、行业性初查、一体化初查等多种初查理念和手段，保证了侦查工作开始前各项线索和证据的有效掌握。

　　首先，"行业初查"的理念与方法在"3·13"专案中进行了很好的实践，为本案的后续侦查打下了坚实的基础。在专案初查中，针对举报线索涉及的虚开纳税证明问题，侦查人员以购房者身份接触了十余家地产中介门店，通过与地产中介人员接触，掌握了无购房资格人员向国家工作人员行贿、虚开纳税证明以规避"限购令"的基本手法。围绕虚开纳税证明这一基本点，侦查人员一方面对在征税系统中进行可疑操作的地税工作人员展开排查，另一方面从国土部门调取了"限购令"出台后可能涉及违规过户的近 700 份房产过户资料，通过分析交易量集中的地产中介公司，追踪该公司按揭人员银行账户，从而发现了操纵虚开纳税证明的核心中介，使专案成功告破。可以说，从效果上讲，"行业初查"方法从案件基本涉案领域和行业的分析判断入手，使初查工作进一步明确了范围和边界，大大提高了工作效率，避免了初期调查的盲目性和无用功。

　　其次，"3·13"专案初查中，涉及海量数据的筛选、分析，因此安排了有公诉背景、逻辑思维清晰的侦查人员进行全案情报信息统筹；针对地产中介人员反侦查意识较差，存在部分转账行为的情况，安排了极具经验和责任心的侦查人员进行财务分析。财务分析与情报支持紧密互动，实现了情报信息的及时过滤。此外，通过"电话分析＋基础信息分析（身份核实）"，侦查人员对锁定的核心中介人员前十五位密切联系人展开身份调查和社会关系调查，其中有四人以行受贿立案侦查；通过银行账户追踪、电话分析到征税系统操作比对，使媒体广泛报道的刘某某受贿 236 万元一案在上案前达到了"零口供"立案的条件，并且在"3·13"专案中通过科技手段的运用成功解决了该案"抓捕难""突破难"问题。

　　首先是充分借助公安的科技力量，联合具有丰富抓捕经验的福田公安分局刑警共同完成抓捕，实现了上案首日 18 名调查对象在三个办案区先后到案，解决了抓捕难题。其次是综合运用测谎、电子数据恢复等科技手段，大大提高了案件突破率。市院专门指定工作人员、工程师派驻办案区，为办案一线提供快速数据恢复提取分析。派驻人员通过对调查对象的手机、电脑、硬盘、U盘等电子设备进行数据恢复，成功获取了大量有价值的数据信息，甚至从地税人员与中介行贿方的手机中提取恢复了直接相互印证的已删除短信、微信、电子邮件和图片。这些信息直接运用于讯问，快速击溃了讯问对象心理防线，对"3·13"专案贯彻新刑事诉讼法关于时限的要求起到了重要作用。此外，该专案还引入了测谎，成功排除了市地税局移送线索中的最初怀疑对象，印证了侦查人员的判断，还原了案件事实。由于本案涉及部门众多，人员复杂，行业交流与行业屏障情况难以及时获得认知，同时，基于侦办对象的等级和部门特殊性，侦查和初查的组织机制设置也作了相应的调整。本案查办中，职侦部门在明确了初查和侦查任务后及时启动市区两级检察联动、一体化侦查模式，使得相关侦查主体在侦查组织问题上始终处于主动优势地位，为案件成功侦办奠定了基础。

2. 案例二：广东省清远市阳山县检察院查办的"清远市阳山县粮食系统贪污窝案"

2014年，清远市阳山县检察机关在查办其他案件过程中发现阳山县粮食局局长张某等国家工作人员可能有贪污国家粮食收购专项款的嫌疑，于是按照相关工作流程进行案件初查。在初期调查中，检察机关主管领导与办案人员对省内及全国其他地区相关部门发生的类案规律的研究分析，结合阳山县粮食局近年在国家粮食收购专项款使用过程中的一些不正常表现，判断认为相关人员极有可能存在贪污或受贿的犯罪行为，于是立即安排办案人员对有关线索进行初查。由于本案情况较为特殊，初查一段时间后检察机关仍没有实质性的证据搜集进展，在犯罪事实极不明朗的情况下，办案人员适度转变了初查策略，改用秘密和侧面初查的方式，大胆假设，小心求证，经过二次深入细致的初查，最终发现了相关疑点和若干证据线索。在细致缜密的分析后，办案人员准确把握了初查中的人物突破口，以对账为由接触会计罗某某。在对罗某某的情况进行综合分析后办案人员采取声东击西、分化瓦解的讯问策略，仅用一天的时间就成功突破罗某某的口供，使其交代了全部贪污犯罪事实。

经查明，罗某某曾伙同他人发"补贴"，为全案的侦破打开了关键性的缺口。以此为基础，办案机关果断立案，办案人员也乘胜追击，传唤粮食局出纳杨某某到案，最终揭开共同贪污84万元的真相。

在侦查工作进行到一定程度后，结合已经掌握的犯罪证据和查明的犯罪事实，办案部门已经在相当程度上确定了相关犯罪嫌疑人员的犯罪行为，拥有突破讯问的坚实材料依托。然而，基于张某等人在粮食局供职多年和事前串供结成攻守同盟的现实可能，阳山县检察机关通过实施外围控制、敲山震虎、宣传施压等策略。在查封账册的前提下，通过社会舆论，故意放消息，渲染反贪正在行动的紧张气氛，敦促犯罪嫌疑人自首。在强大的政策感召和侦查压力下，原粮食局局长张某等其余6名犯罪嫌疑人主动到检察院投案自首，如实交代犯罪事实。这种侦查策略的实施基础一方面是基于良好的初查工作效果和证据倒逼理念，另一方面也是讯问基础打造前置，侦查衔接良性运转的重要体现，有效避免犯罪嫌疑人抓捕中的资源浪费和讯问困局的出现，全案侦办取得了良好的侦查效益。

3. 案例三：中山市人民检察院反贪局查办的"中山市工商行政管理局东升分局副局长欧某某等受贿案"

中山市人民检察院近年来陆续收到群众反映，在中山市东升镇存在一个以工商行政管理局东升分局副局长欧某某为首的为祸一方百姓的犯罪团伙，他们利用职权索贿、受贿，欺压其辖区内的商人和其他群众。当地群众对这个团伙极为不满，多次要求市工商局处理未果。在初步查明有关事实，收集有关证据后，中山市检察院分别于2013年7月17日、7月18日、7月23日、7月29日、9月3日决定对欧某某、李某荣、徐某坤、何某文、何某流立案侦查。经依法侦查查明：2007年到2013年，欧某某、李某荣、何某文在中山市工商局工作期间，利用职务之便，为他人谋取利益，或单独或合伙非法索取、收受保护费、好处费共计人民币100多万元。徐某坤、何某流为了得到东升工商分局副局长欧某某等人给他们在中山市东升镇非法经营提供保护和关照，先后多次贿送给欧某某好处费共计人民币36万余元和人民币16万余元。经中山市检察院依法对该案进行侦查，案件侦办终结并提起公诉后，经法院审理，判决认定了侦查查明的全部事实、情节，以受贿罪判处欧某某有期徒刑十一年，并处没收财产人民币20万；以受贿罪判处李某荣有期徒刑三年，缓刑五年，并处没收财产人民币3万；以受贿罪判处何某文有期徒刑三年，缓刑四年，并处没收财产人民币3万；以行贿罪判处徐某坤有期徒刑五年；以行贿罪判处何某流有期徒刑三年，缓刑五年。

由于以欧某某为首的犯罪团伙在广东省中山市工商行政管理系统内根基较深，关系较为复杂，并在东升镇活动多年。他们之所以可以在中山市东升镇长期、大范围地进行索贿、受贿，充当制假、造假的"保护伞"，绝对不是临时结合的乌合之众，肯定有严密的组织和牢固的结构。面对这样的团伙性犯罪，办案机关认为，如果按传统的侦查模式侦查，侦查效果可能不理想，并且会引起嫌疑对象的警觉，进而采取反侦查措施，造成被动的局面。因此办案机关决定转变侦查模式，从外围入手，依靠群众，调查该团伙的作案方式、手段，摸清该团伙人员的分工情况和各个团伙的性格特点和家庭情况等。在前期的初查和调查中，办案部门有针对性地采取了一些有效措施，主要包括以下内容：

第一，创新运用网络收集犯罪团伙的信息。为了更多、更深入收集该犯罪团伙的信息，办案机关在借鉴公安机关"网上作战"经验的基础上，与本院技术科一起在网络上大范围收集该团伙的所有信息，更进一步查找证据材料，为突破案件寻找尽可能多的素材。办案部门还利用从其他渠道得到的该犯罪团伙中年轻的外层成员的 QQ 号与他们长期进行聊天。在聊天的过程中，办案部门了解了他们的性格特点，工作习惯，并摸清到他们索钱与收钱的方式。通过一段时间"网络作战"侦查工作取得了很好的成果，这对后面的侦查讯问起了很大的作用。

第二，侦查员以多种身份实施伪装并进行实地、贴近式调查。职侦部门侦查员分组秘密进入该镇区进行化装侦查，有的组假扮开店经营的商人，向已经在该镇经营的商人了解经营的相关"潜规则"；有的组假扮成欲进行非法经营的商人，经介绍人正面接触该团伙在外围负责收钱的人员以了解团伙具体的收钱手法和数额；有的组以侦查人员身份，直接向受该团伙欺压的商人和中介机构了解惯常的作案方式。经过一个多月的工作，办案机关紧紧依靠群众，获得了大量关于该团伙犯罪的信息及证据材料，基本查明了以欧某某为首的犯罪团伙的组成结构、成员之间的关系和联系方式，以及相应的作案方式、赃款分配等基本信息。

通过前期的初查，侦查机关清楚地了解到在该犯罪团伙中，欧某某既是他们的领导，更是他们的大哥，团伙中的其他成员对欧某某的人身依附性特别强。欧某某平时利用各种方式对他们进行拉拢：或许诺升职；或许诺由合同工转为正式职工；或许诺调整工作岗位；或许诺分钱；等等。经欧某某多年的经营，该团伙的年轻人对他已经深信不疑，相信欧某某能量非常大，只要跟着他干，自己的前途会一片光明。

办案人员对前期的信息进行综合梳理和分析后判断认为，该到接触人的时候了。但是在接触谁，如何接触的问题上还有不同选择。如果首先接触外围的年轻团伙成员，办案初期的压力会较小，但是由于这些年轻的成员对欧某某死心塌地，出于对欧某某的信任和害怕，他们极可能不会或不敢供述自己的罪行。最后办案部门果断决定"擒贼先擒王"，公开将欧某某带回调查，人为造成办案的强大舆论氛围。欧某某到案后，拒不供述，当侦查人员对他施加压力，让他感觉到不得不供述的时候，他极为狂妄地声称要与省院领导和市基层院领导同归于尽，并称他曾经通过第三人中介行贿检察院的领导（后来经多方调查证实欧某某所言非实），他要举报上述人员，以此威胁检察院机关。经请示院领导，检察机关重新组织安排力量对其举报事实进行外围调查。随后，按照事前的部署传唤了同案另一重要涉案嫌疑人李某荣到检察院接受调查。在与李某荣的正面较量中，办案人员巧妙利用信息不对称的优势，迫使其对案件整体态势的判断发生改变。此举果然奏效，李某荣到案后感觉到欧某某已经供述犯罪事实，觉得必须配合检察机关争取从轻处理，很快就供述了自己的犯罪事实，并且交代了欧某某的其他犯罪事实。在突破了关键性的重点人物后，案件的进展就相对比较容易了。办案机关进而对掌握的其他涉案人员采取强制措施，他们到案后均供述了自己参与的犯罪行为，并交代欧某某的其他罪行。至此，该团伙其他成员已经完全被击破。本案最后对欧某某的讯问进行得也就非常顺利了，在大量证据材料面前，欧某某不得不如实供述自己的罪行。

（二）镜头下讯问的成功经验

1. 注重初查的系统化

初查工作作为揭开职务犯罪侦查工作序幕的重要依托手段和工作步骤，在办案实务中我们不能单一地将其作为立案的辅助程序，而应当在客观认知职务犯罪侦查规律和犯罪对抗基本属性的前提下，将系统化初查的理念应用于实践，并发挥其功效。

从目前来看，初查工作在职务犯罪侦查中应当具备以下基础功能：第一，立案准入标准判断功能。基于职务犯罪主体的政治地位特殊性，以强有力的犯罪证据加以立案佐证，并以最迅速的侦查讯问取证加以突破、构建相关证据链条符合职务犯罪侦查的基本认识规律。因此初查工作在解决立案与否的问题背景下必须设置更高的工作标准，即从成案可能性的初步证明向犯罪证据体系构筑的系统证明转变，从而加快后续立案侦查的整体节奏。第二，初步讯问中的证据震慑功能。证据材料是打破被讯问人侥幸心理、打击其负隅顽抗嚣张气焰的有力武器。正所谓"证据在手、心中不慌"，没有一定数量和质量的犯罪证据，再优秀的讯问人员仅靠空泛的所谓讯问策略是不足以击溃狡猾的犯罪嫌疑人的。因此，初查中的证据和信息获取是初查后正面接触犯罪嫌疑人的基本依托条件。第三，情报获取与危机预警功能。首先，自行发现犯罪信息在职务犯罪案件线索搜集中的比重较轻，大多数职务犯罪案件线索由纪委转交或群众举报。同时，基于长期的反腐败斗争经验和对职务犯罪侦查规律的把握，我们发现，检察机关自行发现的案件线索具备相当高的深挖价值和初查必要。自行发现的犯罪线索可以通过已控制的犯罪嫌疑人的主动交代、侦查中附带发现的隐性案件、初查中"相邻"线索区域的自我暴露以及高危行业领域的经济和社会活动反常现象捕捉来实现。

因此，初查工作的成效在很大程度上会影响讯问突破的效果，初查一方面积累了用于侦查和案件证明的素材，另一方面发现案件认知中可能存在的漏洞，明确了进一步调查的方向和重点。

初查系统化是指在现有的初查准用手段和技术依托条件下综合运用信息技术、网络技术、安全技术等技术手段，通过侧面接触、伪装调查等多种策略设计，在立案准入、证据获取、线索筛查与发现管理、重点行业犯罪预警等目标引导下，实现系统管理、系统推进、系统分析、系统完成的初查理念、运行形态和工作制度。

首先，初查系统化应当是初查信息化。初查工作的羁绊之一在于其地位未定，是侦查附属性活动还是情报的针对性管理活动尚无定论。但是初查的设计目的便在于最小限度地影响潜在犯罪嫌疑人的日常公务活动，以维护组织和社会管理的稳定性。故初查的非强制性和非正面接触性是其基本属性，信息化初查与技术化初查以其强大的信息收集渠道能够在完成初查任务的基础上，以不损害整个侦查工作的稳定性为前提。同时我们应当注意到，信息化初查不同于信息侦查，前者是以基本的初查为原则，辅之以信息化的策略手段而已，不具备侦查活动的基本内涵。

其次，初查系统化应当是线索处理标准化。初查的开展实际上是对线索集合的认知处理。在初查工作中会伴随线索信息的否定和重新发现，因此，必须构建完善的初查线索筛查机制和线索管理制度。第一，完善线索的多类管理机制，实现扇区划分；第二，探索初查线索标准化实践，满足价值的现实考量要求；第三，线索管理主体的单一化和专业化设置也是线索筛查的基础前提；第四，线索的"活性"封存和并线查询应当成为未来初查信息研判工作的机制创新重点。

最后，初查系统化应当是侦防一体化的必要支撑。侦防一体化从根本上讲是职务犯罪侦查工作与职务犯罪预防工作的结合，是侦查实施与阵地控制的集合体。从理论上讲，敏感部门和领域的预警分为两个方向，一方面是职侦部门的自我预警，即在敏感阵地异常活动或职务犯罪线索契合研判的基础上自动生成预警机制，为初查提供依据；另一方面是初查中的外向型预警，即在初查活动中发现某些敏感行业领域财务漏洞、主体责任缺失，职务犯罪异化现象和可能性急剧上升的基础上，发出职务犯罪预防建议，提前消除相关犯罪土壤，实现初查功能。

2. 重视初查线索对讯问突破的支撑作用

"初查——立案——侦查——传唤讯问——强制措施"是目前职务犯罪侦查的基本推进模式。由此，案件办理的重心实际上有一定程度的前置。初查工作尽管受到程序方面更多的约束和限制，但其在案件分流和筛查、侦查和讯问基本工作的准备方面有着极为关键的作用。从有关案件成功侦办的实践来看，目前初查对讯问的支撑作用主要表现在以下几个方面：

第一，视初查情势，妥善制定讯问策略。

讯问计划、讯问策略的制定是讯问开始前的必经步骤。讯问人员结合已经掌握的证据材料和线索情报，在对被讯问对象"心理生存环境"进行初步认知的基础上，通过巧妙布置讯问氛围，设定"突破催化位点"，[①]使得讯问活动一开始便处于主动的优势地位，进而可以掌控讯问节奏、引导讯问发展。

制定讯问策略的前提条件即案件信息的获取与价值研判。众所周知，初查工作结束后，一旦正面接触犯罪嫌疑人，留给侦查主体的时间便极为有限，且相关外围控制性措施也必将消耗大量的侦查资源，如何在有效的时间内围绕案件和嫌疑对象展开"证据合围"，从而使案件顺利过渡到适当的强制措施条件，是我们应当认真思考的问题。由此，"初查——讯问"二元侦查结构应运而生，初查应当为讯问的开展铺平道路，讯问也应在初查提供的良性条件下推动案件走向强制性环节。上述案件的成功突破，其中一个共同的特点就是，在镜头下的讯问开始以前，办案机关和侦查人员实际上已经通过大量的外围和侧面调查掌握了与案件事实相关、与涉案的重点和关键人物相关、与主要证据相关的信息。这就为相应讯问策略的制定和实施以及讯问突破打下了坚实基础。

第二，根据初查信息，精确分析讯问突破口，及时打破讯问僵局。

讯问僵局的出现不仅仅由被讯问人潜在的反讯问能力决定，更是情感、性格、人生观、价值观在危机状态下的综合发酵的结果。因此，讯问僵局的突破必须依托于大量与案件相关的综合信息，并综合考量讯问对象的内在人格及情感因素，而这离不开前期的立体化和延伸式初查准备活动。

从纵向上来讲，立体化初查是指在初查工作中对线索和证据收集的范围和深度应当做到有效把控。例如在上述成功办理的案件中，就是对往年同类账款的查询、历史同类权钱交易环境的掌握、上游及下游财务审批主体的权力运用状况等的系统性把握。立体化初查是线索开拓的理念和思维，即"顺藤摸瓜"式的线索扩张。这种初查方式不仅能够辅助本案的顺利推进，亦能够实现"犯罪黑数"的有效降低，即查窝案、抓隐案。

从横向上来讲，延伸式初查是指在初查活动中不仅要关注嫌疑目标的犯罪证据材料和线索信息的获取，还应当借助策略和隐蔽的策略时机对嫌疑目标的个人情感和性格要素及其在案发时空维度内的综合活动轨迹和社交网络进行立

---

① 突破催化是指在讯问过程中运用已经研判能够取得突破效果而采用的微动作、表情、可控的信息泄露、声音混淆等迷惑被讯问人的策略设计情节。

体查控，从而在讯问过程中能够做到有的放矢，释放心理震动，及时消除被讯问人的顽抗侥幸心理。

第三，运用模式指引策略，适时扩大讯问成果。

在实践中，讯问工作的启动有时是"形势倒逼"的结果，如初查工作虽然掌握一定的犯罪证据和线索，但是相关案件整体脉络和利益传输渠道尚未能有效触及，然而基于不可控的现实因素，如嫌疑对象可能有串供、毁证、逃跑、自杀等影响诉讼进程的行为，又不得采取刑事强制力量，掌控整个诉讼进程。此时，初查中掌握的某些线索或隐性证据可以通过讯问加以验证或排除，正确的讯问策略和初查活动的线索获取能够实现讯问工作的高附加值和扩展性成果。

3. 有效发挥镜头下讯问的正面效应

讯问，作为犯罪嫌疑人到案后与侦查人员正面交锋的基本形态，承担着口供获取、线索发现、政策教育、证据固定等多项功能。而讯问行为的监督却由于侦查保密原则等原因尚无法达到程序性公开的程度。传统的侦查讯问只能通过已经讯问笔录等间接方式验证其程序合法性和实体有效性。而镜头下的讯问在一定程度上将对讯问的监督和监控纳入了更为广泛的程序空间，从而将对讯问的内部控制和外部控制有效结合，起到确保讯问合法有效的作用，避免讯问中的违法违规。镜头下的讯问利用对讯问时空的视频图像捕捉、视频资料管理、查阅、移送、播录机制，实现对相关诉讼环节程序内容的固定作用。总体而言，在同步录音录像条件下进行讯问，很大程度上对讯问本身及讯问人员具有保障和保护作用，这是我们在办理职务犯罪时应当清醒认识的。

第一，有效预防翻供。

翻供是刑事诉讼中经常遇到的犯罪嫌疑人或被告人的一种自我辩护形态。有的翻供是基于自身的诉讼权利、人身权利受到非法侵犯，出于对自我权利救济需要而推翻先前供述的。而有的翻供是犯罪嫌疑人或被告人为了拖延审判、对抗法律、畏惧惩罚或在律师等他人的引诱下，推翻原有陈述的。

翻供必将带来一定的后果。第一，原有供述的证据价值可能降低；第二，办案人的办案行为可能受到质疑。因此，为了预防翻供，除了讯问时的政策教育和证据围堵构成的"堵"与"疏"的心理震慑策略，镜头下的声音影像信息记录储存设备也能够在一定程度上舒缓翻供所带来的不良后果，从实际效果看具有预防翻供的作用。

第二，保障被讯问人的诉讼权利。

在刑事司法领域，犯罪侦查工作中的讯问犯罪嫌疑人既是侦破案件的关键环节，同时也是人权保障的薄弱环节。少数案件暴露出的刑讯逼供等违法办案情况在一定程度上也确实反映了当前办案实际中的一些客观问题。刑事程序法所确立的讯问过程中同步录音录像制度及其相应的非法证据排除规则等程序性规范，对进一步规范侦查取证行为，彰显我国刑事诉讼中的人文关怀理念具有重要价值。通过实行讯问全程同步录音录像制度，以一种更为客观、真实的方式记录讯问全过程，就是要最大限度地防止讯问过程中出现非法获取口供和侵犯人权的行为，实现对侦查讯问过程的监督和对侦查人员行为的限制和约束，规范职务犯罪侦查权的行使。[①]

第三，以诉讼程序的革新倒逼讯问水平的提升。

在同步录音录像制度引入侦查讯问之前，职务犯罪侦查中的讯问活动基本处于完全封闭的状态。这种讯问模式在客观上营造了讯问者与被讯问者在地位、信息、心理状态等多方面的不平衡，使讯问突破具有了诸多先天的优势。但也在一定程度上使讯问主体养成了"惰性"，"重讯问突破，轻程序有效"，"重单一口供获取，轻证据体系构建"，最终可能导致赢了讯问对抗，输了案件诉讼。镜头下的讯问则是通过讯问程序的改革给讯问主体施加了一定的程序压力，使讯问人员不得不考虑如何在更为公开、规范的时空条件下运用合理合法的方式获取口供、固定证据，构建证据体系。这实际上就产生了一种制度性的倒逼机制，迫使讯问主体提高讯问水平和技巧，达到讯问目的。

第四，科技生产力的司法转化。

科技的发展带来司法理念、司法制度、司法行为的不断发展变革，这已经成为不争的事实。科技在某种程度上导致一些法律无法评价的争议地带的出现。另外，科技手段为法律的实施创造新的条件，成为司法生产力的重要依托，镜头下的讯问尤其如此。同步录音录像技术的出现，在客观还原讯问场景、讯问过程，客观固定讯问成果，与讯问笔录形成印证等方面为办案机关提供了更为便利的载体，大大简化了实践中对于部分案件讯问合法与否的争议的评判。

4. 强化证据固定

侦查机关的证据工作大致分为证据发现、证据收集、证据固定、证据储存、证据管理、证据使用等几个步骤。其中证据固定环节则关系到未来不可预知的证据使用行为，基于不同的证据形式和证据形成条件，证据固定的方式和难易程度也不尽相同。相较于公安机关办理的刑事案件，职务犯罪案件在证据类型上显得更为单一，言词证据是主要载体。目前对于言词证据的固定而言，单一的笔录形式显然已不足以应对诉讼中可能出现的针对言词证据合法性的质

---

① 王文、王运伟、李婷：《同步录音录像对侦查讯问工作的影响及应对——制作示证的规范与审讯策略的运用》，载《菏泽学院学报》2014年第1期，第74—78页。

疑。况且，实践中讯问笔录等言词证据固定在制作形式和内容上都还存在较多问题，因而使用同步录音录像所形成的视频资料作为辅助手段固定言词类证据的获取过程和结果，无疑将大大强化证据效能。实践中，倘若出现对口供或讯问程序合法性的疑问，通过有关视频资料的演示足以证明相关事实。

从司法实践的角度看，讯问过程的录音录像能够和传统笔录形成更具可信度的证据链条，这也是讯问规则的改变对诉讼活动正面影响的体现。

5. 防范讯问中的安全隐患

基于同步录音录像的信息固定功能，任何镜头下的细微动作都可能被无选择性的捕捉。这样，侦查人员可以借助视听监控仪器及时掌握被讯问对象的动态，有效避免讯问中可能出现的安全隐患。具体来讲，其危险防范功能有以下几个方面：

第一，保护被讯问人的人身权利。

同步录音录像对犯罪嫌疑人的人身权利保障是这一制度设计的基本功能。通过完整地记录讯问过程，了解犯罪嫌疑人的供述和辩解状况，真实还原讯问全貌不仅仅是对犯罪嫌疑人或被告人供述等书面证据的进一步补强，更是对证据可采性审查判断的重要依据。同步录音录像具有客观性、动态性特征，如果辩护律师或法官从录音录像中发现刑讯逼供、威胁利诱、记录不实等非法讯问的记载，相关被告供述、证人陈述就会作为非法证据而被排除，对公诉方来讲相关犯罪指控将有被否决的风险。因此良好地执行同步录音录像制度是对刑讯逼供、诱供、胁迫行为的坚实回击，也是阳光下司法、阳光下讯问等理念的切实体现。[①]

第二，保护讯问人员不受诬告以及工作成果安全。

同步录音录像的安全保障功能是双向的，一方面，它保护了在面对国家司法机器讯问时处于相对弱势地位的犯罪嫌疑人或被告人免于遭受不法攻击；另一方面，镜头下的讯问将会真实地证明讯问人在从事讯问过程中必备的司法廉洁性和司法专业性。这种对讯问主体的保护也应当分为两个方面：

首先，免于遭受无理诬告。在职务犯罪案件办理中，犯罪嫌疑人为了推翻自己在讯问中所作的有罪供述，最常见的一条理由就是凭空指责检察机关违法办案，诬陷办案人员刑讯逼供，以往由于检察机关难以拿出强有力的反驳证据，往往导致是非难辨，不仅影响案件的处理，同时也使检察机关和办案人员蒙受不白之冤。讯问全程同录后，遇到犯罪嫌疑人翻供或者家属投诉等情况，检察机关可以通过调取、出示同步录音录像资料，查明事实，展示

---

① 公丕国：《从同步录音录像谈冤假错案预防》，载《民主法治》2015 年第 2 期，第 30—32 页。

真相，保护干警。①

其次，保护办案人工作成果不受破坏。讯问人的工作成果不仅仅是被讯问人思想上的认罪服法，一份清洁无瑕疵的符合法律要求讯问笔录更是应有之义。被讯问人的无理翻供或者对讯问活动的无理攻击都是对办案人工作成果的重度损害。同步录音录像刚好担负了保护工作成果、进行公诉辩述的重要依托。

6. 充分利用镜头捕捉的微表情推动讯问突破

微表情是指在内部实时心理因素的影响下，行为主体在脸部所反映的与其表述或行为不相匹配的轻微表情细节。脸部作为人类表达思想和心情的重要部位，具有众多的肌肉群来完成相应的情绪表示，在接受神经指导前提下，虽然基本的脸部表情轮廓能够掩盖其内在思维，但是总有一小部分肌肉组织能够客观反映其内部思维，如愤怒、惊讶、兴奋、伤感、恐惧、仇恨等。

微表情的客观心理反应作用目前已被某些司法机关作为侦查和讯问的辅助活动，如美国联邦调查局已经建立了专门的微表情分析中心和实验团队。而这种微表情的出现总是转瞬即逝，为了保证正确地分析行为人的心理活动，表情回放与减速量化分析便成为必然。同步录音录像在实现其基本的证据补强、安全保障等功能的同时，辅助侦查主体进行微表情实时监控、微表情回溯分析，制订下一步的讯问计划等方面有着重要意义。第一，在讯问过程中，实时的录音录像监控并辅之以判断微表情的专业团队和软件分析的客观检测，能够在讯问过程中及时了解被讯问人的心理隐藏和突破位点，实时点破其内心冲动能够受到最大的心理震动效果。第二，对多轮讯问所产生的同步录音录像进行客观分析，能够刻画出犯罪嫌疑人或被告人的心理变化轨迹，为下一步的侦查讯问设计奠定基础。

7. 发挥讯问室硬件布置对讯问突破的辅助功能

讯问室作为讯问主体与被讯问人员交锋的主要战场，其外部设计、内部控制、装饰安排等都取决于讯问主体的讯问计划和策略实施，即战场的环境设置掌握在讯问主体手中。众所周知，不对称的战场环境能够实现主动与被动的交替转化，而讯问室的整体设计亦是如此。对被讯问人员而言，光线的明暗对比带来心理上的恐慌、座椅的高低设置带来特权思维的解除、单调的墙壁和门窗设计避免其注意力的潜在转移，单向观察镜的安装能够观察到犯罪嫌疑人最真实的焦虑情绪。

① 赵东平：《论检察机关讯问全程同步录音录像制度实施中的问题及改进建议》，载《河南社会科学》2014年第3期，第61—65页。

因此，要充分发挥讯问室硬件布置的辅助功能。在讯问与反讯问对抗的基本前提下，凭借对讯问室的主动管控，营造出最适合讯问主体突破、施压、疏导、监控犯罪嫌疑人或被告人的室内环境也应当是讯问设计的重要内容。

8. 证据围堵下的司法政策调动

从讯问策略上来讲，推进讯问活动良好进行的两条途径便是证据上的步步围堵与刑事司法政策的良性疏导。畏罪心理是大多数犯罪嫌疑人或被告人在面对讯问过程中起主导作用的心理状态。畏惧法律惩罚，畏惧失去地位、财富、名誉等社会标签，而这些因素也是犯罪嫌疑人负隅顽抗、拒绝供述的内在动力。因此，如何正确处理"堵"与"疏"的关系是讯问设计的重中之重。

镜头下的讯问实际上也给被讯问人员造成了一定的心理影响。讯问对象的一举一动都被视频探头捕捉，一言一行都被客观地固定，从心理学角度讲，这会降低其撒谎、抵赖等的内心驱动。这也为讯问中政策攻心策略的运用提供了条件。

首先，无证据不讯问是目前讯问实践的重要原则。证据是推进讯问及突破犯罪嫌疑人的关键要素，随着讯问活动的进行，讯问主体要围绕被讯问人及其实施的犯罪行为逐步构筑围堵被讯问人的证据和信息体系，从而使得虚假的陈述得以揭露，使其摒弃侥幸心理；新的证据不断出现，使其沉浸在丧失陈述先机的懊恼之中；攻守同盟被逐步打破，使其成为离间被讯问人的重要途径。

其次，政策疏导是保证被讯问人如实供述的前提。在证据围堵初见成效情况下，被讯问人必须寻求当前境遇下的心理释放，探寻真正有利于己的人生出路。而及时的刑事司法引导不仅仅是获取口供的导向性行为，更是防止犯罪嫌疑人在崩溃心理下自暴自弃、消极处世、自杀自伤的有效举措。目前经常使用的政策疏导手段来主要有：出路导向型政策疏导、人格重塑型政策疏导、法律救助型政策疏导等。

五、镜头下的职务犯罪侦查讯问失败典型案例剖析

（一）失败案例剖析

1. 案例一：广东省××市人民检察院承办的"某报记者胡××、刘××收受贿赂、敲诈勒索案"

2012 年 5 月，广东××市人民检察院在办理魏××、张××行贿案过程中发现南方某报记者胡××、中国××网广东频道主编刘××有为他人谋取不正

当利益,收受贿赂后在报纸和网络平台上发表不恰当言论的行为。随后,××市人民检察院向××报业集团通报了有关情况。该报业集团经过内部调查,认为胡××、刘××的行为严重违反了新闻从业人员的职业操守,严重影响了新闻从业人员的形象,必须加以整治,并将集团纪检部门内部调查情况通报市人民检察院,请求市人民检察院对胡××、刘××涉嫌受贿行为进行立法侦查。

胡、刘事件发生在当前我国互联网络覆盖面广,新闻媒体报道自由,民众存在仇富仇官心理,易受舆论引导影响的社会背景之下。一经网络曝光便迅速发酵,引起轰动,其影响之大,直接关系到反腐形象和社会稳定。在胡××被检察院干警从其住处楼下带走后不久,新浪微博、天涯论坛等一些知名媒体便先后转载了《双面明哥:××政法乱象透视镜》《××日报记者胡××公开信》等文章,名人网络大V李开复也在新浪微博转载了"胡××被检察机关带走,其之前发表的×市副书记的调查报告成为了关键"的言论,"报业高层勾结韶关官员企图利用司法力量报复胡××"的言论甚嚣尘上,社会一片质疑之声。

面对这种社会影响力较大的案件,检察机关的侦办压力无疑是巨大的,程序正义、权利保障等诉讼价值和任务必须得到实现。××市人民检察院在讯问胡、刘犯罪嫌疑人时,虽然经过大量细致入微的心理疏导和政策教育,一度击溃了刘××的心理防线,获取了口供,并用同步录音录像的形式将有关证据固定了下来,为案件推进创造了有利条件,但是,由于在进行同步录音录像的过程中,为防止犯罪嫌疑人利用"镜头效应"对抗讯问,讯问主体未能按照法律规定及时告知其讯问正在进行同步录音录像的客观事实,致使在随后的法庭调查、法庭质证中公诉方处于极为被动的局面。胡××一直不承认犯罪事实,刘××在法院当庭翻供,二人均提出侦查机关程序违法,并存在恐吓等违法办案行为。犯罪嫌疑人提出,其二人的全部供述和自书材料应作为非法证据予以排除。

法院经审理认为,公诉机关并未将胡××在侦查机关的供述、自书材料作为证据提交法庭使用,无须对其合法性进行调查;侦查机关依照法律规定询问证人,证据收集程序合法;本案收集的证据可相互印证,形成完整证据链条,足以证明胡××和刘××案共同受贿及敲诈勒索的犯罪事实。

虽然法庭后来采纳了检察机关提交的证据材料,但是由于同步录音录像过程中违反了告知义务,出现程序瑕疵,相关视频资料并未能及时提交合议庭审议,使得镜头下的讯问固定证据、预防翻供、保障讯问主体法律安全的良好功能未能得到发挥,丧失了这一制度设置应有的价值。

2. 案例二：广东省××市检察院侦办的某电器厂厂长"钟××贪污案"

2010年，广东省检察院依法立案查处了原××市某电器厂厂长钟××涉嫌贪污一案。2012年12月18日××市中级人民法院一审认定被告人钟××贪污7000余万元、职务侵占800余万元、挪用资金6000余万元、行贿219万元，故意销毁会计凭证、会计账簿等犯罪，涉嫌贪污罪、行贿罪、职务侵占罪、挪用资金罪、故意销毁会计凭证、会计账簿罪五项罪名全部成立，事实清楚，证据确实充分，判处其死刑，缓期两年执行。2013年12月16日，广东省高级人民法院二审裁定一审判决事实清楚，证据确实充分、量刑适当，最终裁定驳回上诉，维持原判。

该起案件虽然在最后得到顺利结案，但是在侦查起诉和审判环节，由于钟××的负隅顽抗，以及检察机关相关讯问策略和同步录音录像的功能设计未能顺利衔接，导致在诉讼中多次出现被动局面，出现侦查僵局。

钟××归案之后，态度极其恶劣，对办案人员谩骂，挑衅，对检察机关认定的犯罪事实绝口否认，从拘留一直到开庭讯问之时，都全盘否认自己有违法犯罪的事实。专案小组通过会议讨论，安排两名办案人员专门负责提审钟××，全程录音录像，在镜头之下，钟××对办案人员的提问避重就轻，答非所问，被逼得无退路时干脆撒野，以头痛、胸痛等推搪，甚至对办案人员挑衅。虽然钟××在镜头下的表现，被同步录音录像全程记录下来，但是在逃避惩罚与接受制裁的双面选择中，钟××毅然决然选择前者。此时检察机关的侦查讯问变成了犯罪嫌疑人钟××的个人表演。面对这种情况，讯问人员没有及时改变讯问策略，而是继续僵化地使用同步录音录像进行面对面的讯问，法律程序的严谨性和侦查讯问灵活性未能良好把握，导致案件久审不下，久拖不决。此后专案组采取"先化整为零，再重组为整"的策略，对其施以强大的心理压力，将涉案问题一个一个分解开，降低钟××的警戒心理，制订讯问计划，逐一讯问，巧妙的讯问策略下，钟××才在镜头下不自觉地把涉案犯罪事实表露出来了。专案组乘胜追击扩大战果，最终拿下该案。

上述两案，尽管从最终的结局看不能算是案件办理的失败，实际上从讯问和诉讼效益角度讲，无疑没有达到同步录音录像制度设计的初衷，不仅浪费了大量司法资源，也对办案机关的声誉和形象造成了损害。因而，将上述两案作为失败案例进行分析有其特殊的价值和意义。

（二）职务犯罪案件侦查中镜头下讯问失误的剖析

1. 讯问环境变化与讯问模式转变的矛盾

从心理学的角度来讲，讯问活动的主要推动力量是心理活动，心理行为的发展变化左右着整个讯问进程的形态。传统讯问背景下，被讯问人在畏罪、侥幸、对立、戒备、悲观情绪的主导下通过应答漠视、答非所问、动作分析、察言观色等手段、拒供、谎供、少供或翻供来进行对抗。讯问主体则通过证词分析、补充讯问、调查验证、仪器测试等方式不断克服冲动、急躁、畏难、对立等心理情绪，进而实现讯问突破。同步录音录像的普及，在完成相关证据保障功能的同时，也给讯问对抗双方带来机遇与挑战。

首先，从犯罪嫌疑人角度来讲，对抗情绪得到提升，翻供的现实可能性则大大降低。镜头下的讯问使得被讯问人对潜在的侦查威势有了削弱型认识，预计中可能受到的惩罚性行为也失去存在土壤，对于畏罪和对立性心理比较严重的被讯问人来讲，预先的侦查强势地位受到撼动，自己也将具备更多筹码对抗讯问。这对讯问主体而言也是一个不好的信号。

其次，从讯问主体角度来讲，传统讯问中，讯问策略的法律边界是可以加以利用的可控资源，灵活性讯问技巧设计多数情况下以其有效性的追求为根本目标，法律对于讯问策略的边界控制由于缺乏客观实在的可验证性而难以奏效。

从现实来看，镜头下的讯问对讯问主体的影响更为明显。第一，攻守异势。对于受过打击或者抵触情绪较为强烈的犯罪嫌疑人，其对抗情绪将更加高涨，气焰更加嚣张。第二，策略运用的合法性界限无法掌握。讯问作为一种灵活性的思维和策略应用活动，在法律规制条件下，尽可能地采用攻心、震慑、迷惑和利用型讯问策略是完成讯问任务的基本途径。但是镜头下的讯问规则更加强调讯问程序的规范化以及对违法违规讯问的负面后果的强化，因而讯问人员面对更为具体的行为责任的规定无法清晰地判断违法讯问和讯问策略的边界，进而不敢、不愿、不想运用策略手段；或者固守原有的讯问模式，导致讯问在法律上的失效。

镜头下的讯问会形成视听资料，这可能让讯问人员内心感到异样，进而放大了不规范讯问的诉讼风险和个体风险，导致一些本来合法有效的策略不敢用，无法拿捏其中的界限。传统讯问的封闭性强，讯问人员是纯粹的主导者，这种矛盾的后果是遵循程序合法而丢失讯问突破的武器。此外，镜头下的犯罪嫌疑人更加强化抗拒心理，讯问突破口的单一性选择可能面临失败。最佳的解决途径便是，必须有多种突破口的路径准备，同时，视听资料的开示、移送、保密制度必须及时建立，使得讯问中的策略性途径不至流于形式，或在未来招致更为强力的反讯问技巧。

从大量办案实践的情况我们发现，面对讯问环境的强制性变化，讯问人员讯问模式和方式方法还未能顺利转变。而这种困境直接影响了部分案件办理中的诉讼效果。

2. 重心前移与初查功能承载的矛盾

从目前职务犯罪侦查的基本规律来看，大部分"由事到人"型侦查模式仍旧将初查作为侦查启动的先决性条件，这不仅仅是初查功能扩展的必然要求，也是由职务犯罪案件的特殊性所决定的。职务犯罪案件侦查重心前移的趋势越来越明显。首先，初查工作不仅仅是线索的确认与证据的收集，讯问支撑、线索拓展经营、高危行业预警等功能不断得到延伸。其次，初查后讯问前的时间间隔缩短，前期侦查仅保留相应的强制性功能，侦查原来承载的部分调查性和证据获取性功能将由初查代替。

但是，从上述案件办理的教训来看，侦查重心在适度前移的同时，初查工作未能得到应有的重视。实践中，或因程序资源本身的欠缺，或因具体办案人员粗放式初查的惯性，导致初查与讯问的衔接不畅，尤其是对镜头下讯问可能遇到的困难预估不足。其中既有制度规范层面的问题，更有办案理念转变的问题。

第一，法律地位缺陷，权力定位不准。第二，功能设计不严谨。控权应当是程序制度的一个重要功能，可是，现行初查制度关于控权的设计欠严谨。第三，初查手段有限。我国法律规定在初查工作中不得采取强制措施，不得查封、扣押、冻结财产。而检察机关通常运用的依旧是传统侦查手段，案件成案率受到影响。第四，初查计划欠佳，不具针对性。第五，初查保密性存疑，办案效果下降。初查是一项极其谨慎保密性极强的工作，但由于一些侦查人员保密意识不强，无意走漏初查信息，导致被查对象采取扰乱初查视线毁灭相关证据等反侦查手段，最终给立案工作带来重重阻力和困难。第六，证据固定意识缺乏，影响成案质量。

由此而来，口供中心主义证据体系构建与初查证据职能拓展之间的矛盾；初查手段无力性与初查讯问支撑功能之间的矛盾；初查定位瑕疵与侦查重心前移之间的矛盾将不断凸显，成为制约侦查功能和价值发挥的主要矛盾。

3. 镜头下讯问的"公开性"与封闭式侦查的矛盾

封闭式侦查，又称侦查神秘主义，在一定程度上是由侦查工作的性质和任务所决定的。这种神秘主义一方面源自于侦查保密制度的必然要求，如技术保密、情报保密、特情保密、秘密据点等现实必要。另一方面，也是为了最大程度地保留"犯罪——侦查"二元对抗中的信息优势，而不得不对相关侦查行为进行战术隐藏。侦查的封闭必然带来一定程度监督不力或监督失位的情况，这也是长期以来对侦查程序设计的诟病之一。

职务犯罪案件讯问中的同步录音录像，实质上就是对原有的侦查封闭的适度打破。尽管镜头下的讯问不是完全意义的侦查公开，但对讯问双方而言也确实造成了一定程度公开的效果。这种程序上的公开对讯问参与双方产生截然不同的心理暗示，进而影响讯问突破的实效。比如在上述多起案件的办理中，讯问人员面对镜头无法完全按照预先设计的讯问计划和策略开展工作。镜头下的讯问给侦查人员带来了一定的心理压力，侦查人员会过多地考虑讯问程序的合法性，进而无法判断策略有效性与程序有效性之间的界限，一些原本行之有效的讯问策略方法，比如讯问语言、语调、讯问计谋便难以发挥其效果。侦查人员担心某些语言、动作及相应的讯问行为会受到程序上的不利评价，从而可能打断了原有流畅的讯问思维，讯问工作实际上由于镜头的存在被人为地切割。

当然，从立法方向和刑事诉讼文明化的角度看，镜头下的讯问也为我们提供了一定的压力机制。基于历史传统，观念意识影响，口供中心主义、援供求证等办案模式在职务犯罪案件侦查中并未得到根本改变，而讯问程序的适度公开尽管会造成短时间的不适，但面对立法和改革的大趋势，我们要做的不是僵硬地认识和应对镜头，而是要在顺应讯问程序适度公开的前提下进一步吃透规范的精神，把握策略运用的尺度，了解新形势下侦查讯问环节对抗的焦点转向，从诉讼全局的视角掌握控辩对抗的主动权。因此我们认为，从目前的办案实践看，侦查人员对讯问程序以同步录音录像的方式实现的公开化还有较为严重的不适应，而在老一套讯问模式无法发挥效果的情况下，又没有对讯问策略方法的总结，这是最大的问题所在。我们认为，无论是在传统的封闭式环境中的讯问，还是在镜头下的讯问，讯问突破的工作基点是一致的，镜头下的讯问制度要破除的是违法违规的讯问弊病，而非合法合理的讯问技巧。

4. 证据体系观念的变革与口供中心的矛盾

证据体系是指由相互关联的证据构成的，用以证明案件事实的证据系统。一个完善的证据体系对证据个体、证据综合、证据关系都有极为严格的要求。证据体系观念的变化会对证据体系构建的行动和结果产生重要影响。证据体系的存在形态决定了整个案件刑事证明的成败，是控辩双方对抗结果的证据形式。基于不同的证据结构形成要素，如案件的事实构成特点、案件形成后的信息变化状况等，案件证据体系在前期的研判分析中可以分为：充分可建、较充分可建、构建困难和不可建四种情形。从目前来看，证据体系的构建类型取决于办案机关的传统经验、证据理念、案件性质和证据体系构建难度等多个方面，而目前普遍存在的证据体系则有以下几个类型：第一，口供中心主义证据体系，包括由证到供的证据体系（以证逼供）和由供而证的证据体系；第二，物证中心主义证据体系，在物证数量充分，能够形成证据链条情况下构建；第三，视听资料为主的证据体系，在视听资料作为直接证据证明案件主要事实且其他证据能够相互印证的情况下构建；第四，新兴的电子数据为主的证据体系，多见于电信诈骗、网络诈骗、计算机信息系统案件的证据体系构建中。

证据体系的构建形态本质上并无优劣之分，因为具体案件的证据体系取决于现存的证据获取技术和手段、案件证据信息存留状态、取证的水平和规范性等。基于长期以来的侦查思维和证据理念，口供中心主义证据体系构建在刑事案件中则更为常见。首先，口供又称证据之王，是刑事诉讼中最为有利的证明材料；其次，由供到证的侦查模式决定了相关证据体系的构建只能围绕口供进行。但是我们应当认识到，口供中心主义并不是仅仅依托于口供，任何一个证据体系都要做到证据体系间的相互印证，并由此形成牢固的证据形态：如证据结构构建存在多样性、不同的证据结构的特点存在差异、单一的和多元的证据结构应形成不同的证据、不同层次不同类型的印证以及在证据体系构建中，以科学认知为核心所正确把握的科学、人性、程序等证据规则。

证据体系是一个多形式证据载体的证明力的集合，讯问获取的供述起到线索与证据指引、证据串联、证据印证的功能，但口供不能作为定案的唯一依据和证据体系的中心。这与职务犯罪案件侦查由人到案的传统认识模式和讯问人员内心从由口供出发，进而发挥口供的证据搜集指引作用的预期相矛盾。侦查人员对镜头下的讯问获取的口供在证明力上有误解，认为是有"保障"的，即有视听资料佐证的铁证，事实上即使做有罪供述，视听资料仍然不是犯罪事实证明意义上的证据，而只是书面供词的辅助证据和讯问程序合法性的证明材料。

随着证据体系构建观念的不断变革，从口供中心到物证中心再到视听资料和电子数据中心主义，所不断延伸出来的是对案件证据体系的可构建性剖析能力、证据间相互印证的逻辑思维能力、证据收集的技术能力以及保证证据证明价值不受影响的程序性掌控能力等的更高要求。同步录音录像在证据体系中虽然以视听资料的形态出现，但是在证据体系中仅仅能够作为一种口供证明力的保障，无法为其他证据体系变革提供证据"成分"，不能做到"量的提升"，只能视为"质的保障"的一个侧面。

5. 镜头下讯问的技术性失误与犯罪嫌疑人口供证明力价值的减损

目前关于职务犯罪侦查讯问同步录音录像的法律规定大多数停留在功能性描述阶段，即将同步录音录像作为对讯问权过度扩张的制度性约束。而事实上伴随着证据体系观念、讯问的程序正义等办案观念的逐步确立，同步录音录像的程序性应用已经不成问题。目前的难点在于相应的技术性规范未能从操作的角度予以进一步细化，从而致使镜头的捕捉仍存盲区。一些技术性的瑕疵可能会影响讯问中同步录音录像本身应该具有的促进讯问突破的正向功能的发挥。

从目前来看，同步录音录像的技术性失误或漏洞主要存在以下几个方面：

第一，设备缺陷。

设备缺陷问题是镜头下讯问必然遇到的问题之一，由于刑事诉讼法对讯问的场所性多样化规定使得讯问活动的发生场所不一而足，侦查机关的办案场所、看守所、拘留所等都有可能成为讯问的发生地点。而设备的操作与维护便由此出现多样化主体的负责与参与，设备的运行缺陷也因此具备差异性特征。如摄像头像素、存储器空间与格式设置、电力保障以及设备的色差和录音障碍等，都对镜头下讯问的可信度和可用度造成挑战。

第二，操作瑕疵。

同步录音录像工作的操作是镜头下讯问活动的重中之重，而由于缺乏相关的专门性队伍，同步录音录像工作基本由讯问人员或讯问场所的管理人员自行负责。这些人的专业素质、应急处置（如设备故障排除能力、设备驾驭能力、干扰排除能力等）、定式思维、行为廉洁性等困惑为辩方的证据异议和言辞对抗提供了依据。同时，操作任意性带来了证明力的减弱等事实，如断续性讯问的衔接问题、设备时间与讯问时间异议、录音录像的后期剪辑处理问题、录音不良导致的书面口供与录音吻合问题。这些问题在缺乏相应的技术性实施细节的环境下，仅能够通过科学、客观、公正性原则以及法官的内心认知来进行取舍，而辩方的证据攻讦也将由此发生。

第三，保密存疑。

目前，从技术人员的录制工作到同步录音录像的科学储存，没有统一的保密规定来进行规范，极易造成泄密，主要存在的问题：一是录制时的泄密。根据最高人民检察院同步录音录像的《规定（试行）》第十八条："参与讯问全程同步录音、录像的人员，对讯问情况应当保密。"但实际情况是法警、卫生人员以及适当保护人制度下的监护人等都有可能出现在讯问现场，由此一来，镜头下讯问的保密性问题所导致的规范执行便无所适从。二是存储设备泄密。目前使用的同步录音录像设备，通常自身带有存储功能，讯问录像资料通常预先存储在刻录机硬盘上，录制结束后再通过光盘刻录进行固定，而带有存储功能的刻录机则容易成为泄密源头，如刻录机故障时外出维修泄密、技术人员随意刻录泄密等都成为可能。三是资料保存中的泄密。根据《规定（试行）》第十二条，录音录像资料由检察技术部门保存。由于同步录音录像资料以光盘作为存储介质，属于视听资料或电子数据类，容易被复制甚至泄密，技术部门既是制作部门，又是保存部门，能动性较大，泄密风险较高。

第四，人员短缺。

《规定（试行）》第三条：讯问全程同步录音录像，实行讯问人员与录制人员相分离的原则，讯问由检察人员负责，不得少于二人；录音录像一般由检察机关的技术人员负责，经检察长批准，也可以指定其他检察人员负责录制。根据以上规定可以看出，对实施录音录像的主体采取了讯问、录制相分离的原则，本意是为了保证录音录像的客观完整，但在实践中却产生了两种截然不同的情况。一种是技术人员与讯问的检察人员尽管部门不同、职责不同，但均属于检察机关，二者之间难以做到完全分离、互相形成牵制。并且技术人员与讯问的检察人员在准备讯问前的沟通和交流也有镜头下讯问"作弊"之嫌，而录制过程完整真实程度也往往成为人们对录音录像资料存疑的关键因素。另一种情况是有的检察机关基于技术人员和侦查人员隶属不同的部门，特别是基层检察机关的"两录"人员仅有一人，而技术部门要对应反贪局和反渎局两个部门，这就涉及了人员的衔接、安排和调动的问题，由于缺乏应有的衔接机制和沟通渠道，加之技术部门人员有限，反贪部门与反读部门无法同时讯问，或者侦查人员与技术人员配合不力的局面则会经常出现。录音录像完全掌握在了检察人员的手中，这就更使"审录分离"原则失去了应有约束效果。

办案实践中，由于存在上述技术性问题而导致原本规范有效的讯问无法发挥案侦信息获取和证据固定的作用，进而使真实有效的口供的证明价值也会因此受到质疑，其证明力评价在程序框架内被打折扣。

六、镜头下的职务犯罪侦查讯问典型案例侦办得失的启示

（一）强化初查功能，夯实讯问突破的信息基础

为了更好地做到诉讼衔接工作，必须赋予初查以更多的功能，从目前来看其主要功能有两个方面：第一，线索确认与经营；第二，证据收集与体系初级构建。为了实现这两个方面的功能，初查的价值定位和缺陷应当得到事先完成：首先，构建实施前侦查程序型初查规则体系，规范初查启动、规范对初查结论的监督制约、构建对被查对象权利救济机制；其次，注重技术侦查，提高初查科技化；最后，强化规范取证，确保案件成案率。

在初查中应该强化证据意识，为立案和侦讯提供有利的证据条件，一要注重证据搜集的合法性；二要注重证据搜集的及时性；三要注重证据搜集的及时固定；四要注重证据收集的全面性。

从目前职务犯罪讯问实践中的情势来看，以初查结果确定主攻方向，以侦查强制性行为辅助进行讯问突破已经是不争的事实：第一，通过初查获取的证

据进行围堵；第二，通过初查掌握的人身关系进行策略设计；第三，通过初查掌握的犯罪要素进行反问、直诘或隐形提示；第四，通过立案后强制措施运用，打破犯罪嫌疑人的侥幸、对立情绪；第五，结合初查成果，改变原有单一"坐堂问案"型讯问，重视调查取证，排除干扰，及时突破；第六，加强初查工作，为司法心理生理测试技术的讯问应用提供条件。

（二）转变证据体系观念，正确认识讯问的程序价值和口供的证据功能

正如上文所说，伴随着科学技术的发展和犯罪形态的不断变异，证据形式和证明方式不断发生变化，录音录像、电子数据等依托于虚拟空间或虚拟信号储存的证据材料形式不断翻新，逐步成为证明案件的主力。正所谓证据没有优劣，证据体系也没有优劣之分，证据在证明能力基础上所追求的便是证明价值的高低，而证据体系的构建则应着重考量体系内部相互印证和结合的牢固程度与整体稳定。从这个意义上讲，传统的口供中心主义证据体系，由于将口供作为整个案件的证明成败标准，忽视了新兴证据的印证作用，同时，也是基于新兴证据（录音录像、电子数据）的直接证明价值逐步显现，从传统口供中心，走向以新兴证据中心主义的证据体系构建理念将成为刑事证明的发展必然。

讯问的根本目标有两个方面，第一，获取相应证据材料，包括有罪与无罪、罪重与罪轻等书面口供或辩解、陈述。第二，查明案件事实。要正确处理讯问与口供的现实关系，口供不是讯问活动的必然结果，两者不是充分关系而是必要关系。这一理念的确立，能够使得镜头下的讯问人员能更加自然，讯问主体在面对犯罪嫌疑人的顽强抵抗时挫败感、困惑感能够及时得以释放。

（三）完善同步录音录像的软硬件条件，发挥其对讯问的正向辅助作用

在镜头下的讯问中，软件与硬件建设分为两个方面，并且这两个方面是相互配合相互衔接的。第一，讯问室硬件设计与讯问对接，第二，同步录音录像设备的软件与硬件支撑。

讯问室设计应当具备以下几个方面：第一，讯问与被讯问主体座椅高度、安全系数、材质、规格设计；第二，室内色彩色调对比；第三，通风情况控制；第四，心理或生理感应装置；第五，监视途径选取；第六，室温、湿度控制；第七，相关的电子设备安放；等等。

录制设备软件与硬件完善应当从以下几个方面展开：第一，设备质量适格；第二，摄像头摆放位置可供选择，在不同类型讯问实践中，摄像头的抵近录制或远距离录制能够具备对犯罪嫌疑人进行心理施压或缓解的功能；第三，设备的应急准备；第四，合规范的技术参数；等等。

同时，在讯问室与录制设备功能完备、质量适格情况下，两种硬件和软件的相互配合也是重要一环。例如，为了造成犯罪嫌疑人的心理震动，摄像头的摆放位置，多个或单一摄像头启用，灯光隐蔽等措施适用；为了缓解犯罪嫌疑人的紧张情绪，讯问室内灯光柔和性调控，使得录制设备不得不安装相关滤镜的后果；讯问室隔音效果与回音效果所带来的录制设备音频录制调节；等等，可控地让录制人员参与相应讯问策略的实施，以及客观录制讯问现场情况之间的矛盾；等等，都需要在未来实践中加以客观摸索。

（四）准确把握讯问策略的法律限度，挖掘镜头下讯问突破的潜力

在长期的侦查讯问实践中，侦查人员针对不同气质类型、不同犯罪原因、不同思想状况的犯罪嫌疑人，按照一定标准总结出了四种讯问策略，即攻心、震慑、迷惑和利用四种策略。这些讯问策略的应用，除了攻心型讯问策略中政治攻心和法律政策攻心是通过丰富的感情渲染加上相应的人生观和价值观来完成外，思想攻心以及其他类型的讯问策略都是在不同程度含有威胁（如敲山震虎性讯问策略）、引诱（如将计就计型讯问策略）、欺骗（如攻守同盟的瓦解）的情势元素。如何掌握镜头下的讯问的策略应用限度，保障实体价值与程序价值最大限度的平衡是我们应当认真思考的问题。

笔者认为，讯问中的法律界限应当遵循以下几个方面：第一，讯问策略的实施，不得以正当权利的损害相威胁；第二，讯问策略的实施不得违背公序良俗；第三，讯问策略的实施以取得良好诉讼效果和诉讼价值为基础，如突破效果、翻供可能性、司法教育功能发挥等价值考量；第四，正确区分引供与记忆唤醒，前者是讯问人员以真实或未经证实的推测强加于犯罪嫌疑人，使其按照讯问主体的意愿进行陈述的一种讯问方法，后者是侦查人员通过提示性和启发性陈述辅助犯罪嫌疑人进行客观、真实、全面回忆案情的一种讯问方式；第五，正确区分诱供与教育感化，前者是指以超出法律、政策制度允许范围且事实上不可能予以兑现或者虽然可能兑现但程序违法的许诺来套取口供的行为，反之则是正当的教育感化行为。

在掌握以上几点讯问策略应用原则的基础上，讯问主体应当将长久以来的讯问经验结合镜头下讯问的积极特点，大胆细致地制订讯问计划，准确选择突破位点，将界限模糊的策略实施尴尬现状，转化为口供固定化，翻供阻止化背景下的跨越性讯问策略理念和思维。

（五）制定镜头下讯问的技术规范，强化口供有效性

无规矩不成方圆，全程同步录音录像工作流程和制度的标准化规范设计，应根据高检院同步录音录像的《规定》和新修改的《刑事诉讼法》规定，对

照制定和细化与全程同步录音录像工作相配套的讯问行为和录制行为的规范性操作规则，并定期对实施主体进行教育与培训，进一步规范技术录制人员和讯问人员的专业行为，不断提高对全程同步录音录像工作重要性的认知和规范意识。

为了保证镜头下讯问的顺利进行，发挥相应的功能性价值，必须制定相应的技术规范，笔者认为，其具体要求便是做好以下几个方面：第一，将相应的同步录音录像准备规范，纳入讯问前准备工作范畴；第二，将同步录音录像的操作规范纳入相关司法解释或规则之中；第三，实行录制人持证上岗制度，保证技术水平；第四，确定录制主体知情范围与回避要求制度；第五，建立讯问录制应急处置规范；第六，确定录制主体的讯问参与范围和参与原则；第七，建立录制人员出庭陈述制度规范；第八，完善录音录像资料交接封存制度；第九，明确相关法律责任。

（六）强化镜头下讯问的内部管控，确保讯问安全

新的程序引入，必先带来新的理念革新，相应的思维、运行程序、制度设计都应当具备安全要素。笔者认为，安全的含义在于沿着既定程序或路线能够获得原定的期望产出。从当前镜头下讯问所遇到的安全困惑和内部监管漏洞来看，应当着力做好同步录音录像的以下几个方面：

第一，操作安全。

操作安全是指在同步录音录像过程中，操纵指挥设备进行讯问录制过程中，能够受到客观的制度约束，能够按照相应的技术规范来进行，在遇到摄制障碍时能够及时得到排除，在此基础上保证录音录像客观真实、没有偏差的操作技术或理念。

第二，设备安全。

设备安全是指赖以进行讯问录制的仪器，在不经外来力量肆意改变的前提下能够将自身所面临的活动事物予以客观记载，具备满足镜头下讯问的设备参数。如标准范围内的录音与录像同步性、镜头清晰程度、摆放位置、死角预防、全场性录制、存储单元的保密性和读取机制、特殊讯问环境下（灯光变换等）的性能保持等。

第三，人员安全。

人员安全分为两个方面，一方面是讯问主体安全，镜头下的讯问给讯问带来客观障碍，如何适应这种变化，确保心理承压安全、策略应用安全、与摄制人员配合安全、异常行为解释豁免安全等是理论和实务工作者应当认真思考的问题。另一方面是录制主体安全，录制主体应当具备安全的技术水平，具备公正录制不徇私情的身份和社会关系安全，具有正义、公平的安全理念和人格魅

力，具备相应的法律常识，能够避免走入法律灰色领域。

第四，储存安全。

安全的设备、主体和操作流程仅能够带来阶段性的安全产出，而载体存储安全才是同步录音录像走向法庭得以运用的应有之义。正是基于同步录音录像不仅仅是一种结果证据补充，更是一种司法内部的自我廉洁证明，因此其保管环节不能盲目照搬证据规范。笔者认为，镜头下讯问的内部监管更多依托于储存安全，如保管主体安全、保密性安全、储存环境安全、数据读取安全、开示和传递制度安全等。

同步录音录像以其超然魅力在将科技生产力转化为刑事讯问改革动力的基础上，也自然而然地引领出一场职务犯罪侦查讯问领域的改革浪潮，各种功能设计被重新定位，技术规范得到不断延伸，证据体系理念不断变化革新。但是，如何将这一程序性事物转化为诉讼价值、提高诉讼效益、实现实体与程序正义的客观平衡，依旧是我们应当认真思考的问题，镜头下的讯问所带来的司法改革探索，任重而道远！

附录一　人民检察院讯问职务犯罪嫌疑人实行全程同步录音录像的规定

（2014 年 3 月 17 日最高人民检察院第十二届检察委员会第十八次会议通过）

第一条　为了进一步规范执法行为，依法惩治犯罪，保障人权，提高执法水平和办案质量，根据《中华人民共和国刑事诉讼法》《人民检察院刑事诉讼规则（试行）》等有关规定，结合人民检察院直接受理侦查职务犯罪案件工作实际，制定本规定。

第二条　人民检察院讯问职务犯罪嫌疑人实行全程同步录音、录像，是指人民检察院办理直接受理侦查的职务犯罪案件，讯问犯罪嫌疑人时，应当对每一次讯问的全过程实施不间断的录音、录像。

讯问录音、录像是人民检察院在直接受理侦查职务犯罪案件工作中规范讯问行为、保证讯问活动合法性的重要手段。讯问录音、录像应当保持完整，不得选择性录制，不得剪接、删改。

讯问录音、录像资料是检察机关讯问职务犯罪嫌疑人的工作资料，实行有条件调取查看或者法庭播放。

第三条　讯问录音、录像，实行讯问人员和录制人员相分离的原则。讯问由检察人员负责，不得少于二人；录音、录像应当由检察技术人员负责。特别情况下，经检察长批准，也可以指定其他检察人员负责。刑事诉讼法有关回避的规定适用于录制人员。

第四条　讯问录音、录像的，应当由检察人员填写《录音录像通知单》，写明讯问开始的时间、地点等情况送检察技术部门或者通知其他检察人员。检察技术部门接到《录音录像通知单》后，应当指派检察技术人员实施。其他检察人员接到通知后，应当按照本规定进行录制。

第五条　讯问在押犯罪嫌疑人，应当在看守所进行。讯问未羁押的犯罪嫌疑人，除客观原因或者法律另有规定外，应当在人民检察院讯问室进行。

在看守所、人民检察院的讯问室或者犯罪嫌疑人的住处等地点讯问的，讯问录音、录像应当从犯罪嫌疑人进入讯问室或者讯问人员进入其住处时开始录制，至犯罪嫌疑人在讯问笔录上签字、捺指印，离开讯问室或者讯问人员离开犯罪嫌疑人的住处等地点时结束。

第六条 讯问开始时，应当告知犯罪嫌疑人将对讯问进行全程同步录音、录像，告知情况应在录音、录像和笔录中予以反映。

犯罪嫌疑人不同意录音、录像的，讯问人员应当进行解释，但不影响录音、录像进行。

第七条 全程同步录像，录制的图像应当反映犯罪嫌疑人、检察人员、翻译人员及讯问场景等情况，犯罪嫌疑人应当在图像中全程反映，并显示与讯问同步的时间数码。在人民检察院讯问室讯问的，应当显示温度和湿度。

第八条 讯问犯罪嫌疑人时，除特殊情况外，检察人员应当着检察服，做到仪表整洁，举止严肃、端庄，用语文明、规范。严禁刑讯逼供或者使用威胁、引诱、欺骗等非法方法进行讯问。

第九条 讯问过程中，需要出示、核实或者辨认书证、物证等证据的，应当当场出示，让犯罪嫌疑人核实或者辨认，并对核实、辨认的全过程进行录音、录像。

第十条 讯问过程中，因技术故障等客观情况无法录音、录像的，一般应当停止讯问，待故障排除后再行讯问。讯问停止的原因、时间和再行讯问开始的时间等情况，应当在笔录和录音、录像中予以反映。

无法录音、录像的客观情况一时难以消除又必须继续讯问的，讯问人员可以继续进行讯问，但应当告知犯罪嫌疑人，同时报告检察长并获得批准。未录音、录像的情况及告知、报告情况应当在笔录中予以说明，由犯罪嫌疑人签字确认。待条件具备时，应当对未录的内容及时进行补录。

第十一条 讯问结束后，录制人员应当立即将讯问录音、录像资料原件交给讯问人员，经讯问人员和犯罪嫌疑人签字确认后当场封存，交由检察技术部门保存。同时，复制讯问录音、录像资料存入讯问录音、录像数据管理系统，按照授权供审查决定逮捕、审查起诉以及法庭审理时审查之用。没有建立讯问录音、录像数据管理系统的，应当制作讯问录音、录像资料复制件，交办案人员保管，按照人民检察院刑事诉讼规则的有关规定移送。

讯问结束后，录制人员应当及时制作讯问录音、录像的相关说明，经讯问人员和犯罪嫌疑人签字确认后，交由检察技术部门立卷保管。

讯问录音、录像制作说明应当反映讯问的具体起止时间，参与讯问的检察人员、翻译人员及录制人员等姓名、职务、职称，犯罪嫌疑人姓名及案由，讯问地点等情况。讯问在押犯罪嫌疑人的，讯问人员应当在说明中注明提押和还押时间，由监管人员和犯罪嫌疑人签字确认。对犯罪嫌疑人拒绝签字的，应当在说明中注明。

第十二条 讯问笔录应当与讯问录音、录像内容一致或者意思相符。禁止记录人员原封不动复制此前笔录中的讯问内容，作为本次讯问记录。

讯问结束时，讯问人员应当对讯问笔录进行检查、核对，发现漏记、错记的，应当及时补正，并经犯罪嫌疑人签字确认。

第十三条 人民检察院直接受理侦查的案件，侦查部门移送审查决定逮捕、审查起诉时，应当注明讯问录音、录像资料存入讯问录音、录像数据管理系统，并将讯问录音、录像次数、起止时间等情况，随同案卷材料移送案件管理部门审查后，由案件管理部门移送侦查监督或者公诉部门审查。侦查监督或者公诉部门审查认为讯问活动可能涉嫌违法或者讯问笔录可能不真实，需要审查讯问录音、录像资料的，应当说明涉嫌违法讯问或者讯问笔录可能失实的时间节点并告知侦查部门。侦查部门应当及时予以授权，供侦查监督或者公诉部门对存入讯问录音、录像数据管理系统相应的讯问录音、录像资料进行审查。没有建立讯问录音、录像数据管理系统的，应当调取相应时段的讯问录音、录像资料并刻录光盘，及时移送侦查监督或者公诉部门审查。

移送讯问录音、录像资料复制件的，侦查监督部门审查结束后，应当将移送审查的讯问录音、录像资料复制件连同案卷材料一并送还侦查部门。公诉部门对移送的讯问录音、录像资料复制件应当妥善保管，案件终结后随案归档保存。

第十四条 案件提起公诉后在庭前会议或者法庭审理过程中，人民法院、被告人或者其辩护人对庭前讯问活动合法性提出异议的，或者被告人辩解因受刑讯逼供等非法方法而供述的，公诉人应当要求被告人及其辩护人提供相关线索或者材料。被告人及其辩护人提供相关线索或者材料的，公诉人可以将相关时段的讯问录音、录像资料提请法庭播放，对有关异议或者事实进行质证。

第十五条 公诉人认为讯问录音、录像资料不宜在法庭上播放的，应当建议在审判人员、公诉人、被告人及其辩护人的范围内进行播放、质证，必要时可以建议法庭通知讯问人员、录制人员参加。

第十六条 人民法院、被告人或者其辩护人对讯问录音、录像资料刻录光盘或者复制件提出异议的，公诉人应当将检察技术部门保存的相应原件当庭启封质证。案件审结后，经公诉人和被告人签字确认后对讯问录音、录像资料原件再行封存，并由公诉部门及时送还检察技术部门保存。

第十七条 讯问过程中犯罪嫌疑人检举揭发与本案无关的犯罪事实或者线索的，应当予以保密，不得泄露。违反本条规定，造成泄密后果的，应当追究相关责任。

庭前会议或者法庭审理过程中，人民法院、被告人及其辩护人认为被告人检举揭发与本案无关的犯罪事实或者线索影响量刑，需要举证、质证的，应当由承办案件的人民检察院出具证明材料，经承办人签名后，交公诉人向审判人员、被告人及其辩护人予以说明。提供的证明材料必须真实，发现证明材料失实或者是伪造的，经查证属实，应当追究相关责任。

第十八条 案件办理完毕，办案期间录制的讯问录音、录像资料存入讯问录音、录像数据管理系统的或者刻录光盘的原件，由检察技术部门向本院档案部门移交归档。讯问录音、录像资料的保存期限与案件卷宗保存期限相同。

讯问录音、录像资料一般不公开使用。需要公开使用的，应当由检察长决定。非办案部门或者人员需要查阅讯问录音、录像资料的，应当报经检察长批准。

案件在申诉、复查过程中，涉及讯问活动合法性或者办案人员责任认定等情形，需要启封讯问录音、录像资料原件的，应当由检察长决定。启封时，被告人或者其委托的辩护人、近亲属应当到场见证。

第十九条 参与讯问录音、录像的人员，对讯问情况应当严格保密。泄露办案秘密的，应当追究相关责任。

第二十条 初查阶段询问初查对象需要录音或者录像的，应当告知初查对象。询问证人需要录音或者录像的，应当事先征得证人同意，并参照本规定执行。

第二十一条 实施讯问录音、录像，禁止下列情形：

（一）未按照刑事诉讼法第 121 条和本规定对讯问活动进行全程同步录音、录像的；

（二）对讯问活动采取不供不录等选择性录音、录像的；

（三）为规避监督故意关闭讯问录音录像系统、视频监控系统的；

（四）擅自公开或者泄露讯问录音、录像资料或者泄露办案秘密的；

（五）因玩忽职守、管理不善等造成讯问录音、录像资料遗失或者违规使用讯问录音、录像资料的；

（六）其他违反本规定或者玩忽职守、弄虚作假，给案件侦查、起诉、审判造成不良后果等情形的。

讯问人员、检察技术人员及其他有关人员具有以上情形之一的，根据《检察人员纪律处分条例（试行）》等规定，应当给予批评教育；情节较重，给案件侦查、起诉、审判造成较为严重后果或者对案件当事人合法权益造成较为严重侵害的，应当视情给予警告、记过、记大过处分；情节严重，给案件侦查、起诉、审判造成严重后果或者对案件当事人合法权益造成严重侵害的，应当视情给予降级、撤职或者开除处分；构成犯罪的，应当追究相关责任人员的刑事责任。

第二十二条 本规定由最高人民检察院负责解释。自发布之日起施行。此前规定与本规定不一致的，以本规定为准。

附录二 最高人民检察院、公安部关于在看守所设置同步录音录像讯问室的通知

(最高人民检察院 公安部 高检会〔2012〕7号)

各省、自治区、直辖市人民检察院、公安厅（局），军事检察院，新疆生产建设兵团人民检察院、公安局：

根据修改后刑事诉讼法有关规定，为了加强公安机关与人民检察院的协作配合，保证人民检察院在直接立案侦查的案件中讯问在押职务犯罪嫌疑人实行同步录音录像工作，进一步提高人民检察院严格依法办案和理性、平和、文明、规范执法的水平，增强查办职务犯罪效果，深入推进反腐倡廉建设，现就在看守所设置、使用和管理讯问室，保证人民检察院讯问职务犯罪嫌疑人实行全程同步录音录像工作的有关事项通知如下：

一、根据修改后刑事诉讼法第一百一十六条、第一百二十一条规定，各级人民检察院在直接立案侦查的案件中讯问在押职务犯罪嫌疑人应当在看守所进行，并实行全程同步录音录像。为保证人民检察院讯问在押职务犯罪嫌疑人实行同步录音录像，看守所可以设置由人民检察院相对固定使用的讯问室，配置录音录像、信息网络传输等设备。

二、各级人民检察院应当根据当地查办职务犯罪案件工作的实际需要，积极与公安机关协商，确定在看守所设置同步录音录像讯问室的数量。

三、看守所设置人民检察院相对固定使用的同步录音录像讯问室，应当由同级人民检察院负责提供录音录像设备，承担讯问室建设、改造以及录音录像设备的维护、保养费用。

四、看守所同步录音录像讯问室录音录像系统技术标准、监控系统、内部装饰等应当符合《看守所建筑设计规范》《看守所监控系统建设规范》和《人民检察院办案工作区设置和使用管理规定》《人民检察院讯问职务犯罪嫌疑人实行全程同步录音录像系统建设规范（试行）》等规定。

五、看守所设置的人民检察院相对固定使用的同步录音录像讯问室由看守所负责管理，优先保证人民检察院办案需要，同步录音录像设备由人民检察院指派技术人员操作。同步录音录像讯问室空闲时，看守所可以安排其他

办案单位使用。

　　六、人民检察院在看守所同步录音录像讯问室讯问在押职务犯罪嫌疑人，应当严格执行看守所有关规定。严禁在同步录音录像讯问室安放床铺留置职务犯罪嫌疑人，一般情况下不得在夜间提审，确需在夜间提审的应当严格履行审批手续，确保职务犯罪嫌疑人的合法权益和办案安全。

　　本通知自下发之日起执行。各地在执行中遇到的问题，请及时分别向最高人民检察院、公安部报告。

最高人民检察院

公安部

2012 年 10 月 8 日

附录三　公安机关讯问犯罪嫌疑人录音录像工作规定

(公通字〔2014〕33 号)

第一章　总　则

第一条　为保证公安机关依法讯问取证，规范讯问犯罪嫌疑人录音录像工作，保障犯罪嫌疑人的合法权益，根据《中华人民共和国刑事诉讼法》《公安机关办理刑事案件程序规定》的有关规定，制定本规定。

第二条　讯问犯罪嫌疑人录音录像，是指公安机关讯问犯罪嫌疑人，在文字记录的同时，利用录音录像设备对讯问过程进行全程音视频同步记录。

第三条　对讯问过程进行录音录像，应当对每一次讯问全程不间断进行，保持完整性，不得选择性地录制，不得剪接、删改。

第四条　对下列重大犯罪案件，应当对讯问过程进行录音录像：

（一）可能判处无期徒刑、死刑的案件；

（二）致人重伤、死亡的严重危害公共安全犯罪、严重侵犯公民人身权利犯罪案件；

（三）黑社会性质组织犯罪案件，包括组织、领导黑社会性质组织，入境发展黑社会组织，包庇、纵容黑社会性质组织等犯罪案件；

（四）严重毒品犯罪案件，包括走私、贩卖、运输、制造毒品，非法持有毒品数量大的，包庇走私、贩卖、运输、制造毒品的犯罪分子情节严重的，走私、非法买卖制毒物品数量大的犯罪案件；

（五）其他故意犯罪案件，可能判处十年以上有期徒刑的。

前款规定的"讯问"，既包括在执法办案场所进行的讯问，也包括对不需要拘留、逮捕的犯罪嫌疑人在指定地点或者其住处进行的讯问，以及紧急情况下在现场进行的讯问。

本条第一款规定的"可能判处无期徒刑、死刑的案件"和"可能判处十年以上有期徒刑的案件"，是指应当适用的法定刑或者量刑档次包含无期徒刑、死刑、十年以上有期徒刑的案件。

第五条 在办理刑事案件过程中，在看守所讯问或者通过网络视频等方式远程讯问犯罪嫌疑人的，应当对讯问过程进行录音录像。

第六条 对具有下列情形之一的案件，应当对讯问过程进行录音录像：

（一）犯罪嫌疑人是盲、聋、哑人，未成年人或者尚未完全丧失辨认或者控制自己行为能力的精神病人，以及不通晓当地通用的语言文字的；

（二）犯罪嫌疑人反侦查能力较强或者供述不稳定，翻供可能性较大的；

（三）犯罪嫌疑人作无罪辩解和辩护人可能作无罪辩护的；

（四）犯罪嫌疑人、被害人、证人对案件事实、证据存在较大分歧的；

（五）共同犯罪中难以区分犯罪嫌疑人相关责任的；

（六）引发信访、舆论炒作风险较大的；

（七）社会影响重大、舆论关注度高的；

（八）其他重大、疑难、复杂情形。

第七条 各级公安机关应当积极创造条件，尽快实现对所有刑事案件讯问过程全程录音录像。装备财务、警务保障、科技、信通等部门应当为讯问录音录像工作提供保障和支持。

第二章 录 制

第八条 对讯问过程进行录音录像，可以使用专门的录制设备，也可以通过声像监控系统进行。

第九条 讯问开始前，应当做好录音录像的准备工作，对讯问场所及录音录像设备进行检查和调试，确保设备运行正常、时间显示准确。

第十条 录音录像应当自讯问开始时开始，至犯罪嫌疑人核对讯问笔录、签字捺指印后结束。讯问笔录记载的起止时间应当与讯问录音录像资料反映的起止时间一致。

第十一条 对讯问过程进行录音录像，应当对侦查人员、犯罪嫌疑人、其他在场人员、讯问场景和计时装置、温度计显示的信息进行全面摄录，图像应当显示犯罪嫌疑人正面中景。有条件的地方，可以通过画中画技术同步显示侦查人员正面画面。

讯问过程中出示证据和犯罪嫌疑人辨认证据、核对笔录、签字捺指印的过程应当在画面中予以反映。

第十二条 讯问录音录像的图像应当清晰稳定，话音应当清楚可辨，能够真实反映讯问现场的原貌，全面记录讯问过程，并同步显示日期和 24 小时制时间信息。

第十三条 在制作讯问笔录时，侦查人员可以对犯罪嫌疑人的供述进行概括，但涉及犯罪的时间、地点、作案手段、作案工具、被害人情况、主观心态等案件关键事实的，讯问笔录记载的内容应当与讯问录音录像资料记录的犯罪嫌疑人供述一致。

第十四条　讯问过程中，因存储介质空间不足、技术故障等客观原因导致不能录音录像的，应当中止讯问，并视情及时采取更换存储介质、排除故障、调换讯问室、更换移动录音录像设备等措施。

对于本规定第四条规定以外的案件，因案情紧急、排除中止情形所需时间过长等原因不宜中止讯问的，可以继续讯问。有关情况应当在讯问笔录中载明，并由犯罪嫌疑人签字确认。

第十五条　中止讯问的情形消失后继续讯问的，应当同时进行录音录像。侦查人员应当在录音录像开始后，口头说明中断的原因、起止时间等情况，在讯问笔录中载明并由犯罪嫌疑人签字确认。

第三章　资料管理和使用

第十六条　办案部门应当指定办案人员以外的人员保管讯问录音录像资料，不得由办案人员自行保管。讯问录音录像资料的保管条件应当符合公安声像档案管理有关规定，保密要求应当与本案讯问笔录一致。

有条件的地方，可以对讯问录音录像资料实行信息化管理，并与执法办案信息系统关联。

案件侦查终结后，应当将讯问录音录像资料和案件卷宗一并移交档案管理部门保管。

第十七条　讯问录音录像资料应当刻录光盘保存或者利用磁盘等存储设备存储。

刻录光盘保存的，应当制作一式两份，在光盘标签或者封套上标明制作单位、制作人、制作时间、被讯问人、案件名称及案件编号，一份装袋密封作为正本，一份作为副本。对一起案件中的犯罪嫌疑人多次讯问的，可以将多次讯问的录音录像资料刻录在同一张光盘内。刻录完成后，办案人员应当在24小时内将光盘移交保管人员，保管人员应当登记入册并与办案人员共同签名。

利用磁盘等存储设备存储的，应当在讯问结束后立即上传到专门的存储设备中，并制作数据备份；必要时，可以转录为光盘。

第十八条　刑事诉讼过程中，除因副本光盘损坏、灭失需要重新复制，或者对副本光盘的真实性存在疑问需要查阅外，不得启封正本光盘。确需调取正本光盘的，应当经办案部门负责人批准，使用完毕后应当及时重新封存。

第十九条　公安机关办案和案件审核、执法监督、核查信访投诉等工作需要使用讯问录音录像资料的，可以调取副本光盘或者通过信息系统调阅。

人民法院、人民检察院依法调取讯问录音录像资料的，办案部门应当在三日内将副本光盘移交人民法院、人民检察院。利用磁盘等存储设备存储的，应当转录为光盘后移交。

第二十条 调取光盘时，保管人员应当在专门的登记册上登记调取人员、时间、事由、预计使用时间、审批人等事项，并由调取人员和保管人员共同签字。

对调取、使用的光盘，有关单位应当妥善保管，并在使用完毕后及时交还保管人员。

调取人归还光盘时，保管人员应当进行检查、核对，有损毁、调换、灭失等情况的，应当如实记录，并报告办案部门负责人。

第二十一条 通过信息系统调阅讯问录音录像资料的，应当综合考虑部门职责、岗位性质、工作职权等因素，严格限定使用权限，严格落实管理制度。

第四章　监督与责任

第二十二条 讯问录音录像工作和讯问录音录像资料的管理使用情况，应当纳入所在单位案件审核和执法质量考评范围。

对本规定第四条规定的案件，办案部门在报送审核时应当同时提交讯问录音录像资料。审核部门应当重点审查是否存在以下情形：

（一）以刑讯逼供等非法方法收集证据；

（二）未在讯问室讯问犯罪嫌疑人；

（三）未保证犯罪嫌疑人的饮食和必要的休息时间；

（四）讯问笔录记载的起止时间与讯问录音录像资料反映的起止时间不一致；

（五）讯问笔录与讯问录音录像资料内容严重不符。

对本规定第四条规定以外的案件，存在刑讯逼供等非法取证嫌疑的，审核部门应当对讯问录音录像资料进行审查。

第二十三条 审核部门发现具有下列情形之一的，不得将犯罪嫌疑人供述作为提请批准逮捕、移送审查起诉的依据：

（一）存在本规定第二十二条第二款第一项情形的；

（二）存在本规定第二十二条第二款第二项至第五项情形而未进行补正、解释，或者经补正、解释后仍不能有效证明讯问过程合法性的。

第二十四条 对违反本规定，具有下列情形之一的，应当根据有关规定追究有关单位和人员的责任：

（一）未对本规定第四条规定的案件讯问过程进行录音录像，导致有关证据被人民法院、人民检察院依法排除的；

（二）讯问笔录与讯问录音录像资料内容严重不符，影响证据效力的；

（三）对讯问录音录像资料进行剪接、删改的；

（四）未按规定保管，致使讯问录音录像资料毁损、灭失、泄露的；

（五）私自或者违规调取、使用、披露讯问录音录像资料，影响案件办理或者侵犯当事人合法权益的；

（六）其他违反本规定，应当追究责任的。

第五章　附　则

第二十五条　公安机关办理刑事案件，需要对询问被害人、证人过程进行录音录像的，适用本规定。

第二十六条　公安机关办理行政案件，需要对询问违法嫌疑人、被侵害人、证人过程进行录音录像的，参照本规定执行。

第二十七条　本规定自 2014 年 10 月 1 日起施行。各地公安机关可以根据本规定，结合本地实际制定实施细则，并报上一级公安机关备案。

附录四　最高人民法院刑事审判第二庭关于辩护律师能否复制侦查机关讯问录像问题的批复

（2013 年 9 月 22 日　〔2013〕刑他字第 239 号）

广东省高级人民法院：

你院〔2013〕粤高法刑二终字第 12 号《关于辩护律师请求复制侦查机关讯问录像法律适用问题的请示》收悉。经研究，答复如下：

根据《中华人民共和国刑事诉讼法》第三十八条和最高人民法院《关于适用〈中华人民共和国刑事诉讼法〉的解释》第四十七条的规定，自人民检察院对案件审查起诉之日起，辩护律师可以查阅、摘抄、复制案卷材料，但其中涉及国家秘密、个人隐私的，应严格履行保密义务。你院请示的案件，侦查机关对被告人的讯问录音录像已经作为证据材料向人民法院移送并已在庭审中播放，不属于依法不能公开的材料，在辩护律师提出要求复制有关录音录像的情况下，应当准许。

此复。

附录五　最高人民检察院法律政策研究室关于辩护人要求查阅、复制讯问录音、录像如何处理的答复

上海市人民检察院法律政策研究室：

你室《关于辩护人要求查阅、复制讯问录音、录像如何处理的请示》（沪检研〔2013〕22号）收悉，经与公诉厅研究并征求最高法院意见，现答复如下：

一、根据《刑事诉讼法》第三十八条的规定，辩护律师自人民检察院对案件审查起诉之日起，可以查阅、摘抄、复制本案的案卷材料，即法律规定的辩护人的阅卷范围仅限于案件的案卷材料。对案卷材料以外的其他与案件有关的材料，刑事诉讼法及有关司法解释并未授权辩护人查阅、摘抄、复制。辩护人是否可以查阅、摘抄和复制，需要由人民检察院根据案件情况决定。

二、根据《人民检察院刑事诉讼规则（试行）》第四十七条第二款的规定，案卷材料包括案件的诉讼文书和证据材料。讯问犯罪嫌疑人录音、录像不是诉讼文书和证据材料，属于案卷材料之外的其他与案件有关的材料，辩护人未经许可，无权查阅、复制。

三、根据《刑事诉讼法》第五十六条和《人民检察院刑事诉讼规则（试行）》第七十四条、第七十五条的规定，在人民检察院审查起诉阶段，辩护人对讯问活动合法性提出异议，申请排除以非法方法收集的证据，并提供相关线索或者材料的，可以在人民检察院查看（听）相关的录音、录像。对涉及国家秘密、商业秘密、个人隐私或者其他犯罪线索的内容，人民检察院可以对讯问录音、录像的相关内容作技术处理或者要求辩护人保密；在人民法院审判阶段，人民法院调取讯问犯罪嫌疑人录音、录像的，人民检察院应当将讯问录音、录像移送人民法院。必要时，公诉人可以提请法庭当庭播放相关时段的录音、录像。但辩护人无权自行查阅、复制讯问犯罪嫌疑人录音、录像。

此复。

最高人民检察院法律政策研究室
2014 年 1 月 27 日

参考文献

(一) 专著类

1. 任惠华:《职务犯罪侦查实务》,中国检察出版社 2010 年版。

2. 任惠华:《中国侦查史》,中国检察出版社 2004 年版。

3. 龙宗智:《中国刑事证据规则研究》,中国检察出版社 2011 年版。

4. 龙宗智:《徘徊于传统与现代之间——中国刑事诉讼法再修改研究》,法律出版社 2005 年版。

5. 沈德咏、宋随军:《刑事证据制度与理论——刑事诉讼证据》,人民法院出版社 2006 年版。

6. 樊崇义等:《视听资料研究综述与评价》,中国人民公安大学出版社 2002 年版。

7. 樊崇义:《刑事审判前程序改革实证研究——侦查讯问程序中律师在场(实验)》,中国人民公安大学出版社 2006 年版。

8. 樊崇义、顾永忠:《侦查讯问程序改革实证研究》,中国人民公安大学出版社 2007 年版。

9. 樊崇义、温小洁、赵燕:《视听资料研究综述与评价》,中国人民公安大学出版社 2002 年版。

10. 何家弘、刘品新:《证据法学》,法律出版社 2004 年版。

11. 卞建林:《证据法学》,中国政法大学出版社 2000 年版。

12. 何家弘:《证据学论坛》,中国检察出版社 2000 年版。

13. 朱孝清:《职务犯罪侦查学》,中国检察出版社 2004 年版。

14. 王德光:《反贪侦查僵局的破解》,中国检察出版社 2011 年版。

15. 张明楷:《罪刑法定与刑法解释》,北京大学出版社 2009 年版。

16. 马洪根:《中国侦查史》,群众出版社 2007 年版。

17. 陈瑞华:《刑事证据法学》,北京大学出版社 2014 年版。

18. 孙晓敏:《职务犯罪侦查讯问策略与方法》,中国检察出版社 2012 年版。

19. 吴克利:《职务犯罪案件侦查讯问实务》,中国检察出版社 2013 年版。

20. 尹立栋：《职务犯罪审讯控制论》，中国检察出版社 2015 年版。

（二）论文类

21. 康怀宇：《通过实体法上的制度变革来影响侦查讯问程序的进行——以对职务犯罪"自首"的司法解释之分析与批判为切入点》，载《西南民族大学学报》2015 年第 12 期。

22. 张红梅：《检察机关讯问同步录音录像改革的回顾与展望》，载《国家检察官学院学报》2012 年第 5 期。

23. 董斌：《浅议同步录音录像在刑事证据体系中的定位》，载《中国检察官》2014 年第 19 期。

24. 韩东成、顾娟：《裁判文书中的同步录音录像之功能研究》，载《法治论丛》2015 年第 1 期。

25. 闵丰锦：《审查逮捕讯问嫌疑人翻供现象探究——以"每案必讯"为分析样本》，载《四川警察学院学报》2015 年第 8 期。

26. 赵中华：《职务犯罪侦查中翻供的原因和对策研究》，载《中国检察官》2015 年第 8 期。

27. 高忠聚：《规范侦查行为，着力提升办案水平——全国检察机关推行讯问全程同步录音录像工作现场会述要》，载《人民检察》2006 年第 6 期。

28. 汪才透：《试析职务犯罪讯问全程同步录音录像的证据属性》，载《法制与社会》2008 年第 25 期。

29. 张红卫、林萍：《当前讯问职务犯罪嫌疑人全程同步录音录像工作探讨》，载《法制与社会》2012 年第 9 期（下）。

30. 张淑臻、朱崇宝：《镜头下讯问职务犯罪嫌疑人对策》，载《人民检察》2013 年第 10 期。

31. 吴克利：《"六攻律"在全程同步录音录像活动中的运用》，载《中国检察官》2006 年第 8 期。

32. 王振川：《坚定不移地实行讯问全程同步录音录像制度》，载《人民检察》2007 年第 8 期。

33. 彭伟：《检察机关对证人使用全程同步录音录像问题探析》，载《法制与社会》2012 年第 3 期。

34. 瓮怡洁：《英国的讯问同步录音录像制度及对我国的启示》，载《现代法学》2010 年第 3 期。

35. 姚力：《审讯气氛初探》，载《四川省公安管理干部学院学报》1995 年第 26 期。

36. 朱林兵：《试论侦查讯问的时空环境》，载《四川警官高等专科学校学报》2005 年第 18 期。

37. 陈闻高、邓翔：《模拟审讯室的设计》，载《江西公安专科学校学报》2007 年第 4 期。

38. 陈闻高：《论侦讯环境》，载《广州市公安管理干部学院学报》1999 年第 3 期。

39. 刘谋斌：《论审讯环境技巧及其效应》，载《政法学刊》2005 年第 5 期。

40. 李洪朗、程良焱：《试论职务犯罪嫌疑人的审讯方法》，载《中国刑事法杂志》2005 年第 42 期。

41. 李西亭、姚健：《谈侦讯活动中的情境创造》，载《刑侦研究》1997 年第 3 期。

42. 马李芬：《审讯场所的选择与布景》，载《云南警官学院学报》2011 年第 2 期。

43. 马李芬：《侦讯环境对犯罪嫌疑人心理的影响》，载《公安法制研究》2011 年第 6 期。

44. 袁华、黄守华：《讯问环境对侦查讯问的影响》，载《江苏警官学院学报》2013 年第 1 期。

45. 陈国峰：《录音录像下的审讯策略探析》，载《福建警察学院学报》2012 年第 6 期。

46. 王健：《浅谈新刑诉法延长拘传时限的意义》，载《法制与社会》2013 年第 8 期。

47. 谢波：《我国刑事拘传制度探讨》，载《法治研究》2013 年第 1 期。

48. 陈闻高：《论侦讯气氛》，载《山西警官高等专科学校学报》2000 年第 3 期。

49. 徐启明、陈欣：《论侦查讯问中的环境因素》，载《山东警察学院学报》2012 年第 2 期。

50. 毕良珍：《侦查讯问场论》，载《江苏警官学院学报》2004 年第 3 期。

51. 王宇光、李孝辉：《浅谈新刑诉法实施下的看守所职务犯罪审讯场所建设》，载《法治与社会》2012 年第 12 期。

52. 许永勤：《审讯情境的强制性特征及其对嫌疑人供述行为的影响》，载《中国人民公安大学学报》（社会科学版）2011 年第 1 期。

53. 曾向阳：《全程录音录像对职侦审讯的潜在影响与应对策略》，载《法律与监督》2006 年第 3 期。

54. 王文、王运伟、李婷：《同步录音录像对侦查讯问工作的影响及应对》，载《菏泽学院学报》2014 年第 36 期。

55. 王建平：《讯问职务犯罪嫌疑人全程同步录音录像之对策》，载《上海政法学院学报》2014 年第 3 期。

56. 刘永红：《浅析突破职务犯罪的审讯策略》，载《西南科技大学高校研究》2006 年第 2 期。

57. 杨杰：《论对职务犯罪案件行贿人的审讯谋略》，载《中国检察官》2012 年第 11 期。

58. 阿儒汗：《论讯问全程同步录音录像制度的建构》，载《人民检察》2006 年第 6 期。

59. 陈永生：《论侦查讯问录音录像制度的保障机制》，载《当代法学》2009 年第 4 期。

60. 段明学：《侦查讯问录音录像制度探析》，载《国家检察官学院学报》2007 年第 1 期。

61. 陈奇敏：《讯问同步录音录像制度刍议》，载《江苏警官学院学报》2006 年第 7 期。

62. 郭欣：《讯问职务犯罪嫌疑人全程同步录音录像若干问题的探析》，载《中国检察官》2011 年第 2 期。

63. 郭志远：《我国讯问录音录像证据规则研究》，载《安徽大学学报》2013 年第 1 期。

64. 李玉鹏：《论全程同步录音录像代替笔录固定口供》，载《证据科学》2009 年第 5 期。

65. 潘金贵、陈永佳：《证据学视野下的讯问犯罪嫌疑人同步录音录像》，载《江西公安专科学校学报》2009 年第 4 期。

66. 潘申明、魏修臣：《侦查讯问全程同步录音录像的证据属性及其规范》，载《华东政法大学学报》2010 年第 6 期。

67. 孙长永：《论侦查程序中犯罪嫌疑人与被害人人权保障的平衡》，载《现代法学》2010 年第 11 期。

68. 沈德咏、何艳芳：《论全程录音录像制度的科学构建》，载《法律科学》2012 年第 2 期。

69. 徐静村：《侦查程序改革要论》，载《中国刑事法杂志》2010 年第 6 期。

70. 徐金贵、顾文虎：《讯问犯罪嫌疑人、询问证人时制作录音、录像的若干法律问题》，载《法治论丛》2003 年第 4 期。

71. 徐美君：《侦查讯问录音录像制度研究》，载《中国刑事法杂志》2003 年第 6 期。

72. 肖志勇、瞿伟：《讯问全程同步录音录像若干问题探讨》，载《中国刑事法杂志》2007 年第 3 期。

73. 杨新京：《职务犯罪讯问录音录像中的若干问题》，载《国家检察官学院学报》2009 年第 2 期。

74. 张磊：《职务犯罪案件讯问全程同步录音录像运作现状分析》，载《中国检察官》2012 年第 2 期。

75. 郑苏波：《由全程同步录音录像观司法公正》，载《法制与经济》2008 年第 8 期。

76. 陈奇敏：《讯问同步录音录像制度新探》，载《贵州警官职业学院学报》2006 年第 6 期。

77. 王金华：《论侦查讯问全程同步录音录像制度的完善》，载《广州市公安管理干部学院学报》2008 年第 1 期。

78. 徐炳全：《浅谈侦查讯问气氛的营造》，载《广西警官高等专科学校学报》2006 年第 1 期。

79. 李昌林：《审查逮捕程序改革的进路——以提高逮捕案件质量为核心》，载《现代法学》2011 年第 1 期。

（三）其他类

80. 宋洪恩：《美国警察讯问录音录像制度》，赵华译，载《警察法学》2013 年第 3 期。

81. 张立：《讯问职务犯罪嫌疑人：全程同步录音录像》，载《检察日报》2012 年 3 月 8 日第 3 版。

82. 董征杰：《全程同步录音录像制度还有待完善》，载《检察日报》2007 年 7 月 29 日第 3 版。

83. 陈行之：《浙江诸暨检察院被指越权办案，涉案录像拒公开》，载《南方周末》2008 年 1 月 2 日第 3 版。

84. 王子刚：《同步录音录像资料可设专门卷宗》，载《检察日报》2013 年 4 月 26 日第 3 版。

85. 杜萌：《职务犯罪案如何提交全程同步录音录像》，载法制网 2014 年 7 月 7 日。

86. 裴智勇：《全国检察机关第六次反贪污贿赂侦查工作会议召开》，载新华网 2005 年 9 月 9 日。

87. 全国人大常委会：《刑事诉讼法修正案（草案）条文及草案说明》，载中国人大网 2011 年 8 月 3 日。

88. 中国社会科学院语言研究所词典编辑室：《现代汉语词典（第 5 版）》，

商务印书局馆 2010 年版。

89. 张作林：《关于重庆市基层检察机关讯问同步录音录像的调查与思考》，西南政法大学 2013 年硕士学位论文。

90. 王兴东：《侦查讯问同步录音录像资料的证据能力和证明能力研究》，西南政法大学 2014 年硕士学位论文。

91. 梁馨予：《检察机关讯问职务犯罪嫌疑人全程同步录音录像制度适用情况调查报告》，西南政法大学 2013 年硕士学位论文。

92. 苏瑛玉：《讯问同步录音录像资料的证据学研究》，华东政法大学 2012 年硕士学位论文。

93. 杨小华：《检察机关对公安机关侦查监督的问题与对策》，湘潭大学 2007 年硕士学位论文。

94. 李国斌：《理想同步录音录像制度的构建》，华侨大学 2013 年硕士学位论文。

95. 贺飞：《论同步录音录像在刑事证据体系中的定位》，苏州大学 2011 年硕士学位论文。

96. 陈宝莲：《论刑事诉讼中的录音录像制度》，吉林大学 2011 年硕士学位论文。

97. 张妹：《侦查讯问同步录音录像制度研究》，湖南师范大学 2011 年硕士学位论文。

98. 郁铭华：《讯问职务犯罪嫌疑人全程同步录音录像制度研究》，复旦大学 2011 年硕士学位论文。